本书受到《教育部人文社会科学研究项目（12YJA790160）》基金经费资助

经管学术文库

团队知识生产互惠合作机制及制度安排

许娇 ◎ 著

厦门大学出版社
XIAMEN UNIVERSITY PRESS
国家一级出版社
全国百佳图书出版单位

前　言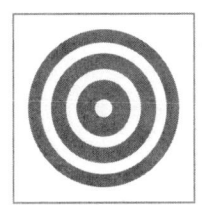

知识生产是技术创新与转变经济发展方式的源泉,针对知识生产者的心理偏好特征,引导知识生产者进行团队互惠合作,是提高知识创新能力的有效措施之一。然而长期以来,传统的知识生产合作理论都是以"自利"偏好假定为前提,忽略知识团队内各生产者互惠偏好的存在,更未考虑互惠偏好、互惠偏好与制度的共生演化,以及互惠制度对团队知识生产合作的影响,因而无法彻底解决团队知识生产合作的微观机理。在我国促进知识生产合作的创新团队建设问题上,也经常出现由于微观对象、影响程度和作用机理的不明确,造成了各种知识生产激励政策在推行实施过程中收效甚微甚至无效。尤其是那种用于激励知识生产团队各成员的知识生产锦标赛激励制度,其制定机理就是利用知识生产者自利偏好的相互制衡,这在团队知识生产实践过程中,不但不能激励知识生产者进行相互合作,反而诱导知识生产者间形成不信任的非合作文化,最终造成团队知识生产合作动力缺乏、原创能力低下。

本书在前人知识生产合作研究成果基础上,对知识生产合作理论研究及其在实践过程中出现的问题进行反思,借鉴行为经济学、神经经济学与心理学等学科的心理偏好理论,把互惠偏好植入团队知识生产体系,运用合作博弈、演化博弈、制度分析、系统分析、归纳演绎、政策分析等方法,研究制度约束下偏好的形成与演化,探索互惠偏好下的动态知识生产函数,建构团队知识生产互惠合作演化机制、动力机制、激励机制等理论模型,为中国创新团队的知识生产互惠合作激励制度建设提供理论依据。

本书共包含八章的内容,研究主体集中在第三、四、五、六章,主要研究成果为以下几个方面:

(1)对知识生产者偏好演化及团队知识生产特征进行研究。揭示了团队内各知识生产者偏好的异质性、互动性以及制度与知识生产者偏好的共生演化;重构包含团队知识生产者互惠偏好的效用函数与体现知识生产者互惠偏好演化的、动态的知识生产函数。

(2)对团队知识生产互惠合作演化博弈进行分析。揭示了知识生产团队互惠合作演化博弈稳定均衡结果存在的可能性,同时找到了影响团队知识生产者互惠合作策略选择的多重因素;指出只有建立知识团队的互惠制度,才能架起知识生产者互惠偏好与互惠行为选择的桥梁。

(3)对团队知识生产互惠合作动力机制进行研究。认为知识生产团队是一个完整的系统,知识生产者进行互惠合作不但需要团队内部各知识生产者自身的动力,同时也离不开来自团队外部环境的推力,若能建立与直接互惠、间接互惠、强互惠相匹配的外部互惠制度,将能更有效地激励知识生产团队的互惠合作。

(4)对团队知识生产互惠合作激励治理机制进行研究。揭示了传统知识生产锦标赛激励制度对团队知识生产活动的激励扭曲,指出了团队的知识生产必须从个人产出激励转向集体产出激励;构建出与互惠偏好相融合的团队知识生产合作激励理论模型,并选取典型案例,对理论模型所能起到的指导作用进行验证。

(5)探索能有效促进中国知识生产互惠合作的激励制度。深入分析了中国团队知识生产互惠合作缺失的制度性诱因,认为要从国家宏观科技管理体制和微观科技管理体制两方面着手,建立基于互惠偏好的团队内部知识生产合作外在保障制度,建立更加完善的人才评价体系和科技奖励制度,这样才能为知识团队互惠合作扫除一切制度障碍。

  本书的主要观点是:要重视团队知识生产者互惠偏好的存在,建立与互惠利他偏好相融合的团队知识生产互惠制度,努力培育团队内互惠型知识生产者个体,不断壮大团队内互惠型知识生产者群体,促使互惠偏好在知识生产合作中得到强化,以利于互惠合作在知识生产团队内顺利展开,从而使团队的知识生产效率及整个社会的知识生产效率得到快速提高。

许娇
2015 年 10 月

目 录

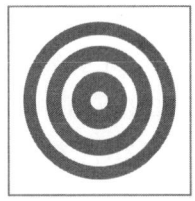

第一章　绪论 ·· 1
1.1 研究背景及现实意义 ································· 1
　　1.1.1 研究背景 ··· 1
　　1.1.2 问题提出 ··· 7
　　1.1.3 研究意义 ··· 13
1.2 国内外研究综述 ·· 14
　　1.2.1 相关概念及基本特征 ·························· 14
　　1.2.2 知识生产的合作机制 ·························· 17
　　1.2.3 知识生产合作的治理 ·························· 19
　　1.2.4 知识生产合作的绩效 ·························· 24
　　1.2.5 涉他偏好与知识生产合作 ···················· 26
1.3 研究内容及方法 ·· 29
　　1.3.1 研究内容 ··· 29
　　1.3.2 研究方法 ··· 31
第二章　互惠偏好及其与制度的演化 ···················· 34
2.1 互惠偏好理论的基本思想 ···························· 34
　　2.1.1 互惠偏好理论的提出 ·························· 34
　　2.1.2 互惠偏好形成的社会学理论基础 ············ 37

2.1.3 互惠偏好的类型 …………………………………… 44
　　2.1.4 互惠偏好的理性预设 ………………………………… 47
　2.2 互惠偏好与制度的共生演化 ……………………………… 49
　　2.2.1 群体的演化机制 ……………………………………… 49
　　2.2.2 互惠偏好的群体演化博弈 …………………………… 52
　　2.2.3 社会交往结构与互惠偏好演化 ……………………… 54
　2.3 互惠制度的建构与递归 …………………………………… 57
　　2.3.1 博弈、合作与互惠制度 ……………………………… 57
　　2.3.2 互惠制度的递归演化 ………………………………… 61
　2.4 本章小结 …………………………………………………… 63

第三章　知识生产者偏好演化及团队知识生产特征 …………… 64
　3.1 知识生产研究基础 ………………………………………… 64
　　3.1.1 知识及知识生产 ……………………………………… 64
　　3.1.2 知识生产团队界定及其特征 ………………………… 77
　3.2 知识生产团队成员的偏好演化 …………………………… 80
　　3.2.1 团队成员偏好的异质性、互动性 …………………… 80
　　3.2.2 知识生产者的互惠偏好效用函数 …………………… 84
　3.3 基于互惠偏好的团队知识生产函数特征 ………………… 89
　　3.3.1 团队知识生产的投入与产出 ………………………… 89
　　3.3.2 互惠偏好下的团队知识生产函数 …………………… 91
　3.4 本章小结 …………………………………………………… 99

第四章　团队知识生产互惠合作的演化博弈 …………………… 100
　4.1 能力相同知识生产者互惠合作演化博弈 ………………… 100
　　4.1.1 互惠合作演化博弈模型的建立 ……………………… 100
　　4.1.2 互惠合作演化稳定策略的求解 ……………………… 101
　　4.1.3 演化博弈策略渐进稳定性分析 ……………………… 102
　　4.1.4 数值模拟 ……………………………………………… 103
　4.2 能力不同知识生产者互惠合作演化博弈 ………………… 110

    4.2.1 互惠合作演化博弈模型建立 ………………… 110
    4.2.2 互惠合作演化稳定策略求解 ………………… 111
    4.2.3 演化策略的渐进稳定性分析 ………………… 113
    4.2.4 影响生产团队互惠合作因素 ………………… 115
  4.3 强互惠下知识生产者合作演化博弈 ………………… 118
    4.3.1 强互惠下演化博弈模型的建立 ………………… 118
    4.3.2 演化稳定策略求解及稳定性分析 ………………… 120
  4.4 本章小结 ………………………………………… 123
第五章 团队知识生产互惠合作的动力机制 ………………… 125
  5.1 直接互惠知识生产合作动力机制 ………………… 125
    5.1.1 直接互惠知识生产合作行为动机 ………………… 125
    5.1.2 直接互惠知识生产合作动力模型 ………………… 126
    5.1.3 直接互惠知识生产合作约束条件 ………………… 127
  5.2 间接互惠知识生产合作动力机制 ………………… 130
    5.2.1 知识团队直接互惠与间接互惠区别 ………………… 130
    5.2.2 间接互惠知识生产合作行为特征 ………………… 132
    5.2.3 间接互惠知识生产合作动力模型 ………………… 137
    5.2.4 间接互惠知识生产合作约束条件 ………………… 138
  5.3 强互惠知识生产合作动力机制 ………………… 138
    5.3.1 强互惠知识生产合作行为 ………………… 139
    5.3.2 强互惠知识生产合作进化机理 ………………… 143
    5.3.3 强互惠知识生产合作外部约束 ………………… 146
    5.3.4 强互惠知识生产合作制度依赖 ………………… 147
    5.3.5 强互惠知识生产合作动力模型 ………………… 149
  5.4 团队知识生产互惠合作的机制模型 ………………… 150
    5.4.1 团队知识生产互惠合作的动力模型 ………………… 150
    5.4.2 团队知识生产互惠合作的驱动模型 ………………… 151
  5.5 本章小结 ………………………………………… 154

第六章　团队知识生产互惠合作的激励机制 ……………… 156
6.1 对传统知识生产激励制度的反思 ……………………… 156
6.1.1 传统知识生产激励理论的研究进展 ……………… 156
6.1.2 传统知识生产激励制度的激励扭曲 ……………… 167
6.2 互惠偏好下知识生产合作激励治理模式 ……………… 177
6.2.1 互惠偏好下知识生产合作激励理论探索 ………… 177
6.2.2 互惠偏好下知识生产合作激励治理模型 ………… 183
6.3 团队知识生产合作激励治理的案例分析 ……………… 189
6.3.1 激励治理模式 ……………………………………… 190
6.3.2 团队产出成果 ……………………………………… 191
6.3.3 合作剩余索取 ……………………………………… 195
6.3.4 分析结论 …………………………………………… 197
6.4 本章小结 ………………………………………………… 197

第七章　中国团队知识生产互惠合作的激励制度 …………… 199
7.1 中国知识生产激励制度的现状 ………………………… 199
7.1.1 中国知识生产激励制度改革取得的成就 ………… 199
7.1.2 中国知识生产激励制度带来的突出问题 ………… 206
7.1.3 知识团队互惠合作的忽视是问题的关键 ………… 217
7.2 团队知识生产互惠合作缺失的制度性诱因 …………… 219
7.2.1 声誉机制与物质利益双层激励的制度性障碍 …… 220
7.2.2 质量激励与数量激励难以融合的制度性障碍 …… 224
7.2.3 基金资助与激励目标相互矛盾的制度性障碍 …… 227
7.3 团队知识生产互惠合作的外在制度保障 ……………… 231
7.3.1 深化国家宏观科技管理体制改革 ………………… 231
7.3.2 着力推进微观科技管理体制改革 ………………… 238
7.4 促进团队知识生产互惠合作的政策建议 ……………… 240
7.4.1 细化知识产权安排 ………………………………… 240
7.4.2 健全利益兼容机制 ………………………………… 241

7.4.3 深化精神文明建设 ·················· 242
　7.5 本章小结 ····························· 244
第八章　结论与展望 ························· 246
　8.1 本书的主要结论 ······················· 246
　8.2 本书的创新点 ························· 248
　8.3 有待进一步研究的问题 ················· 249

参考文献 ································· 250
后　记 ··································· 269

第一章 绪 论

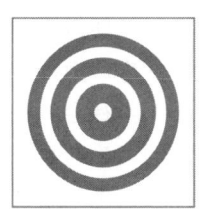

1.1 研究背景及现实意义

1.1.1 研究背景

1.1.1.1 知识生产是人类社会进步的灵魂

生产力的发展不断推动人类社会走向进步。生产力包含劳动对象、劳动资料和劳动者三个要素。劳动对象是人们在生产过程中直接加工的对象。随着科学技术的发展,自然物质的许多有用属性被逐渐发现,新材料、新能源等被广泛使用,劳动对象的范围和种类扩大了,劳动对象的数量和品质也提高了,这对劳动生产力的发展产生了重大影响;生产资料又称为劳动手段,它是劳动过程中用以改变和影响劳动对象的一切物质资料和物质条件,生产工具是最重要的劳动资料。经济时代的区别,不在于生产什么,而在于怎样生产、用什么劳动工具生产。科学技术的发展促进了劳动工具的改进,生产工具的发展成了社会生产力发展水平的标志。另外,劳动者是生产力构成要素中最重要的决定性因素,劳动者的劳动技能受一定的科学知识水平影响,科学知识水平越高,劳动者的技能便越强。

生产力的三要素与科学技术发展紧密相连,生产力的发展乃至人类社会的进步从来都没有离开过科学技术。揭示事物本质规律的理论与实践的科学技术过程就是知识的创新生产,知识生产是新技术和新发明的源泉,也是促进科技进步和经济增长的革命性力量。18世纪六七十年代到19世纪70年代正是人类社会第一、第二次科技革命时期,那一时期人类创造的知识财富极大提高了整个社会生产力,人类社会经济结构实现了由农业经济向工业经济的伟大转变,从而使人类社会由传统文明进入到现代文明。20世纪50年代以来,人类社会再一次迎来了第三次科技革命,此次科技革命以原子能的利用、电子计算机和航天技术的发展为主要标志,由此使人类社会完全进入知识经济时代。随着知识化、信息化的迅猛发展和全球化的进一步推进,以及微电子技术、互联网技术等科技知识的广泛应用,世界各国的普遍交往进一步加强,知识在经济发展中的作用越来越突出,衡量人类社会现代文明水平高低的标杆非科技知识莫属。

当前,知识在经济发展中的价值已经排在了所有生产要素的首位。新一轮科技革命和产业变革风起云涌,物联网、大数据和云计算推动信息技术升级换代,新能源、生物、纳米、智能机器人等技术实现群体性突破,推动工业4.0、智能交通、分布式能源、网购、互联网金融、慕客、远程医疗、网上研发平台等新兴制造业态和服务模式广泛兴起,知识几乎渗透到了全球经济发展的每个要素和环节之中,生产要素在全球范围内优化配置的经济全球化逐渐形成,同时开始引发生产方式、生活方式的深刻变革。

斯密和马克思对技术创新都曾经给予高度重视,但他们没有对其进行系统论述。熊彼特于1912年提出"创新理论",并在后续研究中,对创新理论加以补充和完善,逐渐形成了以创新理论为基础的独特的创新经济学理论体系。熊彼特的观点是:决定经济繁荣、衰退、萧条和复苏周期过程的主要因素是始于发明创造的技术创新,正是发明创造的知识生产行为为技术创新经济行为提供了前提条件。历史经验也反复表明,知识生产周期与经济繁荣周期基本上成"逆相关",即知识生产的活跃期均接近于经济萧条期。创新知识的生产往往是经济发展至另一新高潮的基础。经济越萧条,越激励创新知识的生产,创新知识生产是经济萧条时期的必修功课。萧条时期的创新知识生产,能为经济发展提供新的增长引擎,推动经济结构重大调整,促使经济重新恢复平衡并提升到更高的水平,难怪有人甚至说经济危机必将孕育新的科技革命。

源于美国的次贷危机于 2007 年 8 月开始席卷美国、欧盟和日本等世界主要金融市场,随后形成极其严重的世界性经济危机。这场世界经济危机表面上似乎由金融危机引发,但其宏观经济根源其实是美国等发达国家实体经济与金融经济领域之间的失衡。以房地产为代表的实体经济行业,其技术含金量不高,又由于其增长速度过快,使得全球流动性资金过度流入这一领域,不但导致实体经济内部经济结构严重失衡,还导致国际金融领域失衡现象进一步恶化。所以,经济危机的实质与这些发达国家的技术创新长期处于停滞状态有着深刻的内在联系。时至今日,美国经济虽然表现出了积极的复苏势头,但怎样才能完全摆脱这场国际经济危机所造成的创伤,使全球经济尽快走出危机的阴影,让西方社会及全球经济完全进入创新密集和产业振兴时代,唯一且可靠的路径应该就是:依靠创新的知识生产及由此决定的技术创新和产业创新。

1.1.1.2 知识生产是国家兴旺发达的不竭动力

知识经济时代,传统产业被不断改造升级,新兴产业被不断创造涌现。知识在产品与服务中的含量不断提高,经济增长主要依赖于知识的生产、扩散和应用。知识生产不但经成为一个国家社会生产体系中的重要部分,而且正在成为国家创新系统中具有关键作用的组成部分。

当今世界范围内,国家之间的制衡主要依靠国家的经济实力。然而国家经济竞争力的核心就是创新知识生产的能力,谁能在知识创新方面占据主导优势,谁就能够在经济发展中掌握主动权。目前世界各国在采取具体的经济发展方式上,均把科教兴国战略和可持续发展战略作为国家的核心发展战略,纷纷大幅增加科学知识的生产投入,强化核心关键技术的研发部署,竞相争夺知识创新人才。创新知识的生产已成为国家经济发展的灵魂。试问美、日两国为什么能在二战后一直维持世界强国地位?究其原因,其制胜法宝就是在经济发展过程中十分重视对创新知识生产的研发投入,使知识创新维持旺盛的活力。美国更是为了保障本国能持续占领科技创新的前沿,早在100多年前,就开始并坚持实施反垄断法案,从而为美国的经济发展创造良好的技术创新环境;同样,欧盟国家和经济合作与发展组织国家的经济发展也得益于一直保持了较高的知识生产投入强度。德国的经济实力跃居欧洲之最,经济总量大约相当于老牌资本主义国家英、法的总和,这都得益于联邦政府对企业创新的鼎力支持,在创新意识、创新环境和创新制度保障方面,德国一样都不少;目前,许多发展中国家为了缩小和发达国家在经济和科技上的差距,都已下定决心开始行动,把创新知识的生产当成本国最艰巨而长远的任务。

改革开放30多年以来,中国已经经历了经济、社会、科技与创新等方面的快速发展,尤其是中国经济的世界位次一直在不断提升,但中国经济在发展过程中,也出现了许多不平衡、不协调、不可持续的现象。比如,到了21世纪初,受人口老龄化加快、储蓄率向下调整的影响,靠劳动力、资本等低成本生产要素驱动的传统经济发展模式开始引起人们的反思。因此,早在2005年国家就提出"建设创新型国家"的发展战略,并在党的十七大报告中明确指出:"提高自主创新能力,建设创新型国家。这是国家发展战略的核心,是提高综合国力的关键。"在2008年国际金融危机爆发后,中国以往经济发展过度依赖外部需求、自主创新能力缺乏以及"高投入、低产出"的弊端更加凸显,政府也充分意识到这样的经济发展模式已经难以为继,在制定"十二五"规划时,把加快转变经济发展方式和调整经济结构作为中国经济社会发展的主线和基本要求。在2012年11月中国共产党的十八大政府报告中,再次提出实施创新驱动发展战略,把科技创新作为提高社会生产力和综合国力的战略支撑,并把它摆在国家发展全局的核心位置。

当前,国际分工形态和竞争格局又发生了重大改变,这为我国经济发展由要素驱动向创新驱动转换带来机遇的同时,也带来了严峻挑战。中国经济发展正进入新常态,尤其迫切要求创新作为经济发展的驱动力。这种创新驱动是广义和综合的,核心就是提高生产效率,包括提高劳动生产率、资本产出率和全要素生产率。因而要实现经济发展动力的转换和重塑,就要从追求高速增长转向追求高效增长,将提高效率和效益作为经济发展的主旋律。新常态是从高速增长阶段向高效增长阶段跃升的过程,也是我国经济实现由大到强的过程。可以认为,中国完成转变增长方式、提高自主创新能力、建设创新型国家的伟大战略任务,其核心就是要不断通过对知识生产治理结构的调整,激励创新知识的快速产出。

1.1.1.3 知识生产合作在世界范围内大量涌现

关于知识的来源,人们比较关注的是知识来源于个体生产还是来源于集体生产这个问题。在工业革命前,人类社会经历了漫长的历史时期,在此期间,大多数知识来源于个体,知识的生产方式主要是一种个体独立的生产方式,不需要与别人合作。但进入工业经济时代后,特别是受近百年来多次科技革命浪潮的冲击,知识生产方式发生了翻天覆地的变化。在知识分工的前提下,许多知识的获得必须完全依靠知识生产团队的力量,知识生产以团队的生产方式为主,知识生产者之间的相互协作越来越密切。当今,我们正处于以知识为基础的新经济时代,新知识的生产越来越离不开知识生产团队和知识生产者之间的互惠合作。

知识生产方式缘何从独立走向合作？究其原因，主要可以从以下两方面进行解释。首先，基于知识生产对象的多样性和复杂性。科学技术发展到现在，知识生产活动的规模日益增大，门类不断增多，花费更趋浩大，此时，知识生产所需要的资源远非私人资助和个人能力能独立支撑的，为了获得不同生产对象的知识在方法、设备和基础知识要求上的差异性，如今的知识生产需要成为具有独特功能的社会劳动被纳入到社会分工体系。理性的知识生产者想要在这种相互依赖的科学知识生产体系内部获得并增加自己的效用，只有与其他个人建立直接或间接的合作关系，当自由协调方案逐渐成为解决知识生产组织内部矛盾冲突的社会惯例时，知识的团队协作生产最终亦成为必然。其次，基于知识生产的信息不完备性和风险性。众所周知，知识生产是一种投入和产出之间关系由随机概率形式确定的生产活动，是信息不完备、具有极大投资风险的生产活动。随着知识生产难度的加大，知识生产环境的不确定性和复杂性越来越强，知识生产者发现单靠自身的知识与技术往往不能快速地响应外部的环境变化，要想降低依靠个人的偏好与理想进行的知识生产活动的风险，提高知识生产的效率，满足社会对创新知识的需求，知识生产者必须依靠团队中个体之间的协作力量和总体资源，通过合作与其他成员共享知识生产要素而取得共同知识或互补知识。

在知识生产领域，知识分工使得知识团队成员之间形成较强的知识互补性，同时，随着知识创新程度的不断提高，知识产出的不确定程度也在增强，只有通过知识生产合作，才能解决知识生产过程中出现的难题。事实证明，现今知识团队生产模式已经在世界范围内被广泛采用，并占据出日益重要的地位。2007年美国西北大学的Wuchty等三位教授在《科学》杂志上发表了一篇报道，他们针对1 990万条论文数据和210万条专利数据，利用统计分析得出"在知识生产领域，团队生产模式比个体生产具有明显优势"的结论，并发现合作绩效随着团队规模的扩大而持续提升。

1.1.2 问题提出

1.1.2.1 理论上的必要性

在知识经济时代,知识正成为最重要的社会经济资源,知识的不竭动力就是知识生产,知识合作生产对提高知识的产出效率也是非常重要的。知识生产合作形式既有跨组织的,也有知识生产团队组织内部的,它们都能对提高知识生产效率产生积极作用。然而,如何使这样的知识生产合作形式成为可能?通过何种方法才能促使知识生产者进行合作生产?能否对知识生产者的心理偏好进行挖掘?知识生产者合作行为的选择是否明显受其自身的心理偏好影响?如此这些问题,有一些是传统知识生产合作理论早已涉及的,但传统对知识生产及合作的理论研究都是以主流经济学的自涉与稳定偏好为前提假设,也正是基于这样的偏好思维模式,导致在过往的知识生产理论研究过程中,对于合作动机、影响因素与合作机制等的分析不能从根本上解决知识生产合作的微观机理,以致在知识生产合作中遇到的许多问题,许多学者给予的解释并不能使人心悦诚服。在实践中,知识生产管理部门制定出的相关知识生产激励政策,一般都是以自涉性与稳定性作为偏好的前提假设,因而在实施过程中往往不能达到预期效果,有时甚至适得其反。

目前,行为与实验经济学的相关研究已经为利他偏好的存在提供了经验支持与理论验证。研究结果充分表明个体的偏好并非与经济人或理性人假设相符,那种完全意义上的自利个体极少出现,更多的个体则是既包含自利偏好,又包含互惠偏好、公平偏好与利他偏好。研究还证实偏好在不同的制度环境下会演化出不同的结果。简而言之,偏好是他涉的、演化的。所以当我们对知识生产相关理论进行重新研究时,有必要转换研究视角,撇开传统的对偏好的狭隘假定,在对知识生产合作及治理的研究过程中,本书认为以下几方面的理论内容迫切需要获得实质性突破：

第一,对知识生产基本理论研究需从互惠偏好视角展开。

传统针对知识生产的特点、方式、生产工具、生产要素及其生产运行机制等方面的研究,都是把知识生产单位作为一个独立的统一实体,同时囿于偏好"自利"的假定,缺乏对知识生产过程及团队内知识生产成员互惠偏好的关注。随着行为经济学、神经经济学、演化经济学、博弈经济学等经济理论的发展,对知识生产基本理论研究需要从西方经济理论的借鉴性移植向自主创新转换：需打开传统知识生产单位的"黑匣子",改变传统稳定的"自利"偏好假设,充分考虑偏好的异质性、互动性,在演化博弈分析的框架下,运用行为经济学和制度经济学的相关研究成果,探讨制度约束下的互惠偏好形成与演化,进而对知识生产者的偏好特征、知识生产团队特征及规律从偏好演化的新视角进行理论上的完善与深化,并对传统知识生产函数模型进行改造,构建能够反映存在于知识生产团队成员之间互惠偏好的动态知识生产函数。

第二,对知识生产合作机制研究需基于互惠偏好视角。

随着知识生产合作在知识生产中地位的不断提升,尽管国内外大量学者已经从经济的和社会的双重角度,对知识生产合作机制从新产品开发、流程改进、技术开发、知识共享、合作的目、合作战略以及合作收益等进行全方位的研究,并且在跨组织的知识生产合作和组织内的知识生产合作研究方面取得了丰硕成果,但以往所有知识生产合作机制研究都是以"自利"偏好假定为前提,忽略知识生产者的互惠偏好及互惠偏好对合作生产策略选择的影响,因而知识生产合作机制的理论基础有待得到进一步全面挖掘。基于互惠偏好的知识生产合作机制研究,首先必须承认团队知识生产者间的互惠偏好存在,要以博弈经济学、演化经济学、行为经济学、制度经济学、心理学等理论为基础,以演化博弈为分析方法,根据知识生产团队的初始条件与约束条件,利用互惠偏好演化及互惠利他偏好的激励机制具有对互惠偏好的进化优势,研究知识生产团队内部成员之间合作的微观机制。

第三,对知识生产合作激励治理研究需基于互惠偏好视角。

现有的知识生产激励制度是基于所有权和经营权分离的背景下得出的委托—代理显性激励模型,其制度设计的特点,一是沿袭古典经济学的传统假设,假定知识生产者都具有稳定的自利偏好;二是激励制度完全利用知识生产者自利动机之间的相互制衡,只是针对个体产出结果进行激励,简化了知识的生产过程与知识生产团队内部结构。已有的制度设计显然忽视了知识生产过程中知识生产团队内部各成员偏好的差异性,忽视了知识生产过程中生产者之间的互惠合作偏好的存在,忽视了在生产过程中制度对团队内部的生产者偏好及对生产者行为的影响。随着现代知识生产方式的演变,传统的知识生产激励制度在知识生产领域内产生了许多无法解释的现象和悖论,这不利于知识生产团队进行合作生产和团队知识生产效率的提高。基于互惠偏好视角下的知识生产合作激励治理研究,要利用知识生产者的互惠偏好以及互惠偏好的激励演化机制,以现代的产权理论为基础,构建知识生产行为委托—代理分析框架,设计基于互惠偏好的知识生产合作激励治理模型,进而提出与知识生产合作激励治理相适应的互惠合作制度,促使知识生产团队内部的分工与协调得到统一,知识生产团队的互惠合作得到增强。

1.1.2.2 实践上的必要性

中国在改革开放后,无论是综合国力还是自主创新能力,都取得了举世瞩目的成就,但中国的知识生产效率依然比较低下,知识生产原创能力极其薄弱,知识生产的合作潜力无法真正发挥出来。为了实现转变经济增长方式、提高自主创新能力、建设创新型国家的重大战略任务,就必须依靠知识的积累,以创新的知识生产作为突破口。具体而言,在当前我国知识生产实践中,以下几个突出问题亟待解决:

第一,知识生产总体效率低下问题。知识生产效率一般是指知识的产出与投入的比率。近十年来,随着科技体制改革的深化,我国科研经费投入大幅增加,知识生产队伍人员总体规模跃居世界第一,论文、专利等创新成果喜人,国家创新实力得到快速提升,但把知识产出与知识投入进行比较,发现所取得的知识创新成果与国家和人民的期待还是相差甚远,知识生产效率仍然有待进一步提升。据国内外学者 Jefferson et al.(2004)、吴延兵(2006,2008)等的研究证实,在中国的知识生产实践中,团队合作生产方式不断兴起,然而随着知识生产团队规模的扩大,中国知识生产总体效率却呈下降趋势。白少君、赵立雨(2010)认为中国知识生产总体效率出现规模不经济,原因在于知识生产者在知识团队中的生产积极性没有得到充分发挥,但他们对如何激发知识生产成员的生产热情并未深入探讨。樊钱涛(2008)等就知识生产团队中知识创新效率的影响机制进行研究,证实知识团队成员间的相近性对知识创新效率有正向影响,信任在相近性与知识传递效果的关系中起中介作用,但他们的研究并未告知信任与互惠偏好是否存在相同的心理科学依据。张正堂(2010)根据知识生产团队特征、组织文化等因素对知识生产效率的影响进行研究,认为影响知识创新效率的机制比较复杂。方新(2012)把中国知识生产效率低下原因归于知识生产团队各成员的结构与质量,同时也承认我国知识生产者普遍具有甘愿奉献的精神与作风。总之,到目前为止,中国的知识生产效率低下已是不争的事实,但对于我国知识生产效率低下的原因却莫衷一是,对于如何才能提高团队知识生产效率还没有找到适当的知识生产理论作为有力支撑,基于互惠偏好视角以提高团队知识生产效率的研究更是一片空白。因此,想要扭转中国知识生产总体效率低下的局面,未来需要重视互惠偏好对知识生产团队合作的影响,为提高团队知识生产效率提供适合解释的理论依据。

第二,知识生产合作动力缺乏问题。Lazear et al(1994)与

Nalbantian et al(1997)基于传统"自利"偏好假定,对团队生产力进行过研究。他们同时考虑了信息不完全因素,认为在团队合作的运作模式下,管理者与团队成员之间所拥有的信息是不对称的,管理者不容易对团队成员的绩效表现进行衡量和评估,这容易引发生产团队内各成员的偷懒与搭便车行为,而只有制定锦标赛激励制度才可以避免造成团队生产力的损失。同样在现实团队知识生产领域中,锦标赛激励制度已经得到广泛认同。然而,作为激励手段的团队知识生产激励锦标赛制度,试图利用知识生产者自利动机之间的相互制衡,以报酬支付差异来激励团队每一个知识生产者,其弱点在于只能衡量知识生产的结果而无法考察知识生产努力过程,其机制本质蕴含着收入的不平等,在执行过程中必然会对知识生产者产生不公平的对待。另外,当我们仔细观察由不同个体组成的知识生产团队,可以发现知识生产者的偏好各不相同,自利偏好、利他偏好、互惠偏好等个体会以一定的比例存在;且在不同的制度环境下,每一个知识生产者受知识生产团队内部的激励机制影响,各自的偏好还将沿着特定的路径演化。正由于知识生产团队存在如此特点,锦标赛制度的不均等待遇将诱使知识团队所有成员变成只关注各自的产出业绩,只关注与实现自己业绩目标相关的资源分配,从而使知识生产团队成员之间原本该有的相互依赖、相互协作关系逐渐消失,并不断被不合作的损人利己、竞争关系取代,最终令知识生产团队成员相互之间的合作动力丧失殆尽,知识生产团队瓦解消失,整个社会知识产出效率降低。因此,为了激发知识团队进行生产合作,亟须把互惠偏好纳入知识生产合作机制的统一框架,尽快制定有效促进团队知识生产合作的激励政策。

第三,知识生产合作路径不明确问题。目前,无论是高校或科研机构生产的基础知识,还是企业单位生产的应用知识,创新知识生产越来越离不开知识生产团队,同时团队知识生产活动也越来越离不开团队内部成员之间的团结协作。然而,由于过往对知识生产合作的理论研究没有走出偏好的传统假设,若从单次博弈分析出发,基于"自利偏好"的知识生产者间是无法走出囚徒困境的,因而在知识生产过程中,存在于知识生产团队的合作现象基本上被认为是多次博弈的均衡,那种知识生产团队一次性的合作基本上被认为是偶然的、自发的,无需明确的合作路径来加以引导,以致这样的知识团队合作方式基本上处于无序状态,从而最终影响了知识的产出效率。如何使团队知识生产合作从自发走向自觉,必须重视知识生产者的互惠偏好,因此,亟须构建互惠偏好下的知识生产合作治理模式,寻找各类知识生产团队内部及团队之间的合作路径,引导团队知识生产成员的不同偏好类型向互惠偏好演化,促使知识生产者选择有效知识生产合作方式。

当前,公平偏好、利他偏好、互惠偏好等社会偏好越来越引起人们的关注,将制度的、社会的、生物的以及心理的因素纳入进来,以分析偏好的形成、决定及演化已成为一种不可阻挡的现代西方经济理论研究趋势,一种行为经济学和新制度经济学理论成果相结合的分析问题新范式——行为契约理论正在崛起(向秋华等,2007),知识生产领域当然也不例外。因此,本书力求在前人已有的研究基础上,立足现代经济社会中知识生产的真实世界与本质特征,打开传统知识生产单位的"黑匣子",改变对传统知识生产及治理研究的自利、稳定偏好假设,充分考虑团队知识生产方式中每一个知识生产成员的心理偏好特点,把互惠偏好植入团队知识生产体系,基于制度与知识生产者偏好的共生演化,构建体现知识生产者互惠偏好的动态知识生产函数,揭示互惠偏好下的知识生产合作演化博弈机制与合作动力机制,并以此为基础,利用强互惠具有对互惠偏好的进化优势(叶航,2005),试图建立与互惠利他偏好相融合的知识生产激励制度,努力培育互惠型知识生产者个体,不断壮大互惠型知识生产者群体,使互惠偏好在知识生产合作中得到强化,加速提高社会知识生产的效率,促进中国的知识生产可持续健康发展。

1.1.3 研究意义

1.1.3.1 研究目标

(1)理论目标

注重知识生产团队内部及团队之间知识型员工的相互关系,改变传统自利偏好假设,在已有的知识生产及治理研究的基础上,把知识生产者互惠偏好的形成及演化机制与知识生产过程结合在一起,揭示现代社会知识生产的本质特征,研究制度与互惠偏好共生演化下的团队知识合作生产机制,构建互惠偏好下的团队知识生产激励治理模型,为团队知识生产的激励政策制定提供理论指导。

(2)实践目标

中国在知识生产实践中遇到的生产效率低下问题,其根源是团队知识生产合作的动力不足。拓宽知识生产者偏好假定,在制定促进团队知识生产合作的激励制度与政策选择过程中,充分认识知识生产者互惠偏好的存在,让知识生产者间的分工与协调得到有机统一,使中国的知识生产合作问题得以优先解决,提高中国知识合作生产的治理效率与知识创新能力。

1.1.3.2 研究意义

(1)理论意义

第一,从行为经济学互惠偏好理论视角出发,可以为团队知识生产合作研究提供一种新的分析范式和理论解释。

第二,从一个新的视野探索一种新的知识生产合作机制及激励治理模式,可以丰富、拓展知识经济时代知识生产的研究内容和范围,为团队知识合作生产和创新制度的设计与更新提供新的理论基础。

第三,互惠偏好下的团队知识生产合作机制及制度安排研究对拓展演化经济学、制度经济学和行为经济学等学科的研究范围,同样具有较大的理论创新意义。

第四,基于互惠偏好研究视角,设计出一种适应中国特色的新型政策理论框架,可以为当前中国知识生产合作理论的创新贡献绵薄之力。

(2)实践意义

第一,把偏好与制度的共生演化纳入知识生产合作研究范畴,从体制上、机制上解决好知识生产合作的激励治理问题,化解了传统知识生产激励制度存在的矛盾,对提高知识团队乃至整个社会的知识生产效率具有较大现实意义。

第二,就当前中国而言,坚实的知识基础是整个国家提高核心竞争力的重要平台,国家创新体系构筑的核心就是要解决好知识生产的效率,对团队知识生产互惠合作机制及激励治理方面进行研究,可加快推进中国国家创新体系的建设与完善。

1.2 国内外研究综述

1.2.1 相关概念及基本特征

1.2.1.1 知识生产的经济学概念及特征

最初对知识生产概念的定义是源于古希腊哲学对知识认识论的研究,知识生产概念多以哲学形式表述。比如,知识生产一般是指人类用体力和智力作用于客观世界,满足自身精神需求的创造性活动,其成果是无形的知识产品,也即科学发现和技术发明;《汉语大词典》的解释:是指人们在物质生产的过程中发明、发现或创造各种为物质运动的转化提供条件与能量来源的思想、观点、方法、技巧等的过程。知识生产与物质生产的目的是相同的,都是为了认识自然、改造自然;它们两者同是人类分工合作的社会活动,而且同是在一定的社会关系中进行的生产活动,都要借助于一定的物质条件和资料,遵循生产过程的自然规律和社会规律;但知识生产是比物质生产更高层次的生产力,它具有信息性、探索性、创造性与非重复性、低可比性和继承性,它的产品具有扩散性、延续性和累积性。①

20世纪50年代末以后,受到近代经济学学科发展的影响,知识、知识生产逐渐进入了现代经济学的研究范畴,此时经济学范畴的知识已经不再是哲学意义上的知识,而是那种能够作为资源投入到生产过程中并在生产过程中起主要作用的现代知识,对知识生产的研究也开始采用经济学的研究术语。国外经济学者中,尼尔逊(Nelson,1959)、阿罗(Arrow,1962)等较早关注知识产品的公共产品特性,较全面地论述了知识的生产特征;Kuhn(1962)则首次采用经济学语言来描述知识生产概念,将知识生产过程抽象为一个简单的生产函数,从而为知识生产的讨论从哲学范畴引入经济学范畴作了很好的铺垫;达斯古普塔和大卫(Dasgupta,P. and David,Paul A.,1994)自提出建立新科学经济学以来,他们又对知识生产进行全面研究,找出了许多知识生产的自身规律及其发展趋势。② Stewart(1997)认为知识的大量使用反而会激发更多的新知识产生,也就是说,知识生产的"原料"永不枯竭,知识生产具有永久性和持续性的特征。③ 到了2000年,国际经合组织(OECD)将知识生产定义为:个人、团队或组织成功地生产新知识和实践的境况。与此同时,国内学者袁志刚(1999)、杜月生

---

① 王绍平、陈兆山、陈钟鸣等编著.图书情报词典.汉语大词典出版社1990年版,第556页.

② Dasgupta, P. and David, Paul A., 1994. Towards a New Economics of Science[J]. Research Policy, 23, 5, September.

③ Stewart, T.A. Intellectual Capital: The New Wealth of Organizations [M]. New York: Bantam Doubleday Dell Publishing Group, Inc., 1997:2-9.

(1999)、范省伟(2004)、南振兴(2005)、许崴(2006)、傅翠晓(2009)等在前人研究的基础上,也对知识生产的内涵与特点、知识生产的类型、知识生产要素、知识生产工具、知识生产运行机制、知识的公共产品特性及知识生产影响因素等方面做了大量的全方位研究。刘诗白(2005)还从知识生产的实际出发,揭示了知识产品的使用价值、价值、价格、垄断价格、价值决定等经济学范畴拥有的新内涵。

知识生产的经济学概念及基本特征的研究为知识生产合作研究提供了理论基础,知识生产的分工合作社会特性及生产过程的不确定性和风险性为现代知识的合作生产理论研究提供了必要前提。但已有研究较为零散,尚未形成一个完整的体系,对知识生产过程中的物质条件和物质资料的作用比较重视,而对知识生产者这一重要的知识生产要素,其在知识生产过程中发挥的作用并未引起高度关注,知识生产者的偏好特征及其演化几乎被完全忽视。因而关注知识生产者的互惠偏好特征,从制度、偏好互动的角度研究知识生产分工与协作,并从降低知识生产风险的知识生产组织与管理方式等方面的研究有待进一步深入。

1.2.1.2 知识生产的生产函数及特征

1979 年 Griliches 借鉴新古典经济学企业生产理论对知识生产函数展开研究,其在对知识生产过程进行简化的基础上,首次提出具体的知识生产函数。后来杰菲(Jaffe,1989)、罗莫(Romer,1990)、安舍宁(Anselin,1997)、费歇尔(Fischer,2001)、格罗恩日(Greunz,2003)等经济学家相继对知识生产函数进行扩展与改进。他们都把知识生产单位看作如同物质生产企业一样的独立统一实体,认为利用知识生产函数就可以定量分析知识生产的投入与产出,就能够对知识生产的绩效进行评价,进而判断区域经济的创新能力。由于数学模型简化了知识生产的繁杂过程,他们的知识生产函数模型得到广泛好评,并在研究中被大量采用,同时广泛应用于区域创新的经验分析之中。

近几年,国内学者蒋景媛(2004)、任志安(2006)、赵红专(2006)、吕忠伟(2006)、马健(2007)等也对知识生产函数展开研究,对知识生产函数模型进行一定拓展。姜春林(2006)、吕忠伟(2006)、许娇(2010)等则利用已有知识生产函数模型,对中国的知识生产进行实证分析,并分别从经济关系、要素投入与制度协调等方面对提高中国的知识生产能力提出有益的见解,为揭示知识生产与知识溢出对区域经济增长的影响贡献出了绵薄之力。

然而,上述研究显然视知识生产过程为"黑箱",将生产过程抽象为一个简单的特定的生产函数,在知识生产函数不变的前提下,认为知识的产出取决于知识生产要素的投入,知识的产出可以用知识生产函数计算出来。用这种简单的计算方式明显忽略了知识生产过程本身也是知识增殖的过程,更忽视知识生产团队内部成员之间的相互依赖关系对知识产出的影响。我们认为,没有考虑生产者偏好特点的知识生产函数肯定有不足之处,其无法反映知识生产者间互惠合作偏好对知识产出的影响,利用已有知识生产函数进行实证分析,得出的结论很难开出奏效的知识生产激励政策处方,所以知识生产函数模型的内涵还有待拓展和重构。

1.2.2 知识生产的合作机制

1.2.2.1 跨组织的合作机制

国外学者 Kogut(1988)、Gibson(1994)、Mowery(1996)、Boddy(2000)等主要针对跨组织的知识生产合作机制进行研究,他们研究所涉及的范围包括新产品开发、流程改进、技术研发、知识共享、合作目的以及战略收益等企业间的知识生产合作。Harrigan(1998)的研究认为不同组织之间进行知识生产合作不但能提高产出效率,还可以分担研发风险。Narula & Hagedoom(1999)则发现在许多知识生产领域,企业的独立研究开发成本速度迅速增长,尤其在高新技术产业和系统性基础研究领域中,研发成本的增长促成企业之间进行合作创新,而合作创新为资源集中提供了有效途径,形成研究开发的规模经济和范围经济,从而提高知识创新的效率。国内学者王建宇(2005)、陈娟(2004,2005)、张千帆(2008)等则采用博弈论方法,探讨合作知识创新中的跨组织资源如何进行共享等问题。连建辉和赵林(2004)、李翠娟和宣国良(2005)、何景涛(2011)等认为企业之间是否采取合作策略取决于合作是否能为企业双方带来利益,他们把合作剩余的产生与分配看作企业契约的核心内容,与此同时提出了知识合作剩余的概念,揭示知识生产合作创造了企业竞争优势的内涵。李梅芳等(2012)基于合作开展与合作满意的视角,把企业与学研方的文化价值融合、科技中介机构和风险投资看成影响产学研合作成效的三个关键因素。海本禄(2013)以 Homans 社会交换理论为基础,就大学校园内知识生产者参与产学研合作研究的影响因素进行实证分析,得出经济收益、声誉回报、开放科学和时间成本四个方面显著影响合作意愿的结论。

上述学者对知识生产合作机制的研究都是从产学研或企业间等各种组织的中观层面展开,对企业之间知识生产合作的动力机制、运行机制、调控机制等分别从社会、文化、制度、环境等多重角度进行分析,但由于各组织结构的多样性、复杂性等特点,不同组织所具有的偏好对组织间的合作行为影响一般很少能引起关注,对知识生产者个体的微观心理偏好更是无暇顾及,因而对知识生产合作机制研究还可以从偏好、互惠偏好、互惠偏好的演化等微观角度进行深入挖掘。

1.2.2.2 组织内的合作机制

Nonaka(1998)认为团队组织是知识共享和创新的最基本单元,所以团队内各成员能够在交互作用中分享、使用和创造知识。然而,团队内知识生产合作绝非易事,而且从实践的角度来看,团队内知识生产合作不能被强迫,只能被鼓励和推动。Gerchak(1999)、Stallaert(2001)分别采用博弈理论和拍卖理论对团队组织内部的知识生产合作机制进行研究。Lewis(2003)把组织行为研究领域的交互记忆系统概念引入到团队合作行为研究中,认为交互记忆系统是"学习、记忆和交流团队知识的合作性分工系统",交互记忆系统强调对团队成员专长的利用和整合,以达到成员知识价值的最优化,交互记忆系统对团队知识管理具有很强的理论解释价值和实践指导意义。陈娟、芮明杰(2004)构建知识场模型,探究知识团队内知识员工间的知识传播,以利于促进团队的知识合作生产,从而为知识生产团队内部的合作生产提供理论支持。陈其安和刘星(2005)认为,知识团队员工内在的"同事压力"或"过度自信"可能会更加有效地解决团队合作问题。陈同扬等(2008)把知识生产团队进行分类,研究不同类型知识生产团队合作的运行特征。林润辉、范建红、黄传锋(2009)借鉴横向监督理论中代理人之间相互监督的特点,运用实验经济学中公共品实验的方法,从经济约束和社会制裁两个角度探讨临时型知识团队合作治理中社会约束影响的可能性,进而设计临时型知识团队合作机制。然而上述分别从经济、文化、社会的角度对组织内部知识生产合作的动力机制、保障机制、制约机制等进行的研究,都是基于"自利"偏好的假定,根本没有考虑到知识生产者互惠偏好的存在,及互惠偏好对团队知识生产合作产生的影响。

总而言之,以上所有知识生产合作的机制研究,不管是针对组织内部还是组织之间的合作,都忽略了知识生产组织间或知识员工间互惠偏好对合作生产策略选择的影响,因而并没有从根本上找到知识生产合作的微观机理,以致在知识生产合作的实践中,始终未见有效的微观指导理论。

1.2.3 知识生产合作的治理

科学知识生产活动的核心要素就是科学知识生产方式,一定时期的科学知识生产方式决定着该社会的科学知识生产能力。科学知识生产方式是在科学知识生产过程中形成的人与自然以及人与人之间相互联系的体系,而涉及纳入科学知识生产系统中的诸个人或集团,比如大学、科研机构、企业和政府等,它们之间复杂的交互作用是知识生产方式经济学领域的研究内容,也是知识生产治理的内容,主要包括知识生产合作的组织治理模式、知识生产合作的激励制度等。

1.2.3.1 知识生产合作的组织治理模式

国外学者贝克(Becke,1992)较早从组织经济学角度对知识生产组织的合作进行研究。在贝克之前的许多学者都是单纯针对知识生产特征进行研究的,而贝克则转向以知识生产合作组织为基础的对知识形成、结构和如何带来竞争优势的过程研究。Nonaka(1994)提出可以通过知识合作共享,由个体隐性知识最后转化为组织隐性知识的 SECI 知识生产组织模型。吉本斯(Gibbons,1994)把传统的以学科或以大学为单位进行知识生产合作的模式称为知识生产模式Ⅰ,而把新出现的知识生产合作模式称为模式Ⅱ。胡志坚(2003)等还把发现、发明和创新、学习活动等四个要素进行集成,并对以上两种知识生产合作模式进行区别。哥伦比亚大学计算机科学家亨利·埃兹科维茨(Herry Etzkowitz,1995)提出的三重螺旋模式(Triple Helix)是指大学、企业和政府三种实体以连动键和螺旋模式组合协调在一起进行的知识合作生产。张露(2008)对互联网大规模知识合作生产模式下的组织结构进行研究,分析其组织结构与以往的一般企业组织结构的异同点,并完成了对其组织结构的初步设计。屠万婧等(2009)根据组织成员的参与范围,将互联网知识合作生产组织模式分为开放型与独立型,提出了新的混合型组织模式,同时分析了三种组织模式下知识生产的动态过程,并研究了混合型组织模式的特点及意义。

另外,Schilling(2007)认为团队知识合作生产是组织创新管理的核心问题,邹波(2008)对"同血型"和"混血型"知识团队的生成过程进行分析,建立了两类企业知识团队知识创新模型。柳洲、陈士俊(2008)认为产学合作的内在机制就是在市场的驱动力、政府的调控力、资金的支撑力、文化的感染力、发展自我的原动力的综合作用之下,通过多种形式的交易,实现大学和企业拥有的异质性知识系统的高效耦合。王安宁(2010)重点考察知识生产合作模式的演变趋势及其原因、归纳现实经济生活中日益普及的各类合作知识生产组织模式及其属性,并分析组织模式演变对创新活动组织的启发。

总之,上述对知识生产组织治理模式的研究大都基于管理学的视角,他们对知识生产组织治理模式的分析都是基于宏观或中观的层面,对各种知识生产组织的形成原因、形成机制没有进行深入探讨,并未发现知识生产者行为的偏好根源,对于知识生产合作各种组织模式的存在原因缺乏微观机制的分析,因此,基于互惠偏好的团队知识生产合作组织治理模式还有待进一步深入研究。

1.2.3.2 知识生产合作的激励模式

第一,基于个人绩效的知识生产合作激励制度。

罗伯特·默顿较早关注知识生产激励模式,他在1957和1982年的一系列论文中论证科学研究应该以取得科学发现的"优先权"作为激励。袁志刚(1999)、王建安(2006)、周波(2008)、郝成利(2009)在默顿研究的基础上,一致认为现在对基础知识生产主要是知识优先权激励制度,而对应用知识生产是知识交易权激励制度,两者有机结合对促进知识的生产与传播起到了一定作用。但所有的激励制度主要针对以个体生产方式为主的知识生产者,并未针对团队知识生产方式的提出,这样的激励对团队知识生产合作有时还造成负面的影响。

阿尔钦和德姆塞茨(1972)他们最早把知识生产企业的生产看成"团队生产",为了提高团队整体生产效率,他们在对人的"自利""稳定"偏好假定的基础上,设计现代产权激励制度克服以脑力劳动为特征的团队成员的"偷懒"与"搭便车"。Mcafee(1991)则认为通过外部监控机制来管理知识生产团队,其所能达到的效果不一定最好,因为知识型员工具有很强的自主性,对于严格的监控非常反感,况且他们的工作也是难以监控的。他认为在适当的条件下,无论是知识生产团队产出还是知识团队成员个人贡献,最终观察到的总量都是一样的,所以想要阻止知识团队成员的"偷懒",监控没有多大作用。

张望军、彭剑锋(2001)认为薪酬作为体现知识生产者个人价值的一种尺度,无疑是影响知识生产者工作态度和工作行为的重要激励手段,他们通过对知识经济时代知识型员工的激励因素进行中外对比,以及对知识型员工与非知识型员工的激励因素进行对比,探讨了知识型员工的报酬激励、文化激励、组织激励、工作激励等四大激励模式。孙理军和聂鸣(2002)等的研究观点认为,针对知识型员工的激励应采用包括文化激励和组织激励等激励模式。魏斌(2002)在 Holmstrom(1982)研究的基础上,设计一种改进的分配机制,主要是奖励为主、惩罚为辅,采取激励和约束相结合的方法,以达到对"免费搭车"者的约束。于立宏和郁义鸿(2005)更多考虑知识生产者心智的成长和能力的提高,认为知识工作者对自身能力的关注能够抑制"搭便车"的行为,从而即使在无监督合约的情况下,知识团队也能通过自我激励来实现帕累托均衡有效,因而知识团队的激励机制应该以自我激励为主。胡新平(2010)将知识生产函数模型融入传统的委托代理理论,分别建立知识生产企业产出分享支付和固定支付条件下的激励模型。

以上针对知识生产者个体绩效的激励制度研究为知识生产合作研究提供了理论基础,但都是以有限理性人、机会主义等现代主流偏好基本假定为基础,产权安排、委托—代理模型、契约模型等传统知识生产激励理论基本上忽略了对知识生产过程的关注,知识生产团队内部各成员偏好的差异性、互惠合作偏好的存在及制度对偏好演化路径的影响并未被引起高度重视,相关的许多激励政策无法达到预期效果,有些政策甚至还导致团队知识生产者在长期交往中形成不信任的文化,影响了团队知识生产的合作,降低了团队知识创新的效率。

第二,基于团队绩效的知识生产合作激励制度。

Balkin & Risher(2000)、Robbins(2002)等的设计是基于研发团队的激励制度来充分调动员工的合作积极性,从而为企业创造价值,赢得竞争优势。国内学者肖缓(2003)通过对知识型员工行为特征的分析,认为现代企业管理的核心是如何充分发挥知识型员工的潜能,提出了基于心理契约的知识型员工行为激励模型,对他们的可观察行为和绩效可控的不可观察行为实施有效激励,使他们的行为与企业总体目标更协调一致。王黎萤(2005)从知识型员工心理契约结构的特性出发,分析利用心理契约对知识型员工进行有效激励的必要性,在此基础上提出综合激励模型,通过心理契约的信守、巩固、修正和发展来整合各种激励,真正激发知识型员工的创造力,提高团队知识生产绩效水平。王端旭(2006)认为,目前组织所面临的问题并不仅仅在于是否采用基于团队抑或基于个人的激励方式,而是应该采用权变理论,首先对不同团队组织所处的外部环境和内部条件的发展进行分析,然后设计团队激励机制,充分调动员工的工作积极性,为团队创造价值,赢得和保持竞争优势;另外,他认为如何相互配合各种激励手段,使之产生协同效应也是值得进一步研究的问题。谢荷锋等(2011)从整个团队内部与外部激励模式之间的交互作用的角度,认为在知识生产合作激励系统中,来自经济、社会和社会心理的激励因素,其激励效果并非是线性叠加的,而是因彼此的相互作用,表现出复杂的"拥挤"效应。

以上针对知识生产合作的激励制度研究都是以团队集体利益为导向,把经济制度与社会制度同时纳入激励系统,利用心理契约来调动知识生产者工作积极性。但已有研究未把知识生产者的心理契约与知识生产者的心理偏好联系起来,没有深入阐释知识生产者互惠偏好形成、演化对知识生产者的心理契约选择影响,因此,从互惠偏好新视角展开对团队知识生产合作的激励治理的研究还有许多拓展的余地。

1.2.4 知识生产合作的绩效

国外学者 Mower(1989)等认为知识团队通过其成员的协同合作能够产生积极的作用,达到团队整体绩效大于个体成员绩效的总和,即具有所谓 $1+1>2$ 的效应。Nonaka 和 Takeuchi(1995)在研究日本企业的成功经验后,他们的结论是:日本企业的成功源于组织中的知识共享和持续不断的知识创造。Amabile et al.(1996)实证研究表明,与知识团队中不同的人进行思想和信息交流沟通可以带来高水平的创造力。Porter(1990,1996) 预言,在21 世纪"知识经济时代,组织竞争优势的来源就是组织知识的分享与知识创造的能力"。Gibbons(2001)研究发现,员工所处团队的规范会影响团队成员行为,进而对成员的个人绩效发生作用。Lin,H.F.& Lee,G.G(2004)则对不同类型知识团队的规范进行研究,发现团队知识共享规范与员工创造力密切相连,团队知识共享规范可以促进团队成员的知识共享行为,使员工拥有更广博的知识和更丰富的经验,帮助他们在工作中尝试创新,对个人绩效与团队整体绩效产生积极影响。Wuchty(2007)利用统计分析得出"在知识生产领域,团队生产模式比个体生产具有明显优势"的结论。

国内学者雷宏振(2005)认为传统的企业团队激励模式主要是基于委托人既定条件下的控制权安排,由于信息的不对称,代理人往往又具有信息优势,以致在自利行为的驱使下,必然导致代理人的逆向选择和败德行为。存在成员监督条件下的隐性激励合同虽然有利于减少这种激励扭曲,但通过建立一种包括团队成员知识共享与收益分享的知识性合约,就可以有效解决自我激励的难题,进而提高团队生产力。陈娟、罗文军(2007)采用博弈分析,揭示了知识员工薪酬激励对知识合作的无效。王端旭(2009)以国内多个城市的 183 名 IT 企业研发人员为调查对象,实证研究结论是团队知识共享规范显著影响研发人员的知识共享行为和研发人员的创造力。林润辉等(2009)利用 Schelling(1960)的证明,认为由于临时型知识团队的特殊性质,将横向监督机制引入其中,通过社会约束的作用,形成聚点效应来引导团队成员之间加强合作与互动,能够有效地提高团队绩效。另外,张钢(2008)、莫申江与谢小云(2009)、王端旭(2010)等学者对交互记忆系统与团队绩效的关系进行了有益的探讨。潘向东(2010)通过理论分析和数值仿真,揭示了一个现象,即技术进步和制度创新会降低团队合作成本,提升团队生产绩效。而知识生产团队合作绩效随团队规模持续提升的奥秘在于这样的进步和创新往往先在知识生产领域得以实施。汤超颖等(2011)建立变革型领导、团队文化与科研团队创造力三者之间相关关系理论模型,通过对 78 个知识生产团队的有效样本进行数据分析,结果发现,变革型领导者可以通过影响知识团队各成员,将鼓励创造和承担风险的核心价值观传递给他们,使得他们在关注外部环境变化的同时明确领导者对创造的支持,进而激发了整个知识生产团队的创造力。

以上知识团队合作绩效问题以及如何有效提高知识团队绩效的研究,为我们从经济和社会两个维度来研究知识生产合作绩效提供了理论基础,但仅仅凭借知识型分享合约下的报酬分配制度,如何能更具体、有效地评价不同类型知识生产者所蕴含的知识对团队整体绩效的贡献?横向监督的社会约束到底通过怎样的微观机制运行?那些团队文化等非正式制度又是怎样对知识生产合作绩效造成影响?我们发现这些在知识生产合作中碰到的重要问题均还未进入研究范畴。因此,知识团队合作绩效问题的研究还可以得到进一步挖掘,尤其是从知识生产者的偏好和制度的共生演化角度,研究如何维系知识型团队合作、促进团队绩效提升还有较大空间。

1.2.5 涉他偏好与知识生产合作

1.2.5.1 行为经济学涉他偏好理论

贝克尔(1976)是涉他偏好理论研究思路的开拓性实践者,他不但通过把传统的经济利己偏好拓展到一般偏好,还对亲缘利他和互惠利他行为作出了合理的令人瞩目的解释。此外,著名的诺贝尔经济学奖得主 Arrow(1981)、Samuelson(1993)和 Sen(1995)等都曾经指出,人们在现实中是具有"有限自利"的,常常会关心他人的利益。许多博弈实验也已经多次证实人们的偏好往往偏离传统理论预期。如:双边讨价还价博弈(Roth et al,1981),最后通牒博弈(Ultimatum Game,UG)实验(Guth et al,1982),独裁者博弈(Dictator Game,DG)中独裁者的慷慨行为(Camerer & Thaler,1995),信任博弈(Trust Game)中回应者的友好行为(Cox,2000),公共品博弈(Public Good Game)中的主动投资行为(Fehr & Gacher,2000),以及礼物交换博弈(Gift Exchange Game)中的回报行为(Brandts & Charness,2004)等。由于传统经济理论无法解释上述博弈实验,这促使经济学家试图改进或扩展理论方法以解释这些违背自利偏好的"反常"现象,这为行为经济学涉他偏好理论的兴起起到了推动作用。其中,涉他偏好(Other-regarding Preference)或社会偏好(Social Preference)效用理论模型对传统基于理性人假设的效用函数进行修改,能够对上述实验结果和经济现象进行解释,同时还能准确地预测战略环境下的经济行为,因而已成为当前行为经济学研究的热点。

在涉他行为分析过程中,互惠偏好又被行为经济学认为是最具有社会性基础的涉他性心理。拉宾(Rabin,1998)最早成功地将互惠性利他偏好移入行为经济学的研究框架,推动了互惠性假说为基础的行为经济理论的发展。把"互惠性"定义为"当别人对你友善时你也对别人友善,当别人对你不友善时你也对别人不友善"是拉宾(Rabin,1993)的一个有价值的贡献。他的定义在本质上承认,互惠不是纯粹的单方奉献,而是一种基于回报的利他行为。互惠理论要求理性个体在追求自身利益的同时必须受到他人利益的制约,这样个人利益与他人利益、群体利益才能实现和谐的统一。另外,Akerlof(1990)、Fehr(1999)、Bolton(2000)、Charness(2002)、Camerer(2003)、Bowles(2003)等还对互惠合作偏好的形成、发展、演化进行深入研究。

1.2.5.2 涉他偏好融入知识生产合作

近几年,把偏好与知识生产联系在一起进行研究的文献开始陆续出现,但研究才刚刚起步,相关的文献比较零散。Paul 在 1999 年指出,人们应该明确地认识到个体偏好对知识共享文化的影响。Roberts(2000)也提出影响知识生产合作的因素很多,但其成功的关键有 80% 与"人"有关,仅有 20% 与"技术"有关。知识生产合作的主体是人,所以必然受个体特性的影响,当然个体心理偏好是知识生产者的主要特征。李训(2007)借鉴 Fehr & Schmidt 公平偏好理论,构建基于公平偏好的知识生产团队理论模型,结果表明,公平偏好有利于知识型团队知识生产者合作。张静(2007)、钱峻峰、蒲勇健(2010)等将偏好因素与博弈研究相互融合到知识生产合作研究。随着互惠偏好理论的不断发展深入,基于互惠偏好能够更加真实地揭示经济社会发展的本源性特征,互惠偏好也就越来越受到经济学界的普遍关注。蒲勇健(2009)、刘敬伟(2009)、李晓义(2009)、郭心毅(2009)以及韩姣杰等(2012)试图把社会偏好引入知识生产,把互惠、信任对研发团队技术创新能力与治理效率作了一些经验性研究。王智生等(2012)把互惠主义作为信任的一个重要元素,构建了一个包含信任与知识分享的动态演化模型,探讨了信任如何影响有效知识分享与促进团队知识生产合作,并进一步探讨了知识生产者之间的信任关系与知识分享的协同演化关系,以及二者协同演化对知识生产合作的作用机理。

涉他偏好理论及涉他偏好与知识生产合作的研究,为基于互惠偏好下的知识生产合作研究提供了有益的理论思考和现实启示。然而受制度环境影响,知识生产团队是否处于合作状态是一个动态的过程,任何状态都不可能是一成不变的。过往研究都未考虑互惠偏好与制度的共生演化对知识生产合作的影响,以致对提高团队知识生产合作的治理效率收效甚微,有些知识生产激励政策有时甚至对团队知识生产合作产生不利影响。

综上相关文献所述,可以发现知识生产合作的研究内容相当丰富,且研究视角也比较全面。但是大量文献研究基本都是建立在稳定、自利偏好假设的基础之上,把知识生产者的互惠偏好与团队知识生产过程结合在一起进行研究的文献并不多见,将制度、偏好演化以及知识生产合作结合在一起进行研究的文献更是凤毛麟角。在知识主要以团队模式进行生产的当下,传统基于自利偏好假设的知识生产合作理论不但对我国知识生产实践没有带来多少好处,反而严重破坏自主创新能力的提升,对知识生产水平的提高产生不利影响。团队知识生产合作研究需要对知识生产团队各成员的心理偏好进行剖析,并利用存在于知识团队内部知识生产者的互惠心理,协调各知识生产者进行团队互惠合作。因此,本书力求在前人已有研究的基础上,结合行为经济学、神经经济学、生物学与心理学等学科的最新研究成果,利用制度分析法、博弈分析法、演化博弈分析法、对比分析法等,探讨制度约束下互惠偏好的形成与演化,并把互惠偏好引入团队知识生产体系,对团队知识生产合作机制及制度安排问题进行全面研究。

1.3 研究内容及方法

1.3.1 研究内容

本书共有八个部分：

第一章为绪论。首先以当前经济社会所处的知识创新时代为背景，对创新团队知识生产理论研究和实践中存在的问题进行反思，分析问题形成的原因及关键因素，指出本书要研究的问题、目标与意义。其次在对国内外知识生产研究进行综述的过程中，指出原有研究的不足之处，引出本书将要拓展的研究范围。最后提出本书研究的基本内容、结构安排、研究思路和研究过程中采用的主要方法。

第二章主要研究互惠偏好及其与制度的演化。首先阐述互惠偏好的基本思想，提出互惠偏好形成的社会学基础及互惠偏好的类型，分析互惠偏好并未偏离理性预设。进而对互惠偏好的群体演化机制、群体演化博弈以及社会交往结构与互惠偏好演化进行分析。最后探讨了互惠制度的递归演化。

第三章主要对知识生产者偏好演化及团队知识生产特征进行研究。详细研究知识生产合作团队的类型和特征，团队成员偏好的异质性和互动性，以及创新团队成员的互惠偏好演化过程，从而构建基于互惠偏好的知识生产者效用函数与动态知识生产函数。

第四章是对团队知识生产互惠合作的演化博弈进行分析。首先构建能力相同的知识生产者互惠合作演化博弈模型，并对演化博弈的策略进行稳定性分析，并进行数值模拟。接着构建能力不同的知识生产者互惠合作演化博弈模型，并对演化博弈的策略稳定性及其影响团队知识生产互惠合作的因素进行分析。最后,对强互惠下的知识生产合作演化博弈进行分析。

第五章为互惠偏好视角下团队知识生产合作的动力机制研究。首先对直接互惠知识生产合作进行博弈分析,揭示知识生产互惠合作的经济动力所在。接着分析间接互惠知识生产合作,揭示间接互惠合作的动因。在此基础上,从强互惠具有社会意义上的进化角度,揭示强互惠下的团队知识生产合作的动力机制。最后从团队系统的角度,构筑团队知识生产合作动力模型和驱动模型。

第六章为互惠偏好视角下团队知识生产合作的激励机制研究。在提出创新团队知识生产合作激励治理分析框架图的基础上,对传统基于自利偏好的专利、知识产权等知识生产激励制度对创新合作激励造成的扭曲进行反思。进而在传统知识生产委托—代理模型的基础上,揭示如何在互惠制度的环境下,给予知识型员工合作剩余索取权的安排,构建基于互惠偏好的创新团队合作激励治理模式。最后,选取典型案例进行分析。

第七章为互惠偏好视角下中国知识生产合作的激励制度分析。首先针对中国知识生产激励制度的现状,分析制度对知识生产产生的积极效果,同时指出制度在实施过程中对团队知识生产合作所带来的负面影响,进而揭示团队知识生产互惠合作缺失的制度性诱因,并提出促进知识生产合作的外在制度保障和政策建议。

最后一部分为结论与展望。对本书在分析过程中形成的观点进行总结,提出创新点以及有待进一步研究的问题。

本书主要研究内容的结构如图 1-1 所示:

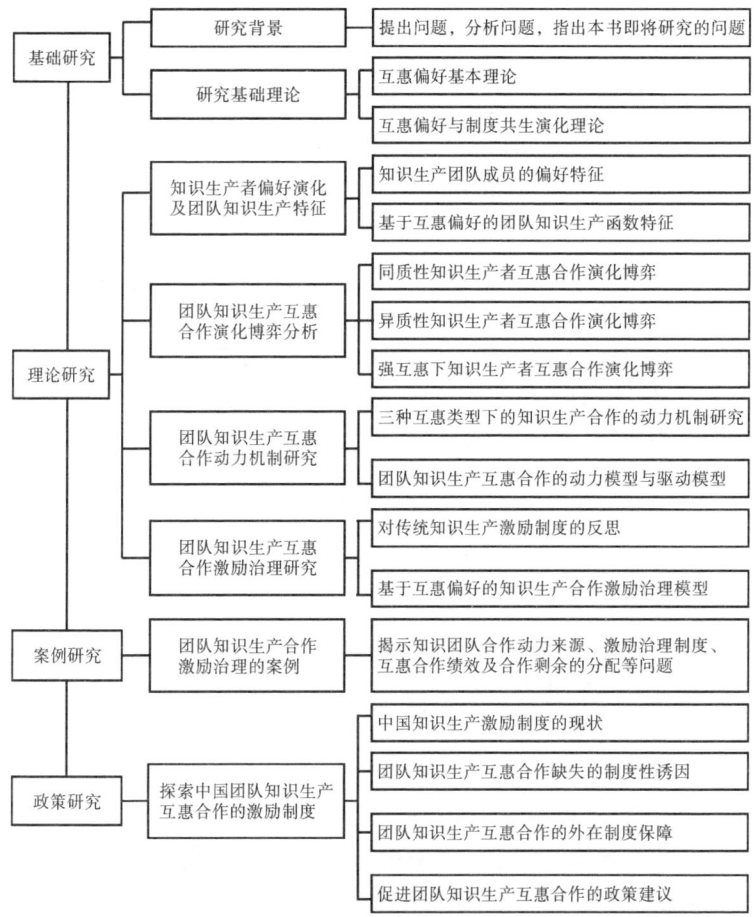

图 1-1 本书的研究框架

1.3.2 研究方法

本书遵循循序渐进的原则,第一章、第二章内容是基础研究,是起步研究阶段,其目的是为本书的后续研究奠定理论基础。

理论研究与案例研究是本书的研究主体,包括第三章、第四章、第五章与第六章的内容。首先从创新人才偏好演化的角度,对知识生产的特征及内部运行机制进行分析,构建基于团队成员之间互惠偏好的动态知识生产函数。进而对团队知识生产的互惠合作进行演化博弈分析,试图得出一些结论与启示。其次以直接互惠、间接互惠以及强互惠对创新团队知识生产合作所能产生的影响为主线,分析创新团队知识生产合作的动力机制。再次通过归纳、演绎、推理等手段,揭示传统知识生产治理制度对创新生产造成的激励扭曲,并以现代的产权理论为基础,围绕合作剩余索取权的分配,细化知识产权与专利保护制度,构建创新团队知识生产合作的行为委托—代理治理模型。最后选取典型知识生产创新团队对团队知识生产绩效进行分析,揭示互惠偏好在知识生产合作治理中的作用。

政策研究部分是本书研究结论的运用,指的是第七章的内容。在揭示目前我国知识团队在创新合作中存在的问题的基础上,指出必须将团队成员利益协调与知识生产可持续发展统一起来,以"互惠制度建设"为基础,以"共享成果、能力提升、和谐共赢"为创新生产者的价值理念,设计一些具有共性且具有关键性、基础性和可操作性并能促进创新人才权益共享、利益协调、互惠合作的新思路,并提出促进中国团队知识生产合作的政策建议。

本书在研究过程中主要采用合作博弈、演化博弈、制度分析等方法,充分利用行为经济学、神经经济学等西方经济学弱显示性偏好理论,从互惠偏好视角出发,研究知识生产者偏好演化及团队知识生产特征,分析团队知识生产互惠合作的演化博弈机制、动力机制、激励治理机制,最后为团队知识生产互惠合作的制度安排及政策选择提供方案。

具体研究方法如下图 1-2:

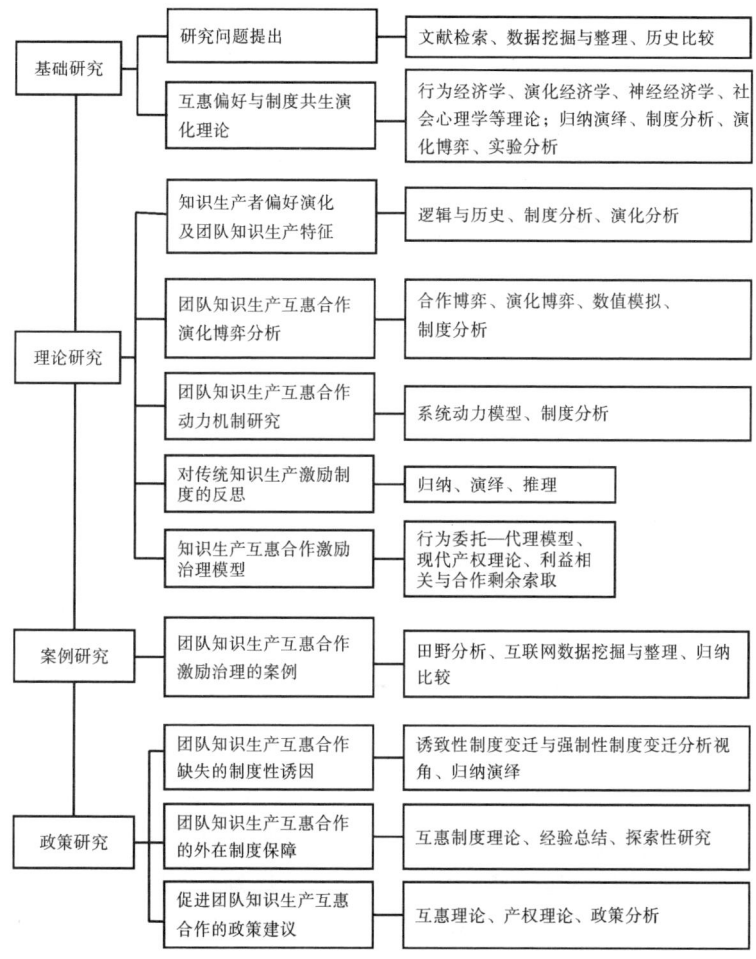

图 1-2　基本研究方法

第二章
互惠偏好
及其与制度的演化

2.1 互惠偏好理论的基本思想

2.1.1 互惠偏好理论的提出

互惠偏好理论是人们在对社会偏好关注的基础上逐渐挖掘、提出的。社会偏好理论最初并非来自经济学爱好者的凭空想象,而是来自人类社会的现实经济实践,并经过实验经济学的反复检验而提出的(刘良灿,2010)。20世纪60年代以来,实验经济学和行为经济学研究成果逐渐表明,在经济领域,人的行为不是像传统经济学所假设的那样是完全自利的,人类行为的动机不仅仅具有理性和自利的一面,也有来自情感、观念导引和"社会目标"引致的成分,公平、互惠、利他等非理性思想在经济个体中占据着一定地位。纯粹的"自利"无法解释人类生活中存在的许许多多"非物质动机"和"非经济动机"现象。比如:在出现社会危机时会有一些不计报酬的奉献者,社会经常还存在一些自愿捐献者,在社会出现不公平时会有人愿意牺牲自己的利益,并对此现象进行打击。传统理论曾担心这些现象可能导致经济活动的帕累托无效,因而利他偏好、公平偏好、互惠偏好等社会偏好现象长久以来并未受到主流经济学家的广泛关注。直到贝克尔（Becker，1974，1976）关于利他主义的开拓性论文通过把传统的经济利己偏好拓展到一般偏好，才使得互惠等涉他偏好逐步进入主流经济学的研究视野。

互惠利他理论的正式形成最早源于生物学的研究领域。哈佛大学生物学家特里弗斯（Trivers）为了解决古典达尔文理论面临的利他主义难题，在1976年提出了互惠利他理论，他的互惠利他理论研究是在对伦敦大学帝国理工学院的生物学家汉密尔顿（William Hamilton）1964年提出的亲缘选择理论的基础上进行改进的，重点解释了非近亲生物个体之间的利他行为。1981年，密歇根大学政策科学家艾克斯罗德与汉密尔顿（Axelrod & Hamilton）合作，运用博弈论研究策略在合作进化过程中的相关性质，进一步发展了该理论。

随着人类经济社会的成熟和发展，随后的行为经济学和心理博弈实验研究再次证实，自利偏好的前提假设与行为人具有社会偏好的实验结论不一致，而生物学的互惠利他理论能被广泛应用到人类社会的各个领域（Falk et al.，2003）。比如在一次性囚徒困境博弈中，尽管背叛是占优策略均衡，很多实验对象还是偏离纯粹的自利行为，采取互惠的方式，进行共同合作。费尔等人（Fehr & Fischbacher，2001）的试验表明，合作人群占总人群的比例能达到40%～60%。

"互惠利他"不同于"亲缘利他"、"纯粹利他"。"互惠利他"是指没有血缘关系的生物个体为了回报而相互提供帮助。生物个体之所以不惜降低自己的生存竞争力去帮助另外一个与自己毫无血缘关系的个体，是因为他们期待日后得到回报，这次利他是想在下次获得更大的"收益"。"互惠利他"非常类似于某种期权式的"投资"，这种利他行为是基于狭义的"利己"动机产生的，它不是必然发生的，有着更苛刻的条件限制和环境要求，然而这种互惠利他在人类经济社会却具有较为广泛的、较强的实施意义。目前互惠利他偏好成了利他主义思想体系中的一个突出热点问题,并成为行为经济学的重要理论基础。

互惠利他偏好一般包括互惠动机和互惠行为两个方面。互惠动机是指经济个体在耗费一定成本的前提下具有报答他人善意行为并报复他人敌意行为的动机。而由互惠动机产生的行为就是互惠行为。互惠行为又可分为两种类型:互惠型经济人会以友好的行动回应他认为是友好的、来自他人的行动,即为了回应友好的行为,人们总是会表现得比自利模型中预测的更加友善和合作;相反,会以敌意的行动报复他认为是敌意的、来自他人的行动,对不友好的行为,人们的回应通常会更加凶狠甚至残忍。互惠行为即是一种有条件的合作行为倾向,其中,"以德报德"的友善行为称为正互惠行为,"以怨报怨"的敌意行为称为负互惠行为。当群体的习惯和标准被确定之后,群体内总会存在少量的特殊成员,他们将不顾个人的成本会对其他违反习惯和标准的成员进行惩罚,这种行为被称为强互惠行为。

美国著名的行为经济学家拉宾(Rabin)教授在1993年成功地将互惠利他偏好移入行为经济学的研究框架。拉宾认为互惠偏好不仅只取决于博弈双方收益和成本的结果上,还强调取决于一个人关于对方的意图或信念。拉宾的"互惠偏好"定义是:"当别人对你友善,你也对别人友善,当别人对你不善,你也对别人不善",即"如果你在损失自己的利益情况下去损害别人利益,就被定义为你对别人不友善;而如果你在损失自己的利益情况下去增进别人的利益,就被定义为你对别人友善。"拉宾同时还认为,日常生活中可以经常见到如下三个事实,它们为互惠性偏好的存在性提供了可靠的心理依据与经验支撑。具体而言,一是人们愿意牺牲自己的福利来帮助那些对自己友好的人,二是人们愿意牺牲自己的福利来惩罚那些对自己不友好的人,三是在需要牺牲的福利相对较小时,前两种心理对人们的行为有着更大的影响。

沿着拉宾的互惠利他偏好思想,Levine 和 Dufwenberg et al.

等诸多学者对互惠偏好模型进行拓展,鲍尔斯(Bowls,2003)不但认为一个人的效用取决于他自己 i 的和其他人 $j(i,j=1,\cdots,n)$ 的物质支付 π_i、π_j,还从偏好演化的独特视角,给出了结合自利、互惠、利他的效用函数,如式(2-1)所示:

$$U_i = \pi_i + \sum_j \beta_{ij}\pi_j, \text{对于 } i \neq j \qquad (2\text{-}1)$$

其中 j 的物质支付在 i 的偏好中所占的权重 β_{ij} 满足:

$$\beta_{ij} = (\alpha_i + \lambda_i \alpha_j)/(1+\lambda_i), \text{对于 } i \neq j \qquad (2\text{-}2)$$

式(2-2)中参数 α_i 是 i 对其他人的善意(α_i 的值为正)或恶意(α_i 的值为负)的无条件水平,并且 $\alpha_i \in [-1,1]$。$\alpha_j \in [-1,1]$ 是 i 关于 j 的善意(α_j 的值为正)或恶意(α_j 的值为负)信念,λ_i 表示 i 认为其他人的信念类型与对其的支付评价的相关度,$\lambda_i \geq 0$。α_i、α_j、λ_i 的具体取值范围决定了偏好的不同类型,假如 $\alpha_i = 0$ 且 $\lambda_i > 0$,i 就是一个非主动利他的互惠者,即不会无条件地表现出善意或者怨恨,但他的行为会以其他人的善意或怨恨为条件。[26]

又假如 $\lambda_i = 0$ 且 $\alpha_i \neq 0$,那么 i 就表现出无条件的利他或怨恨,具体取决于 α_i 的符号。分母中包含 λ_i,因此 $\beta_{ij} \leq 1$,这一限制使得对其他人支付的评价不会超过对自己支付的评价。若对效用函数中的 β_{ij} 求偏导,我们发现 $\partial \beta_{ij}/\partial \lambda_i$ 和 $(\alpha_j - \alpha_i)$ 的符号相同,这意味着如果 $(\alpha_j - \alpha_i)$ 越大,即其他人比自己更友好,那么这种较高互惠水平影响其他人的支付将使自己对其他人的评价水平上升,反之就下降。

2.1.2 互惠偏好形成的社会学理论基础

2.1.2.1 社会交换理论

社会交换理论产生于 20 世纪 50 年代的美国,该理论是对美国心理学家斯金纳的个体主义心理学、功利主义的经济学以及功能主义的文化人类学等的综合,它认为人类的交往是一种相互交换的过程。社会交换理论由于强调对人和人的心理动机的研究,因此其也被称为行为主义社会心理学理论。该理论的代表人物美国著名社会学家霍曼斯指出,那种能够带来奖励和报酬的交换活动支配着人类的一切行为,人际交往的实质类似于商品交换。霍曼斯等人还借用经济学概念来解释人们在社会交往中有赖于相互强化而得以持续发展的社会行为(周晓虹,1997)。2007年,李成江在他的研究中指出,在社会交换过程中,给予他人的东西对于个体来说是付出的成本,从他人得到的东西对个体来说是收益,个体总是试图将所得的收益最大化,并使付出的成本最小化。人际关系就是个体在交往中彼此寻求需要的满足状态,人与人能否互相吸引,人际关系能否持续,主要取决于双方需要的满足程度。如果双方得到的后果都是正向的,双方都感到收益大于成本,则关系能够得以维持。而且,当任何一方从他人处获得收益时,总会感到有责任进行一定的回报。与此相反,如果双方中只要有一方觉得所获得的结果是负向的,在交换中得不偿失,则双方的关系将逐渐淡化直至终止。

布劳是美国的社会学家,他的交换理论则是从社会结构的原则出发来考察人与人之间的社会交换过程。他认为社会交换是一种有限的活动,社会交换关系存在于关系密切的群体或社区中,是建立在相互信任的基础之上的。布劳还区分了经济交换与社会交换,认为经济交换通常明确规定交换的数量,但社会交换一般是未作具体规定的义务,与此同时,社会交换会引起个人的责任感、感激之情和信任感,而纯粹的经济交换则不会(Blau,1964)。继布劳之后,对交换理论作出重要贡献的还有美国的埃默森和联邦德国的奥佩、胡梅尔等人。埃默森运用严密的数理模型和网络分析,阐述社会结构及其变化、社会交换的基本动因和制度化过程,在方法论上进一步充实了交换理论的理论体系。

总而言之,社会交换指的是存在于人际关系中的社会心理、社会行为方面的交换,其核心是"互惠原则"。交换双方是一种互惠互利的相互关系,双方均需要付出一定的成本,也需要得到一定的报酬。这里的报酬与成本并不限于物质财富。成本可能是体力上与时间上的消耗、放弃享受、忍受惩罚和精神压力等,报酬既可以是心理财富,如精神上的奖励、享受或安慰等,也可以是社会财富,如获得身份、地位与声望等(彭川宇,2008)。美国社会学家、文化批判主义的代表人物之一古尔德纳也强调这种互惠关系构成社会生活中的动力机制,他指出:在社会关系中的双方,为了获得利益就需要对已获得的利益进行回报,这种需要被用作为社会互动的"启动装置"。随着行为经济学的不断发展,社会交换过程中的互惠心理偏好被发现普遍存在于经济交换过程之中。博弈论领域的一些学者也已证明,当未来两个人从事重复交易的机会足够高时,由于对方在未来可以撤回合作,出于互惠的动机以及为了日后的回报和长远利益,理性的自利主义者们会形成一种完全合作的均衡(Fudenberg & Maskin,1986)。

2.1.2.2 公平理论

公平理论又称社会比较理论,它是由美国行为科学家斯塔西·亚当斯在1965年提出的。该理论是针对人的动机和知觉关系进行研究的一种激励理论。石飞(2011)对该理论进行归纳,认为该理论的主要观点是:人的工作积极性不仅与个人实际报酬多少有关,而且与人们对报酬的分配是否感到公平关系更为密切。人们总会自觉或不自觉地将自己付出的劳动代价及所得到的报酬与他人进行比较,并对此作出公平与否的判断。从某种意义来讲,动机的激发过程实际上需要人与人首先进行比较,然后作出公平与否的判断,并据此指导人们的行为过程。所以公平感将直接影响人们的工作动机和行为。

李成江(2007)把公平理论理解为,在组织中工作的员工都希望自己被公平地对待,员工会追求自己在工作中的投入与自己从工作中得到的结果这两者之间的平衡。员工的投入通常包括教育、技能、工作经验、努力程度和花费的时间；而员工得到的结果包括薪酬、福利、成就感、认同感、工作的挑战性和职业前程等外在和内在的报酬。亚当斯在大量研究中发现：员工们对自己是否得到公平合理的待遇是十分敏感的。员工经常会通过估计自己的收益投入比与别人的收益投入比，并对两者是否相等进行比较，依此来确定自己是否被公平对待。

石飞(2011)又理解为，基于公平，每个人常常会自觉或不自觉地进行社会比较和历史比较。当员工对自己的报酬作社会比较或历史比较，若结果表明收支比例相等时，便会感到得到了公平待遇，因而心理平衡、心情舒畅、工作努力。相反，如果他认为收支比例不相等时，便会感到自己得到了不公平的待遇，产生怨恨情绪，影响工作积极性。当认为自己的收支比例过低时，会产生报酬不足的不公平感，比例差距越大，这种感觉越强烈。这时，员工就会产生挫折感、义愤感、仇恨心理，甚至产生破坏心理。当然在少数时候，员工也会因认为自己的收支比例过高，产生不安的感觉或感激心理。但是值得注意的是，在大多数工作环境中，报酬过高带来的不公平对行为的影响并不是很显著。显然，和低报酬带来的不公平相比，人们更能容忍甚至喜欢报酬过高带来的不公平。

公平理论为在经济活动中组织内员工的互惠行为提供了解释。F&S效用函数模型(Fehr & Schmidt,1999)和B&O效用函数模型(Bolton & Ockenfels,2000)均显示互惠行为的最终驱动因素并不是纯粹出于他们对当前或未来利益的追求，而是人们对资源配置公平性(fairness)的关注。在实验性的最后通牒博弈中，我们经常能观察到数目较大的出价被拒绝，这是参与者出于互惠动机的一个典型例子，这种互惠利他性最早被桑塔费学派经济学家发现，并被他们称为"强互惠"(strong reciprocity)。这也充分反映博弈中提议者的互惠行为是出于遵守公平规范的考虑，因为哪怕是在不存在任何未来的或间接的支付预期条件下，人们也会密切关注他人的动机，愿意为惩罚那些违反社会规范的人付出代价。

2.1.2.3 价值观理论

价值观是指个人对客观事物及对自己的行为结果的意义、作用、效果和重要性的总体评价。价值观是对什么是好的、是应该的总看法,是我们在生活和工作中看重的原则、标准或品质,是个性心理结构的核心因素之一,它为人自认为正当的行为提供充足的理由,推动并指引一个人采取决定和行动最重要的东西。

价值观一般是随着人们认知能力的发展,在环境、教育的影响下,逐步培养而成的。价值观作为人对自身生活意义的反思和追求,既具有相对的稳定性,又会随着社会生活的变化而变化。马斯洛需求层次理论中的不同层次需求体现在我们的生活中,成为我们的价值观,成为我们的强大驱动力。赫兹伯格把马斯洛的生理需求和安全需求归为外部的低层次需求,把归属、自我尊重、自我实现归为内部的高层次需求。那种在工作中学习和成长,在富有挑战性和有趣的工作中运用自己的技能,使自己产生成就感一般被认为是需求的最高层次。而人际关系、稳定、安全、团队合作、平等、能帮助他人、能发挥自己的才能、成就感、成功、名誉、有益于社会、自由、幸福、互惠、和谐等一般被认为是在以分工为主要特征的市场经济环境下重要的价值观。

价值观在人们的职业生涯发展中起到极其重要且决定方向的作用,有时甚至往往超过了兴趣和性格对我们的影响。当我们有矛盾冲突、妥协与放弃时,常常也是出于价值的考虑。更重要的是,个体价值观通过鼓励个体采取与其价值观一致的方式行动,从而广泛地影响人的行动、思维、决策、判断和情绪反应。Loek(1976)曾指出,个体的价值观调节着个体对组织提供的满足条件的看法。舒伯还认为职业价值观是个人追求的与工作有关的目标,即个人的内在需求及在从事活动追求的工作特质或属性,它是人生价值观在职业问题上的反映。彭川宇(2008)认为从广义上看,职业价值观包括了从职业伦理道德到工作取向的一系列概念,它包括了工作倾向性、工作需求以及职业伦理系统等,是一种直接影响行为的内在思想体系,与规章制度、法律纪律等外在体系有本质的不同。

社会的发展使得分工越来越细,人与人之间、组织与人之间、人与组织之间都需要合作,合作在许多职业发展中变得越来越重要。要实现企业和个人利益发展的和谐统一,达到企业和个人的彼此双赢,以互惠主义为基础的文化价值观得以广泛倡导。互惠主义人生价值观主张个人与他人、集体、社会之间互利互惠,"我为人人,人人为我",既讲奉献又讲获取,强调权利与义务、奉献与享受的统一,以个人对社会的奉献和社会对个人需要的满足的统一作为衡量人生价值的标准。互惠主义价值观的精髓:一是主张维护他人和社会的正当权益,坚决反对有害他人和社会的言行;二是兼顾个人的正当合法权益,该观点认为假如侵害了个人的正当合法权益,就会挫伤个人为他人和社会做贡献的积极性,甚至会导致个人对他人和社会的报复侵害行为,这样人际关系上的互惠互利即成泡影;三是强调奉献与享受统一。

总之,互惠主义价值观强调每个人都应当充分发挥主观能动性,尽心竭力为他人和社会服务,力争多做贡献,社会应该尽可能满足个人的正当合法需要,承认个人的正当合法权益。互惠主义是集体主义和个体主义二者的统一,寻求的是双方合作和共赢,实现彼此利益的最大化。互惠主义文化价值观强调发展自我与造福社会并举、权利与义务一致、奉献与享受统一,"你投之以桃,我还之以李"、"你敬我一尺,我还你一丈"。这种价值观不仅与我国社会主义基本制度相适应,而且与市场经济相适应,是我国当前生产力条件下引导经济活动中组织内员工进行互惠行动的价值观。

2.1.2.4 社会认同理论

社会认同理论是群体关系研究中最有影响力的社会心理学理论。该理论由社会学家泰弗尔(Tajfel)于1986年提出,后由特纳(Turner)加以完善。社会认同(social identity)被定义为:个体认识到他属于特定的社会群体,同时也认识到作为群体成员带给他的情感和价值意义。该理论试图解释个体所获得的对自己所在群体成员身份的认识是如何影响他的社会知觉、社会态度和社会行为的。因此社会认同是社会成员共同拥有的信仰、价值,是行动取向的集中体现,有别于个体认同。与利益联系相比,社会认同注重归属感,具有更高的稳定性,它本质上是一种集体观念。

在泰弗尔之前,社会学家谢里夫(Sherif)在1961年通过儿童夏令营实地实验对群体间行为进行研究,在研究中,谢里夫将来自各地互相独立不认识的儿童分为"响尾蛇"与"鹰"两组。刚开始让两组只是从事小组内的活动,例如爬山;后来让两组从事竞争性质的活动,如球类比赛,两组成员的冲突与对立开始与日俱增;接着提供有限资源的竞争,如水资源,此时两组成员变成相互敌对,即成员对自己的小组表现高度的认同与向心力,而对另一组的成员表现出仇视的态度与行为。谢里夫的实验揭示了群体间客观关系对群体间态度和行为的影响,由此提出了现实冲突理论(realistic conflict theory)。他认为,群体间的态度和行为反映了一个群体和其他群体之间的客观利益。如果群体目标不一致,一个群体以其他群体的利益为代价而获得自己的目标,就会出现竞争,这样群体间就倾向于出现歧视的态度和相互的敌意;如果群体目标是一致的,所有群体都朝同一目标努力,那么他们彼此之间更易于建立共同的、友好的、合作的关系。

泰弗尔在对谢里夫现实冲突理论补充的基础上形成了他的社会认同理论,该理论对群体间的行为具有较强的解释力。泰弗尔认为社会群体的成员身份和群体类别是一个人自我概念的重要组成部分。当一个人与其他人进行交往时,他们不是作为一个单独的个体,而是作为一组或一类人的代表与人交往。在社会交往中,人们总是努力获得或维持积极的社会认同,以提升他们的自尊,这种积极的认同很大程度上来自群体内和群体外的有利比较。当人们不满意当前的社会认同时,可以选择离开该群体或寻求达到积极认同的途径。

泰弗尔和特纳(1986)认为社会认同由社会类化、社会比较、积极区分三个过程组成。社会类化是人们为了理解由人构成的社会而运用某种标准把社会中的人们划分为不同种类的一种方法。社会类化的作用在于：如果能把人们划分到某一个类别，那么就能说出关于那一类人的许多方面的内容，人们通过参考自己所属于的群体规范确定自己适当的行为。社会比较即是指把自己所在的群体与其他群体在权力、声望、社会地位等方面进行比较，这个过程使得社会分类的意义更明显。比较的结果使得群体成员和那些与自己信仰及观点不一致的群体保持距离。积极区分则是指人们把自己看作属于某一个群体成员的认同感。积极区分主要包含两个方面的意义：一是群体成员资格的认定，二是对与之类似的群体内成员的感觉。

社会认同理论的社会类化、社会比较、积极区分过程有利于觉察同质性的群体，减少群体内成员间的偏见，达到合作互赢(张莹瑞等，2006)。互惠偏好理论指出，分配结果的公平并不是参与者关注他人的唯一理由，互惠人群还会根据别人的类型或意图作出相应的反应。如果他意识到自利人群的存在并且预期到自利人群会为了他们自身利益做出不利于自己的行为，就会采取相应的报复手段；若他能意识到与之交往的对象是友善的，就会采取互惠合作的行为。社会认同理论为互惠者寻求同质性群体起到了心理工具的作用，使互惠者能较为准确地判断参与者的类型与意图，能较为准确判断他人的行动是否出于友好与敌意的意图，为互惠人群的互惠合作行为提供社会心理学基础。

2.1.3 互惠偏好的类型

为了便于更进一步分析，同时也为了分析问题的简便，本书接下来基于互惠偏好的已有特点，并采用卢现祥对互惠偏好的分类法，把互惠偏好分为直接互惠、间接互惠、强互惠三类。

2.1.3.1 直接互惠

无论是在动物群体还是在人类社会中,广泛存在着互惠行为,1971年特里维斯(Trivers)将"我帮助你,你帮助我,在互相帮助中达到共赢"这种行为定义为"直接互惠"。"直接互惠"也指个人愿意承担一定的成本去帮助那些善待自己的人,愿意以一定的成本去惩罚那些亏待自己的人。若根据鲍尔斯等人的观点,前者就是正互惠,后者是负互惠,而正互惠就是人们熟悉的"礼尚往来"。负互惠即是"以牙还牙"。特里维斯的"直接互惠"概念是指两个无亲缘个体之间互相做出的利他行为,与汉密尔顿(Hamilton)的"亲缘利他"有着明显区别。因为在"亲缘利他"过程中,人们为了追求未来利益,只会对与其有血缘关系亲属的友善行为采取更为友善的行动。若将正互惠与负互惠两者综合起来,直接互惠强调的是没有血缘关系的生物个体基于当前或未来自身利益所采取的行动,与回报具有完全相同的含义,因为他们期待日后得到回报,以获取更大的"收益",艾克斯罗德的"一报还一报"或称"针锋相对"就是"直接互惠"的典型例子。

2.1.3.2 间接互惠

在行为经济学大量的实证分析中,研究人员经常发现:即便人们付出很大的代价,也不能在当时或未来产生任何收益;或者即使他们面对的是陌生人,仍然有相当一部分人会报答友善的行为,报复敌对的行为。亚历山大在他1987年的著作《道德系统的生物学》中提到类似现象,即"个体不期望从他或她的直接受惠者,也就是不期望从那些正面的或者负面的受惠者那里得到回报,而只是从其他人那里得到回报"。后来亚历山大干脆把这种行为定义为"间接互惠"。目前"间接互惠"一般指的是助人者为受助者提供帮助,助人者所得到的报答一般不是来自直接受助者,而是来自被其他助人者帮助的其他受助者。两个最具有代表性的间接互惠模型,一个是由Martin Nowak & Karl Sigmund(1998)建立的基于"形象分"策略的间接互惠模型,另一个是由Karthik Panchanathan &

Robert Boyd(2003)建立的基于"名声"策略的间接互惠模型。本书第四章的分析将得出结论,认为对"形象分"和"名声"的重视是间接互惠产生的动力源。

2.1.3.3 强互惠

1996年Rajiv Sethi和E.Somanathan在解决"公共地悲剧"问题时提出,人们在公共资源的使用中会形成社会规范,人们将惩罚那些违反社会规范的行为,即使这种行为会给自己带来成本,但当时并没有明确提出"强互惠"之说。最早正式使用"强互惠"概念的则是美国桑塔费学派的经济学家,他们给出的定义是:在一个群体中,当所有的成员都可以从互相遵守的规范中获益时,个人会遵守规范并惩罚那些违反规范的人,哪怕这些破坏不是针对自己,而且即使他们与那些不遵守规范或者不惩罚违规者的人相比会承担一定的损失,甚至在预期这些成本得不到补偿的情况下,他们也会如此行事(Gintis et al., 2003)。桑塔费学派的经济学家强调只要团队中有少量强互惠者存在,这种强互惠就能抑制团体中的背叛、逃避责任和搭便车行为,从而有效提高团体成员的福利水平。然而,在实施这种惩罚行为时,强互惠者却需要个人承担成本,并且不能从团体收益中得到额外补偿。从这个角度看,强互惠其实是一种明显具有正外部性的利他行为。因此,桑塔费学派又把这种行为称作"altruistic punishment",即"利他惩罚"(Fehr et al., 2004)。2004年8月,费尔等在《科学》杂志以封面文章发表了《利他惩罚的神经基础》,他们采用现代神经科学实验PET(position emission tomography)技术,即通过正电子发射X射线断层扫描技术对利他惩罚行为的脑神经系统进行观察,发现利他惩罚发生时,位于中脑系统的纹体(striatum)包括尾核与壳核的神经回路被激活,且惩罚行为的强弱与其活跃程度正相关。他们的实验结果说明利他惩罚行为不是依靠外在的直接激励而是依靠自激励机制实现的,即利他惩罚者能从利他惩罚行为本身获得预期的满足。

2.1.4 互惠偏好的理性预设

互惠利他行为是否理性,取决于如何对理性进行定义。互惠利他行为不同于亲缘利他行为与纯粹利他行为。互惠利他行为是两个无亲缘关系个体之间相互交换适度代价和利益的行为,一个个体付出代价帮助另一个个体,可以在下一次受另一个个体帮助时获得更大利益。回报才是互惠利他主义者的真正目的,这次利他是想在下次更有益于自己。因此互惠利他实际上是一种迂回的自利——利他是为了更好地利己,在互惠利他行为的背后隐藏着"自私"的动机,这种互惠利他行为实际上是一种开明的自私自利。王玉珍(2004)也认为利己是经济人行为的根本目的,利他是经济人实现利己目的的有效手段,为己利他是经济人普遍持久的行为。所以本书认为互惠者的对策都是理性的,互惠者会有意识地追求其自身的最大利益,互惠者的利他行为实际上是一定条件下的利己行为,他们的互惠利他行为是理性行为。

徐贵宏(2008)在比较分析前人关于利他行为经济模型的基础上,吸收了贝克尔(1976)的规范分析方法、张廷华(1999)的成本收益分析法、杨春学(2001)的标准分析方式及利他主义参数的引入、文建东和李欲晓(2004)的纯粹利他主义模型、叶航(2001)的广义效用函数以及叶航和肖文(2002)的广义效用假说,建立了基于成本收益分析的利他行为理性模型。他最后认为利他行为来自利他偏好,利他偏好来自行为人的内部动机,行为人的内部动机来自行为人的利己目标,行为人的利己目标是理性经济人的终极追求,即行为人个人效用的最大化。该模型将利己行为和利他行为统一于同一个理性经济人的身上,不再简单地将人划分为利己主义者和利他主义者。利他程度的大小或者利己程度的大小只取决于利他主义参数的大小。同一个理性经济人可以完全利己、完全利他,也可以既利己又利他,即互惠利他,而生活中最经常见到的就是互惠利他,理性经济人通过互惠利他行为以实现合作互利共赢。

直接互惠模型的"一报还一报"(TFT)策略综合了善良性、报复性、宽容性和清晰性四个特点,其实质是互惠合作,第一步试图合作,第二步再根据对方的反应决定如何行动。若对方采取合作策略,下一次相遇时将继续合作;若对方背叛,则下一次也背叛(饶异,2010)。TFT策略是基于回报的。TFT策略不仅回报合作,也回报背叛。TFT策略的成功并不是通过打倒对手让自己过得更好,而是激发与对手的合作,在合作中使对手与自己都过得更好。由于TFT策略的不妒忌,在长期反复进行的博弈中,它的收益一直居高不下。基于声誉的间接互惠模型尽管个体不期望从他的直接受惠者那里得到正面的回报,但其还是希望日后能从其他人那里得到回报,从而最大化自己的效用。强互惠模型中的强互惠者虽然对群体内不合作的个体施加惩罚需要个人承担成本,并且不能从团体收益中得到额外补偿,但正因为强互惠的侵入,增强了群体的适应性,使群体渡过危机并得以延续,这其实就是集体理性战胜个人理性的成功典范。

饶异(2010)还认为:互惠利他行为的博弈论模型包含了一些现实性的特点,它有着自己相应的理性特征——行为理性。行为理性侧重行为的结果,忽略意识的作用,即利他行为并不是有机体有意识的动机形成,而是此类行为所产生的客观结果。如果经济个体选择了某种策略,并不意味着其能进行思考来确定其采取的策略,其决策可能只是简单地反映某种常规的操作程序、经验、直觉、习惯或模仿他人,比如一报还一报就可以称为依靠"反射的"而不用"沉思",这种常规一般来自博弈的历史,因为历史已经包含了对手如何行动的相关信息,同时通过对历史的观察,有助于参与者回避不成功策略,选择成功的策略,最终最大化了自己的收益。

2.2 互惠偏好与制度的共生演化

2.2.1 群体的演化机制

自 20 世纪 60 年代,生物学家们就开始用演化博弈理论来解释生态现象。博弈理论学者对群体行为调整过程进行深入研究,从不同角度提出了各种动态模型,如 Weibull(1995)提出的模仿动态(imitation dynamics)模型;Brgers & Sarin(1995,1997)提出的强化动态(reinforcement dynamics)模型等。但被广泛接受并应用的还是由泰勒和琼克(Taylor and Jonker,1978)首先提出的复制者动态(replicator dynamics)模型。复制者动态模型的建立也是演化博弈理论正式成型的标志。

随着现代经济理论的发展,人们发现经济演化过程与生物演化过程在许多方面存在着高度的类同性,包括诺贝尔经济学奖获得者泽尔滕在内的许多经济学者成功地将生物演化理论引入经济学研究领域,合理地解释经济发展过程中的若干现象。[13] 演化博弈理论的研究成果为群体演化的研究提供了有效的分析工具,为群体演化的实施提供了合理的方法论,该理论被运用于分析社会习惯、规范、制度或体制形成的影响因素及其自发形成过程中,为基于互惠性偏好的社会福利扩展提供理论依据,并为和谐社会的构建奠定了的微观理论基础。

2.2.1.1 演化博弈的复制者动态系统

根据泰勒和琼克(Taylor and Jonker,1978)的生物复制动态建模思路,令 $A=\{x,y\}$ 为参与人的纯策略集,p 和 $1-p$ 分别表示参与人在 t 时刻采取策略 x 和 y 的概率,其中,概率也可以解释为博弈群体中选取该策略的博弈者比例。$\pi(x,y)$ 为某博弈者选

择策略 x，他的对手选择策略 y 时该参与人的支付，$\pi(x,x)$ 为某博弈者选择策略 x，他的对手也选择策略 x 时该参与人的支付，$\pi(y,x)$ 为某博弈者选择策略 y，其对手也选择策略 x 时该参与人的支付，$\pi(y,y)$ 为某博弈者选择策略 y，其对手也选择策略 y 时该参与人的支付，则：

t 时刻选择策略 x 的参与者的期望支付为：

$$U_t(x) = p\pi(x,x) + (1-p)\pi(x,y)$$

t 时刻选择策略 y 的参与者的期望支付为：

$$U_t(y) = p\pi(y,x) + (1-p)\pi(y,y)$$

则所有参与人的平均支付为：

$$U_t = pU_t(x) + (1-p)U_t(y)$$

根据 RD 的基本思路，如果某一特定策略的支付高于平均支付，则参与者将倾向于更多地使用这种策略，假设其使用频率的相对调整速度与其支付超过平均支付的幅度成正比，则参与者对 x，y 的复制动态调整方程分别为：

$$dx/dt = p[U_t(x) - U_t] \tag{2-3}$$

$$dy/dt = (1-P)[U_t(y) - U_t] \tag{2-4}$$

以上两个方程就是复制者动态系统的一般形式。

2.2.1.2 演化稳定策略

给定动态系统的一维性质，能够很容易地描述其所有静态稳定性。Maynard Smith and Price(1973)在总结前人理论的基础上，提出演化博弈理论的基本均衡概念——演化稳定策略（Evolutionarily Stable Strategy，ESS）。Maynard Smith 把演化稳定策略解释为：如果占群体绝大多数的个体选择演化稳定策略，那么小的突变者群体就不可能侵入这个群体；或者说，在自然选择压力下，突变者要么改变自身策略而选择演化稳定策略，要么退出系统而在演化过程中消失。

张同健(2009)总结出演化稳定策略(ESS)的基本思想:如果一个个体群的成员都采取演化稳定策略,那么该个体群就将"抵御"那些采取其他策略的个体的入侵。演化稳定策略即意味着当博弈参与人随机配对进行博弈时,在位种群成员的支付水平高于入侵者的支付水平。考虑一个大规模的个体群,其中的个体随机进行配对交往。假设有如前所述的两种行为特征 x 和 y,如果存在大于零的个体群成员比例 p,使得如果个体群中按 x 行动的人少于 p,那么策略 y 就会比 x 生产更多的复制品,从而最终消灭新引进策略,这时我们称特性 y 相对于 x 是演化稳定的。

从另外一个角度看,即当一项行为特性 y 相对于其他策略 x 是演化稳定策略,一个完全由 y 型参与人构成的大规模个体群引入少量的 x 型个体,在 $p=\varepsilon$ 处,当 ε 足够小时,有:

$$U_t(x)-U_t(y)=\{\varepsilon\pi(x,x)+(1-\varepsilon)\pi(x,y)\}-\{\varepsilon\pi(y,x)+(1-\varepsilon)\pi(y,y)\}<0$$

这意味着 ESS 的定义条件式为:

$$\pi(y,y)>\pi(x,y)$$

或

$$\pi(y,y)=\pi(x,y) 且 \pi(y,x)>\pi(x,x)$$

2.2.1.3 ESS 和内部均衡的存在性与稳定性

对于方程(2-3)或(2-4)关于 p 的导数为负,则均衡是渐进稳定的,若导数为正,均衡就不稳定。因而,当策略集是 (x,y),p 是个体群中 x 型个体的比例,内部均衡的存在性和稳定性与 ESS 概念是相关的:如果 x、y 都不是 ESS,即 $p=0$ 和 $p=1$ 都不是渐进稳定,那么必然存在一个渐进稳定的内部均衡;如果 x、y 两个策略都是 ESS,那么必然存在一个不稳定的内部均衡,即 $p=0$ 和 $p=1$ 都是渐进稳定的。于是,可以从两个方面进一步研究动态演化更新过程。其一,如果一个内部均衡是稳定的,我们可以研究外生变量怎样通过改变博弈形式和更新过程来影响 p^*,从而研究外生变量导致均衡偏离的方式;其二,如果存在唯一的内部不稳定均衡 p^*,我们就会得到另外两个稳定均衡,即个体群要么是 x 型,要么是 y 型,在这种情况下,我们只要研究动态演化将在哪一点结束的路径。

2.2.2 互惠偏好的群体演化博弈

2.2.2.1 演化博弈模型构建

考虑一个个体群,人们两两互动,进行交易,互惠(x)与自利(y)是他们的策略集,p 是个体群中互惠型个体的比例。假如两个理性自利型的经济个体进行博弈,他们将各获取 c 单位的收益;在同等经济条件下,假如两个互惠性的经济个体进行博弈,他们将各获取 b 单位的收益。由于在互惠偏好动机下所获得的收益将超过自利动机下的经济收益,所以,$b>c$。当两个经济个体的其中一方为互惠型,另一方为自利型时,互惠型的一方将获取 d 的利益支付,自利型的一方将获取 a 的利益支付,博弈矩阵如表 2-1 所示。

表 2-1　博弈报酬矩阵

	互惠型	自利型
互惠型	b,b	d,a
自利型	a,d	c,c

互惠型个体的平均支付:$U_t(x)=pb+(1-p)d$
自利型个体的平均支付:$U_t(y)=pa+(1-p)c$
经济个体的平均支付:$U_t=pU_t(x)+(1-p)U_t(y)$
据此,互惠型个体 x 的复制动态调整方程为:

$$dx/dt=P[U_t(x)-U_t]=p(1-p)[(b-a+c-d)p-(c-d)]$$

(2-5)

根据式(2-5)的一阶微分方程,我们可以得到系统的均衡点:

第一种情况,当 $a<b$ 时($0 \leqslant p^* \leqslant 1$),得均衡点:$p^*=0$,$p^*=1$,$p^*=\dfrac{c-d}{b-a+c-d}$。

第二种情况,当 $b<a$ 时($0<p^*<1$ 不成立),得均衡点:$p^*=0$,$p^*=1$。

2.2.2.2 演化策略的渐进稳定性分析

第一种情况,当 $a<b$ 时,令 $F(p)=\dfrac{\mathrm{d}x}{\mathrm{d}t}$,$F'(1)=a-b<0$,$p^*=1$ 是稳定均衡点,$F'(o)=d-c$,当 $d-c<0$,$p^*=0$ 是稳定均衡点,当 $d-c>0$,$p^*=0$ 不是稳定均衡点,在一般情况下 $c>d$ 条件成立,$F'(o)=d-c<0$,因此,$p^*=0$ 是稳定均衡点。

那么,$p^*=(c-d)/(b-a+c-d)$ 是否是稳定均衡点,只要把 p^* 代入 $F'(p)$ 方程,得:

$$F'(p^*)=(c-d)(b-a)/(b-a+c-d)$$

根据上述条件,$b>a$,$c>d$,所以 $b-a+c-d>0$,

因而 $F'(p^*)=(c-d)(b-a)/(b-a+c-d)$ 大于零,

均衡点 $p^*=(c-d)/(b-a+c-d)$ 不稳定。

当 $p>p^*$ 的时候,互惠型个体的预期支付大于自利型个体的预期支付,根据复制动态过程,将导致 p 的增大,而不是回到 p^*。因此,当互惠型个体的数量在经济个体总量中的比例大于 $p^*=(c-d)/(b-a+c-d)$ 时,互惠型经济个体的收益将超过经济个体平均收益,群体将演化到 $p^*=1$ 的均衡稳定状态,即所有经济个体都将变为互惠型个体。反之,当互惠型个体的数量在总量中的比例小于 $p^*=(c-d)/(b-a+c-d)$ 时,互惠型经济个体的收益将小于经济个体平均收益,群体将演化到 $p^*=0$ 的均衡稳定状态,所有经济个体将回复到理性经济个体的状态。

总之,第一种情况下的均衡点 $p^*=0$ 和 $p^*=1$ 均为稳定均衡点,互惠与自利均是稳定均衡策略,不稳定的 $p^*=(c-d)/(b$

$-a+c-d$)定义了两个稳定均衡的吸引盆边界。

第二种情况,当 $b<a$ 时,$F'(1)=a-b>0$,$p=1$ 是非稳定均衡点,$F'(0)=d-c<0$,$p=0$ 是稳定均衡点。因此,群体演化的结果将进化到完全自利的稳定状态,互惠型个体将荡然无存。此种情况满足 $a>b>c>d$,且 $a+d<2b$,其与一般性囚徒困境的条件相当,与静态囚徒困境博弈的结果一致。

2.2.3 社会交往结构与互惠偏好演化

囚徒困境的一次博弈是以普遍的背叛作为结果,这似乎是理性人必须接受的事实。然而,现实中的情况并没有那么糟糕,合作互惠并不像囚徒困境模型预言的那般稀少。根据囚徒困境的定义,$a+d<2b$,$b>c$,若参与人双方进行互惠合作,他们的预期支付之和要大于双方都采取自利或者其中一个人采取自利和另一人采取互惠合作的情形,因此,互惠合作应该是博弈的最优反应。

鲍尔斯(2006)假定互惠个体采取特定的策略,使交易人的行为根据支付单调地更新过程演化,他在此基础上归纳总结了报复模型、分割模型和声誉机制三个模型,分别表明不同的交往结构如何促使合作得以在自利的交易人之间继续。这些模型描绘的规则允许重复交往和交易当事人的非随机组合。

报复模型一般假设个体之间随机组合,在每一回合后原来的交易将以概率 ρ 终止,在符合概率 $0<\rho<1$ 的条件下,考虑重复之间的间隔足够短,使大家忽略参与者的时间偏好。又因为博弈存在以下几种典型策略:总是背叛,即每一步都是背叛;一报还一报,即第一回合合作,然后采用对方上一步的选择;总是合作,即每一步都合作。一报还一报是互惠者的显著偏好特征,当两个互惠者相遇,他们都将在第一回合合作,然后持续合作到交往终止,他们将得到预期收益 b/ρ。当一个互惠者遇到一个自利者,前者将在

第一回合得到 d,接着两人都采取背叛,终止游戏。第一回合后的预期回合数是出现第二回合的概率 $(1-\rho)$ 乘以任何一期开始时的预期回合数 $1/\rho$,结果,预期支付就是 $d+c(1-\rho)/\rho$,而自利者预期支付是 $a+c(1-\rho)/\rho$。同理,两个自利者相遇,预期支付将都为 c/ρ。重复博弈的支付矩阵如下表 2-2:

表 2-2 重复博弈的支付矩阵

	互惠型	自利型
互惠型	b/ρ b/ρ	$d+c(1-\rho)/\rho$ $a+c(1-\rho)/\rho$
自利型	$a+c(1-\rho)/\rho$ $d+c(1-\rho)/\rho$	c/ρ c/ρ

这里令 τ 是个体群中互惠型个体的比例,$U_t(x)$、$U_t(y)$ 分别是互惠者与自利者的预期支付,就有:

$$U_t(x)=\tau(b/\rho)+(1-\tau)\{d+c(1-\rho)/\rho\}$$
$$U_t(y)=\tau\{a+c(1-\rho)/\rho\}+(1-\tau)(c/\rho)$$

经济个体的平均支付:$U_t=\tau U_t(x)+(1-\tau)U_t(y)$

据此,互惠型个体 x 的复制动态调整方程为:

$$dx/dt=P[U_t(x)-U_t]=\tau(1-\tau)\{[2c-a-d+(b-c)/\rho]\tau-(c-d)\} \quad (2-6)$$

当 $\rho<(b-c)/(a-c)$ 时,有三个均衡点,即:

$$\tau^*=0, \tau^*=1, \tau^*=(c-d)/[2c-a-d+(b-c)/\rho]$$

根据上文演化策略的渐进稳定性分析,$\tau^*=0$、$\tau^*=1$ 是稳定均衡点,而 $\tau^*=(c-d)/[2c-a-d+(b-c)/\rho]$ 为不稳定均衡点。

根据 $\tau^*=(c-d)/[2c-a-d+(b-c)/\rho]$,可得到

$$d\tau^*/d\rho=\tau^{*2}(b-c)/\rho^2(c-d)$$

在囚徒困境下，$d\tau^*/d\rho=\tau^{*2}(b-c)/\rho^2(c-d)>0$，这意味着终止的概率增大，$\tau^*$也将增大，从而减小互惠合作均衡的吸引盆。因而报复模型的动态复制演化均衡策略将分别是互惠与自利，随着终止的概率ρ的增加，互惠合作均衡的吸引盆会减小，若取消以后合作的概率ρ越小，就越能促进组群的合作效应。

以同样的方法分析分割模型，可以得到如下结论：当个体群中的成员在交往中进行非随机配对时，合作者总是试图避开背叛者，因而适度的分割有利于同类相聚。若s表示交易在同类型的个体之间进行的比例，s又称为个体群的分割度，分割的演化博弈结果有两种可能：如果互惠与自利是演化均衡策略，分割s的增加将扩大互惠合作均衡的吸引盆；如果互惠与自利不是演化均衡策略，互惠型与自利型个体将以一定的比例存在，分割s的增加将增加个体群中均衡的互惠合作类型比例。声誉模型则说明当单次博弈之后未来将与其他人交易，那么建立有条件合作的声誉常常是一个均衡策略，δ表示交易者可以支付"δ"的"调查成本"来了解交往的对象是否是一个互惠者，即是否是一个有条件的合作者，只要存在调查成本，声誉模型演化博弈就会有一个普遍背叛的均衡结果，而如果$b-c>\delta$成立，均衡的结果将是互惠合作，因而互惠与自利都是演化均衡策略，且调查交往类型的成本若增加，互惠合作者的均衡吸引盆将缩小，如果了解交往对象的类型的成本低的话，就有可能使个体群通过支付来建立有条件合作的声誉。一般情况下，了解交往对象类型的成本高低与声誉支持的规范有关，这同时也表明，声誉支持的规范将带来高水平的合作，促进交易的收益。

不同的社会交往结构与互惠偏好演化可以用表2-3表示，表2-3说明区别不同的群体社会交往结构要看此群体中的交易个体是否和固定的交易伙伴重复交易，是否与气质相投者交易，是否单次博弈之后未来将与其他人交易等，个体群中互惠型个体的产生和维持是频数依赖的，它依赖于个体群中有足够高比例的互惠者，具体的比例又依赖于群体规模、交往次数、合作与背叛的相对收益与成本、声誉、信息的可获得性等诸多因素,上述诸因素构成的制度特征对个体偏好向互惠偏好演化方向起到了关键性的作用。

表 2-3　组群内基于支付的更新如何支持合作

模型	促进合作的效应	必要的交往结构	例　子
报复	取消以后的合作	频繁或长期交往(ρ 低)	泰勒(Taylor,1987),富登博格和马斯金(Fundenberg and Maskin,1986)
分隔	对合作者有利的配对	行为人非随机配对(s 高)	汉密尔顿(Hamilton,1975),艾克斯罗德和汉密尔顿(Axelord and Hamilton,1981),格拉芬(Grafen,1979)
声誉	合作的声誉得到回报	关于他人的低信息成本(δ 低)	克雷普斯(Kreps,1990a),夏皮罗(Shapiro,1983),诺瓦克和斯蒂姆德(Nowak and Stimund,1998)

资料来源:鲍尔斯.微观经济学:行为、制度和演化[M].中国人民大学出版社 2006 年版,第 184 页.

2.3 互惠制度的建构与递归

2.3.1 博弈、合作与互惠制度

亚当·斯密第一个提出"人都是追求自利的经济人"这一假设,但也正是他,第一个发现人类合作的伟大之处,视之为社会进步的源泉,并将"学会合作"作为"人猿相揖别"的最重大之处。在斯密看来,人类进步的根源恰恰在于人学会了"以物易物、物物交换和把一件东西换来另一件东西"(罗小芳等,2008)。真实世界的经验反复告诉我们,社会合作是具有共同利益的,社会合作是可行

的,合作行为是能带来合作双方互惠共赢的。但在互惠合作的群体演化博弈过程中,若没有规则结构,互惠合作的演化均衡便不可能产生,合作的实现其实需要借助于外部的互惠制度,互惠制度将是用来研究合作问题的一个新思路。

新制度经济学总是试图在理论模型中引入制度变量,来说明竞争双方为什么要进行合作(卢现祥,2008)。引入制度变量的理论模型认为个人的行动往往会影响到其他人。互惠偏好与互惠制度共生演化正好说明了这样一个事实:只要把市场规范的理念引入人们交往过程中,加入一些能影响人们交往的信任和互惠的制度细节,使之成为规制背叛行动的道德律令,使那些遵守信任和互惠规范的人获得比逃避规范的同伴更高的物质支付,让 $b>a$ 不等式成立;或通过互惠制度对博弈者所获得的支付进行调整,使不稳定均衡 p^* 值不断下降,让能获得较高物质支付的成功者的互惠合作规范在较低的互惠者比例下得以复制,进而使信任和互惠规范在交易群体中被内部化,并在生活中自觉遵循这种规范,甚至在没人监督的时候也是这样。这样,一个完善、有效率的合作秩序就有可能被建立起来。

可见,互惠制度可以大大地减少市场的不确定性,并且能给人们提供稳定的预期。当然,互惠制度可以是正式的,也可以是非正式的,且不同的互惠类型应该有不同的互惠制度与之相适应,博弈、合作与互惠制度是一种互动关系,并相互牵制。

2.3.1.1 直接互惠制度

通过重复博弈而出现的相互合作,在博弈理论中已是人所共知的。因为重复博弈的每个参与者都面临下列可能性,即他在眼下这一回合的不合作会导致对手下一回合的不合作。每个参与者都可以通过放弃自己的合作有效地惩罚对手的不合作,用自己的合作来回报对方的合作。当双方相互合作的利益超过互不合作的利益时,就有了建立和维持一种相互合作局面的激励(卢现祥,2008)。罗小芳等(2008)的观点是,当博弈重复进行时,当参与人数量较少时,合作的收益相对背叛的收益足够大,参与人对其他参与人过去的行为有完全信息,且下一回合终止的概率足够小,只需要一点点的"一报还一报"的制度存在,就可以降低交易成本,使互惠合作均衡得以维持。

假定一个更大的个体群,在单次囚徒困境中,个人要么是背叛,要么是合作,他们将周期性地更新类型,以回应两种策略的相对绩效。假如交易者被分割,进入不同的社群,这些社群比更大的个体群在类型上更趋向同质,物以类聚,人以群分,同类相聚减弱了契约不完全时的机会主义倾向,交易将更可能在同质的群内进行。由于囚徒困境中的合作有利于交易的对方,而背叛则给对方施加成本,这样,正向吸入的组合必将使得同类相聚,它提高了合作的支付,降低了背叛者的支付。由于分割,这些收益将被内部化于合作的组群中,因而分割有着内部化合作与背叛的不可契约化的收益效应。

总之,创建可以改变成本与收益比率并兼顾各方利益的互惠制度是经济绩效的主要问题。在规模较小人群内,如亲戚、邻居等,可以通过设计重复与报复等制度来提高直接互惠合作;对于关系纽带十分紧密、长期参与互惠交换的规模较大群体,可以对群体进行分割,使其形成同类的交往结构,为促进群体内合作、推动直接互惠关系的形成起到有效的作用。

2.3.1.2 间接互惠制度

在关系纽带较为松散的现代大型群体中,声誉在群体社会中的传播能发挥间接互惠的作用。在一个信息完全的世界,声誉机制产生的合作本来是不需要制度参与的。然而,往往在现实社会中,信息是不完全的,间接互惠会受到声誉和信息传播机制以及被惩罚者所受损失的限制(罗小芳等,2008),合作方案常常会失败。与个人各自努力取得收益相比,合作增加了潜在团体的总收益,通过建立一种必要的交流机制形式,获取相应的信息,形成以提供知道什么时候进行惩罚,并由第三方实施或降低另一方信息费用的自愿制度,可使十分复杂的交换得以实现,这种结果的实现是一个间接互惠的"协调问题"。通常交换在时间和空间上越复杂,为实现合作结果需要的制度就越复杂,成本也越高。因而间接互惠制度的本质就是创造一种制度环境,为人们监察背离行为提供充分的信息,以诱致可信的承诺,将能确保一个复杂的制度框架,在此正规规则、非正规规则制约及实施下一起使低成本的交易成为可能(卢现祥,2008)。

2.3.1.3 强互惠制度

在解决公共资源以及公共物品等多边交往的囚徒困境问题过程中,强互惠能抑制团体中的背叛、逃避责任和"搭便车"行为,从而有效提高团体成员的福利水平。但实施这种行为需要个人承担成本,并且不能从团体收益中得到额外补偿。叶航等(2005)认为只要在合作及合作剩余的框架中对利他行为与利己行为进行全面、综合的考察,利他行为就完全能够通过整体间的补偿机制来体现出相应的进化优势。因此,利他行为与利己行为一样,都是一种"演化稳定策略"(ESS)。相互依赖的个体为了得到分工的好处和合作的剩余,他们有一种对互惠制度的需求,希望互惠制度能给他们带来分工的好处和合作的剩余。鲍尔斯、金迪斯(2004)的强互惠演化计算机仿真实验显示建立在由基因突变产生的强互惠或利他惩罚,可以侵入完全自私的人类群体,从而有效维护族群内部的合作规范,显著提高族群的生存竞争能力。然而,强互惠是一种明显具有正外部性的利他行为,其利他惩罚成果易被其他互惠个体坐享或受不合作者的报复,且强互惠关系对信息要求较高,如果群体规模太大,强互惠者就难以观察到所有的违反社会规范的行为,所以强互惠制度的建立应该在规模相对较小的群体中,且能被观察到具有某些共同目标的组织中,如俱乐部、工作小组、合作组织等,并在这些组织中赋予强互惠经济个体更多的社会性关注,采取措施,对"搭便车"者尤其是不合作的报复者施加道德规范的约束,以维持合作剩余不可替代的效率(罗小芳等,2008)。

2.3.2 互惠制度的递归演化

周小亮等(2008)在总结金迪斯、鲍尔斯的偏好理论后,认为偏好是一个社会的、历史的、动态的范畴,是经济社会中的制度、财产、价格等的复合函数;偏好的形成与塑造离不开制度的参与和渗透;不但参与人偏好会进化,制度也会进化,偏好与制度是一种共生演化的关系。互惠行为是人类根深蒂固的本性,自己得到礼物或帮助,一定会以某种方式报答,互惠是互助的基本原则。叶航、汪丁丁(2005)等认为建立一个更完善、更有效率的互惠合作秩序,也许是我们这个物种在生存竞争中的最大优势,超越囚徒困境中个体理性的局限,谋求合作和合作剩余,可能就是我们人类行为、人类心智与人类社会包括人类文化与人类制度共生演化的最终目标。根据英国社会学家马林诺夫斯基(1922)的观点,卢现祥(2007)指出:互惠制度就是一种双方承担义务的制度,一方做出给予行动后,被给予的另一方必须给予相应的回馈;同理,一方不正当的欺骗行为也会导致另一方与之断绝关系。只有互惠制度才是人类社会合作得以进行和延续的制度保障。

在人类漫长的演化历史中,最初的互惠合作秩序应该是通过自然选择建立的,那时互惠制度的形成主要是基于自然的压力。自然选择压力迫使人类进化出有利于合作的互惠偏好,这些偏好被桑塔费学派恰如其分地称作"亲社会情感",主要包括同情心、愧疚感和感激心,正是它们平衡了进化赋予人类的另一种天性——冷酷的自私与理性的算计。由于依靠自我约束实现社会规范内部化的进程是凭借自然力量建立起来的,因此叶航等(2005)把这一阶段称作"自然为人类立法"阶段。这个阶段的合作、互惠及相应的习俗、规范使人类在物种的生存竞争中具有了最大的优势。

随着生产能力的提高,自然施加于人类的选择压力开始减轻,单纯依靠自我约束也许难以维持不断扩展的合作秩序,于是人类开始进入金迪斯和鲍尔斯描绘的那种渔猎—采集社会。严格按照人类学知识设计的计算机仿真表明,由强互惠者实施的利他惩罚是一个"演化稳定策略",它能够在更大范围内维持人类合作,从而显著提高族群的生存机会。在这个阶段,虽然已经内部化的社会规范仍在发挥作用,但强互惠者提供的利他惩罚,也就是我们人类固有的"路见不平,拔刀相助"的正义感,对维护合作秩序具有不可替代的作用,因此,很多学者把这一阶段称作"个人为社会立法"阶段。这个阶段的合作、互惠及相应的习俗、规范受地理、气候等的影响,同时表现出区域及民族性的差异。

在近现代社会,工业革命带来的分工使人类合作的规模达到前所未有的程度。此时合作秩序的维护必须依赖一个建立在民主基础上的现代司法制度,因而,这个阶段被大多数学者称作"社会为个人立法"。这个阶段的合作、互惠及制度受到国家、司法制度的影响。同时学者们大都将互惠制度产生和维持的范围局限性看作是一种非正式约束有关,可以讲,这个阶段互惠制度的形成更复杂,其所涉及的因素更多。

互惠是人类的本性,但是并不是所有的组织和规则都有利于互惠的形成。例如,在一种只以个人的绩效来评价和激励的公司文化中,人们就不会愿意自由地分享知识,进行互惠合作;相反,顶尖的公司就能创造出一种坚持互惠原则的文化。通常互惠制度既强化和维持了人们之间的分工与合作关系,同时也有延续性和代际的功能,可以使我们的后代生存在一个互惠的制度环境里,在合作中学会彼此信任,以致他们就不再需要像我们的祖先那样,要在博弈中去建立互惠制度,因此,形成彼此信任的互惠合作文化是现代社会人类普遍的期盼与呼唤。

2.4 本章小结

互惠偏好是在对社会偏好关注的基础上,最早由哈佛大学生物学家特里弗斯(Trivers)在1976年提出来的。美国著名的行为经济学家拉宾(Rabin)教授在1993年成功地将互惠性利他偏好移入行为经济学的研究框架。拉宾将"互惠偏好"定义为:"当别人对你友善时你也对别人友善,当别人对你不善时你也对别人不善。"沿着拉宾的互惠利他偏好思想,Levine、Dufwenberg et al. 和 Bowls 等诸多学者对互惠偏好模型进行拓展。目前互惠偏好成了利他主义思想体系中的一个突出热点问题,并成为行为经济学的重要理论基础。互惠偏好形成的理论基础是社会交换理论、公平理论、价值观理论、社会认同理论等,互惠偏好分为直接互惠、间接互惠和强互惠三类,本书认为互惠偏好其实并未偏离理性的预设。互惠偏好与互惠制度是共生演化的,本章利用演化博弈的复制者动态系统,研究互惠偏好与制度的共生演化机理,对互惠偏好的群体演化机制、群体演化博弈以及社会交往结构与互惠偏好演化进行分析。最后认为互惠制度是人类社会合作得以进行和延续的制度保障,强调了互惠制度建立的必要性,并对互惠制度的递归演化进行探讨。

第三章
知识生产者偏好演化及团队知识生产特征

3.1 知识生产研究基础

3.1.1 知识及知识生产

3.1.1.1 知识的定义

从不同的角度可以对什么是"知识"这个问题作出不同的解释。古希腊哲学家苏格拉底(Socrates)认为知识是"一种绝对道德观念的探索"。柏拉图(Plato)则把知识定义为"经过证实了的真的信念",此定义尽管在逻辑上并非完备,却受到绝大多数哲学家的赞同。美国学者马克卢普(Machlup,1962)从哲学认识论角度,认为知识是"根据已认识的事物所做的客观解释"。鲍丁(Boulding,1966)曾写道:"'知识'在英语中有某种倾向接近'真理'的意思……简单地,我以为知识即是想象和存在。"根据牛津《韦氏大辞典》:知识是通过实践、研究、联系或调查获得的关于事物的事实或状态的认识,是对科学、艺术或技术的理解,是对人类理解、发现或学习的总和,是从经验而来的加总。国内学者李醒民(2008)说:"什么是知识?简而言之,知识是人类在实践中认识世界所得到的信息、技艺、诀窍、真理、原则等及其集合。"1979年版《辞海》精辟地将知识定义为:人们在改造世界的实践中所获得的认识和经验的总和。在《中国大百科全书·教育》中"知识"条目是这样表述的:"所谓知识,就它反映的内容而言,是客观事物的属性与联系的反映,是客观世界在人脑中的主观印象。就它的反映活动形式而言,有时表现为主体对事物的感性知觉或表象,属于感性知识,有时表现为关于事物的概念或规律,属于理性知识。"显然,哲学认识论范畴的知识是人类在社会实践中获得的物质和精神成果的总和,它是在人类智力劳动的基础上产生的,它集中了人类改造客观世界的方法、原理、技巧、认识等信息和智慧,其内涵随着人类实践活动的深化而不断扩展。

随着知识和技能更新速度的不断加快,知识可以被直接用于生产新知识这一更高层次的事实逐渐为人们所认识。于是,主流思想不但从哲学的层面进行诠释,还开始从社会学、经济学、管理学等视角来进行解释。中世纪的西方学者普遍认为"知识就是力量""知识本身就是财富",强调了知识的经济功能。约·莫·克拉克在《现代工业的一般开支》一书中充分调强知识的经济价值,认为"知识是唯一一种不受报酬递减律支配的生产工具。"(吕卫文,2008)罗默(Romer,1990,1994)认为知识在经济发展中的作用越来越突出,知识已不是外生变量,而是经济增长的内生变量。汪丁丁曾写道,"经济学所关心的'知识'概念首先是所有可以使生产率增长的知识,或者所有可以改变生产的技术特性的知识。其次,经济学也必须关心那些可以改变生产的制度特性的知识,或者'制度性知识'。"汪丁丁的知识概念是一个广义的知识概念,即一切人类知识,无论技术知识或制度知识,还是最新的知识或已经被大众掌握的普通常识,对于已经掌握它的人类来说都能够或多或少地促进生产率的提高,改善人们的生活。可见,现代经济学范畴的知识已不是一般常识意义上的知识,知识已成为一种非常重要的生产要素,是那种能够作为资源投入到生产过程中并在生产过程中起主要作用的现代知识。

当然,知识和其他生产要素相比有着本质的区别,知识领先于其他生产要素,成为核心的经济要素,知识资源的超强再生能力和知识价值的乘数效应,使得经济增长方式发生了根本性的变化(张学文,2009)。对于管理学者来说,知识是一种具有高度价值的信息集合体,知识的价值在于可以帮助管理者进行科学、合理的决策与行动,他们更偏好把知识看成是企业重要的战略性资源。

3.1.1.2 知识的分类

在知识的分类史上,不同的知识观有不同的知识分类理论与知识分类标准,因而也产生了形形色色的知识分类方式(陈洪澜,2007)。按知识的性质分,哈耶克把知识划分成了三类:第一类为明确知识,它们是理性知识的集合,主要包括科学知识、有关特定事实的知识、专家的知识等;第二类为理性不及的因素,主要指过去的经验,包括技术、态度、工具和制度等;第三类为非理性的因素,主要指关于人类制度的知识及其如何运用到制度设计过程中(Hayek,1945)。马克卢普(Marchlup,1980)则把知识分为五方面内容:一是实用知识,即对于人们的工作、决策和行为有价值的知识。实用知识可以根据人们的行动再分为专业知识、商业知识、劳动知识、政治知识、家庭知识、其他实用知识。二是学术知识,就是能够满足人们在学术创造上的好奇心的那部分知识。学术知识是教育自由主义、人文主义和科学知识,以及一般文化中的组成部分。三是闲谈与消遣知识,是满足人们在非学术性方面的好奇心,或者能够满足人们对轻松娱乐和感官刺激方面的欲望的那部分知识。这类知识常常包括本地的传闻,以及小说、故事、幽默、游戏等,它们大多数是由于被动地放松"严肃的"事物而获得的知识,因而具有降低敏感性的趋向。四是精神知识,这类知识与上帝以及拯救灵魂的方式等宗教知识相联系。五是不需要的知识,即是多余的知识,这类知识不是人们有意识获取的知识,通常是由于偶然或无意识地保留下来的知识。经济合作与发展组织(OECD)又把知识分成事实知识(know-what)、原理知识(know-why)、技能知识(know-how)、人力知识(know-who)等四类。世界银行在《1998—1999年世界发展报告:知识与发展》中提出了两类知识:一类是关于技术的知识,也称之为技术知识或简称技术诀窍。这方面的例子有营养、控制人口、软件工程及会计等。另一类是关于属性的知识,如产品的质量、工人的勤奋程度、企业的资信状况等,这对有效的市场是非常重要的。技术知识的差距与知识创造能力的差距相关,主要取决于科技、教育、经济的发展水平;属性知识获取的难与易和信息能力相关,不仅与有形的信息网络建设相联系,而且与无形的信息网络状况相联系,如文化、传统、心理、制度等因素(颜晓峰,2000)。

若以知识的实际效用和表现形式作为分类标准,知识可分为显性知识和隐性知识、内部知识和外部知识、个人知识和组织知识、实体知识和过程知识以及核心知识和非核心知识等。以科格特和桑德尔(Kogut & Zander,1993)为代表的"知识基础论"学者们按可模仿程度,又将知识分为可模仿知识和不可模仿知识。那些具有信息特征的知识易于被模仿,那些具有方法性特征的知识则较难被仿制。有学者还按照物质生产行动和社会人际互动的行动划分,将知识划分为"物理类知识"和"制度类知识"两大类(郑春光,2006)。也有学者从知识主体的角度,把知识可分为个人知识、团队知识和组织知识。个人知识仅仅存在于雇员头脑中,团队知识则体现在小组或部门层次上的学习,组织知识是将知识结构化并嵌入到企业的知识结构中。饶勇(2008)为了分析知识生产过程中的"柠檬"问题,把知识分为通用性知识与创新性知识。颜晓峰(2000)、罗志勇(2003)、许娇(2011)按知识在知识实践中与产业的关联作用,把知识分为基础科学知识与应用技术知识。基础科学知识是关于对象的本质规律的知识,其主体部分是科学理论知识。基础科学知识一方面包括人类积累下来的科学遗产,另一方面是国有大学和科研机构在基础研究中实现的新知识。基础科学知识的生产费用很高,需要长时间或若干代人艰苦的智力劳动。基础科学知识一般不能被直接用于实践活动,必须经过多级的推导、转换、加工,才能融入技术知识,进入实际应用。但如果基础科学知识研究薄弱,水平长期滞后,势必会严重削弱一个国家的知识创新能力,使其经济发展缺乏后劲。应用技术知识是可以直接运用于具体实践活动的创新知识,是以创新为中心组织起来的所需知识的集合。应用技术知识的技术性、可操作性较高。应用技术知识一般描绘了主客体相关联、相结合的具体方式,它可以内化为主体的技能,成为属人的知识;也可以客体化为工具的性能,成为物化的知识,被直接运用于具体的知识实践活动。应用技术知识一方面可以从基础知识或科学知识转化而来,另一方面可以从生产经验、工作经验中积累起来,还可以从实际的创新活动中生长出来。

技术创新领域的学者根据隐性知识和显性知识对企业创新和经济发展的作用,对隐性知识和显性知识进行详细分析(Cowan,1997;David,2000)。著名知识创造理论的创立者野中郁次郎(Nonaka,1994)认为,显性知识就是"能用文字和数字表达出来,容易以硬数据的形式交流和共享,并且经编辑整理的程序或者普遍原则"。所谓隐性知识(tacit knowledge),就是高度个性化而且难于格式化的知识,主观理解、直觉和预感都属于这一类。显性知识(explicit knowledge)由于被编码化了,因此具有公共属性的特征,显性知识的转移和传播的成本非常低;相反,隐性知识由于内隐于个人、组织内部,不可编码化,所以具有很强的粘着性,此类知识的转移成本非常高。野中郁次郎和竹内广隆(Nonaka & Takeuchi,1999)同时认为,隐性知识和显性知识并不能完全分开,而是互补的整体,它们彼此相互作用,并在人类的创造活动中交替变换,它们之间的相互转化是一个动态的循环过程。二人基于人类知识是通过隐性知识和显性知识之间的社会交互作用创造和增长的假设,提出了知识创造动态模型(SECI)。一是从隐性知识到隐性知识,称之为群化(socialization),群化可以分享隐性知识和开创新视角,使参与者的思维模式统一到同一个方向上。二是从隐性知识到显性知识,称之为外化(externalization)。外化是一个把隐性知识有机地结合到显性知识的概念的过程,是典型的知识创造过程。三是从显性知识到显性知识,称之为融合(combination)。融合是将概念系统化到一个知识体系的过程,这个知识转化的模式包括将不同的显性知识融合起来。四是从显性知识到隐性知识,称之为内化(internalization)。内化是一个将显性知识纳入为隐性知识的过程,这个过程与"干中学"有很大的关系。每一种知识转化模式创造的知识内容是不同的,群化产生的知识是"认同型知识",如共同的思维模式和技术技能,外化给出的是"概念性知识",融合产生的是"系统化知识",内化产生关于项目管理、生产工艺、新产品使用和政策实施的"动作型知识",这些知识内容在创造知识的螺旋中彼此交互作用。

综合上文知识的定义与分类,本书为了分析创新知识生产中的互惠合作,从经济学范畴出发,把知识理解为是一种非常重要的生产要素,知识能作为生产资源被投入于生产之中,能够在生产过程中或多或少地促进生产效率的提高,从而改善人们的各种社会生活。知识在本书又可以被简单地分为基础科学知识与应用技术知识,且不管是基础科学知识还是应用技术知识,它们都应该同时具有隐性知识和显性知识的特征与性质。

3.1.1.3 知识生产及知识生产特征

尼尔逊(Nelson,1959)认为知识既然是人类在观察、感受客观世界的基础上思辨、推理的结果,那么,任何观察及其基础上的思索都可以认为是知识的生产活动。因而,人们的社会生产活动和生活实践过程都是在进行知识的生产,即我们每天都在观察、实验,都在归纳、总结,都在生产知识。显然,这是知识生产概念的一种哲学表述。1996年国际经合组织将知识生产定义为开发提供新知识;在2000年又给出新定义,即个人团队或组织成功地生产新知识和实践的境况。Kuhn(1951)是首次用经济学语言对知识生产概念进行描述的学者,他把知识生产看成投入产出的转化过程,为知识生产的讨论从科学范畴引入经济学范畴作了很好的铺垫。侯象洋(2011)认为所谓"生产",是指从原料到产品的"转化"过程,既然"物质生产"是把物质原料转化为物质产品的过程,那么"知识生产"就是把知识原料转化为知识产品的过程。

随着管理学科对知识经济的关注,沙瓦例(Sarvary,1999)认为知识生产是把原始信息转变和融合为对解决经营问题有用知识的过程。余光胜(2000)把知识生产定义为获得已存在的知识、创造新知识以及储存知识。何传启(2001)等认为知识生产是一种生产活动,包括知识创新、创新管理和知识产品交易,其中知识创新指发现、发明、创造、传播和首次应用新知识的过程和行为。在人类活动中,各种类型的知识,如真理、原则、思想和信息等的发明、创造、创新和复制过程,它们不仅包含原创性新知识的创造,同时也包含在已有知识的基础上,通过复制和传递过程而产生的知识。基于此,许崴(2006)提出狭义和广义的知识生产概念,狭义的知识生产仅指原创性知识的生产;广义的知识生产是原创性知识生产与复制性知识生产过程的统一。王开明(2005)还把知识生产活动群体分为两类:一类是职业研究人员,另一类是普通民众。吕卫文(2008)把知识生产重新界定为是一种社会—认知过程,强调知识是通过群体合作被创造和应用的,知识最终与人和人之间的关系有关。

上述各学者对知识生产的定义各有侧重,本书为了揭示知识团队成员在创新知识生产中的互惠合作,把知识生产限定为高等学校或各类研究机构的职业研究人员对知识的原创性生产,既强调这种知识生产是狭义上的知识生产活动,同时也强调这种知识生产过程离不开知识团队知识生产者间的合作关系。因此,本书的知识生产具有以下几个特征。

第一,创造性的脑力劳动是首要特征。Stewart(1997)指出,知识不会因使用而有任何的减损,相反,大量使用知识,反而会激发更多的新知识。因为知识本身具有较强的传播、扩散和自强化功能,因而知识的生产与供给具有较强的外部性。从科学知识产品的属性出发,由于它不同于一般的物质产品,具有可共享性,在科学知识公开发表并通过科学期刊等形式使知识广泛传播的前提下,对科学知识的这种共享可以同时发生。这决定了在通常的情况下,同一种科学知识的再生产往往会成为无意义的重复劳动。因此,知识生产活动的根本目的是要获得新的知识,创造性体现着科学知识生产活动的本质特征,创造性成为对科学知识生产的基本要求,创造性的高低也就成为衡量科学知识生产质量的重要指标(李正风,2005)。

原创性知识生产与一般物质产品生产不同,物质产品的生产在很大程度上依赖于自然界存在的各种资源,如矿产资源、石油、土地、森林等,原创性知识生产主要依靠人的知识、技术、智力与思维等非自然资源。在原创性知识生产过程中,知识生产者往往被提出较高的要求,知识生产者要先进行知识学习,对人力资本进行投资,使其具备某一领域的科学基础知识,从而才能具有创新知识生产的能力(袁志刚,1999)。知识生产过程主要是智力劳动,知识生产者的智力对生产效率具有决定性的影响,知识生产的效率在某种程度上就取决于知识生产者人力资本的素质高低与人力资本的价值释放。

第二,具有不确定性与风险性的特征。一般实物产品的生产,其投入的生产要素与其产出的产品成正比例线性增长关系,生产要素投入多,意味着产品的产出多。正如李嘉图所说的:"只要我们愿意投下获取它们所需的劳动,这类物品就不但在一个国家中,而且可以在许多国家中几乎没有限定地增加。"然而,因为新知识的发现和创造,其生产的任何成果都必须是前所未有的。知识生产最关键的知识生产者投入要素本身是无法同质的。不同知识生产者的知识创新能力之差异无法趋同,加之知识创新思维具有随机性和偶然性的特点,所以,知识产品生产不能像一般实物产品生产那样通过增加生产要素的投入来相应扩大知识产品的产出量,知识产品生产的投入和产出具有不确定性、随机性和偶然性,甚至盲目性。

再者,知识生产者投入要素具有较强的主观性,虽然其劳动时间是可测度的,但劳动个体的差异性使知识生产的投入具有不确定性和非程序性,知识生产者的投入难以被观察,无法量化。这就必然使以智力劳动投入为主的知识生产过程的劳动投入量具有很大的不确定性。同样,进行原创性知识生产所需要的知识存量,必须通过学习环节转换为知识生产者掌握的知识后,才能在现实的知识生产过程中发挥作用,而知识的转换率又因人、环境、条件而异,故该类知识的实际投入状况同样具有很强的不确定性。对于知识生产工具、组织与管理制度等知识生产投入要素也是一样,必须被知识生产者认可与接纳,这样才能在现实的生产过程中发挥作用,创造出新知识。然而,受知识生产者要素的强主观性影响,知识生产过程中这些要素的投入和产出往往是不确定的。另外,知识生产者要素的主观性往往受制于客观性。因为知识生产过程是一个探索未知、开拓创新的过程,在知识生产过程中,回报今天投入的,也许是失败甚至是惨重的损失。客观存在的知识生产过程中种种不确定性因素,使知识生产过程更加充满着风险。即使主观要素是全身心投入,付出最大的努力,也不能保证投入多少要素就一定能产生多少创新知识,也无法确切知道创新知识能否内化为具有竞争力的商品,从而获得经济价值。

总而言之,就单个知识产品生产而言,知识生产是一种投入和产出之间关系由随机概率形式确定的生产活动,是信息不完备、具有极大投资风险的生产活动。这些风险可能来自智力劳动投入的不确定性,也可能来自存量知识投入的不确定性,还可能受制于客观环境的不确定性。知识生产过程的不确定性主要表现是:投入特定的生产要素但产出却不一定确定;投入特定的生产要素但能否成功产出预期的知识产品不确定;投入特定的生产要素但多长时间内产出知识产品也不确定;特定知识产品生产需要投入多少生产要素,最终能否取得成果并转化成经济价值依然不确定(南振兴,2005)。

第三,有着部分可设计和可组织的特征。知识生产过程中虽然存在投入、产出随机概率关系,但我们不能生硬地理解成知识的生产过程是无规律可循。若把知识生产过程中的发明、发现、创造看成是人们在物质生产中为物质运动的转化提供条件与能量来源的思想、观点、方法、技巧等,那么知识生产的目的与物质生产的目的是相同的,都是为了认识自然、改造自然;两者同是人类分工合作的社会活动,而且同是在一定的社会关系中进行的生产活动,都要借助于一定的物质条件和资料,遵循生产过程的自然规律和社会规律。从社会总体上看,在生产要素完全同质的条件下,一个社会的知识产品生产要素的投入越大,知识产品产出也应越多,即知识产品的社会总量产出概率越大(南振兴,2005)。就是说,在知识生产领域,无数个微观意义上的随机产出变量的叠加,将相对降低知识生产的风险,使宏观意义上的投入产出关系相对明确。因而,实际上我们有可能测算出知识生产的投入产出比,也可以认为知识生产投入越多,产出越多(王开明,2005)。在个别知识生产在具有不确定性的同时,社会总体知识生产仍然有确定性的方面。

对完全确定性的世界,并不需要生产新的科学知识,只有在存在着不确定性的情况下,科学知识生产才成为必要。然而,过度的不确定性却会使这种科学知识生产成为不可能,完全缺乏信息的问题很难成为科学的问题。因此,科学知识生产的过程不是一个"黑箱",而是一个"灰箱"。基于人们掌握的基本信息,科学知识生产活动是有可能进行部分设计与规划的,特别是随着人们各方面知识积累程度的提高,这种可能性也在增加,只是有必要注意这种设计和规划的内在限度。同时,科学知识生产过程中的部分不确定性,特别是社会层面的不确定性,部分地可以通过恰当的制度设计来予以克服。社会层面的不确定性往往与人的活动方式和行为动机密切联系,也与人们相互之间的社会交易紧密相关,人们可以通过恰当的制度设计来引导人们的行为选择，并对社会交易过程中的投机行为或随机因素予以约束，以此降低社会的不确定程度，并进而为提高科学知识生产的效率提供一种具有比较稳定秩序的社会环境(李正风，2005)。

比如，知识产品生产的这种投入产出随机概率关系，有可能会诱发知识生产中的机会主义倾向，根据知识产品生产的这种特点，需要在制度安排上对知识生产者设计恰当的激励机制；知识产品生产的高风险性、漫长性、不确定性和复杂性还要求进行制度设计，促使政府和社会给予知识生产活动一定的资金资助。当然，千差万别的知识产品对资金需要的数量存在很大的差别。例如，爱迪生发明电灯，经历了8 000次失败，试用了6 000种植物、1 600多种矿物，最后才获得了成功；而马克思为了完成《资本论》花了40年时间(温芽清，2007)。

另外，知识的生产过程实际上就是知识生产者不断探索、试验、总结的过程，虽然知识生产者不能保证每次的探索和试验都能产生实质性成果，但每次的探索和试验都将留下实验数据，都将丰富知识生产者的经验，增长其研究的阅历，为下一次的成功创造条件。从这一层意思上讲，知识生产的产出除了系统化、理论化的研究成果外，还有大量的副产品，如各种实验方案及相关的数据、各种零碎的难以向他人讲述的经验教训、大量的不可言传的隐性知识等。这些副产品貌似杂乱无章，在外人眼中价值不大，但知识生产者能够在将来的研究中根据需要，方便地选取有用的知识片段投入知识的生产活动(王开明，2005)。因此，知识生产激励制度的设计还应该包括对失败的容忍。

3.1.1.4 知识生产从独立向合作方式转变

马克思的唯物史观高度重视科学技术在社会进步中的作用，把以科学技术的发展来推动生产力的发展看作是社会进步的原动力。马克思对知识生产的关注是在对资本主义物质生产方式的研究框架下进行的，把技术进步看成为资本主义企业与企业之间展开竞争的必然结果,资本主义物质生产企业为了提高其产品在市场上的竞争能力,定会采取措施对产品的生产技术进行必要的创新研发,以技术的制高点作为市场竞争的有力手段,企业十分重视企业内部的分工合作对科技进步进而对提高物质生产劳动效率的作用。尽管马克思只是在资本主义物质生产方式的研究框架内,把知识供给单纯地当作物质生产实践的副产品,没有明确把科学知识生产问题纳入到"生产方式"的分析范畴,但马克思唯物史观对"生产方式"这一概念的分析和界定,为我们从知识生产的认知维度和社会维度来研究知识生产方式这一概念提供了重要的基础和必要的参照。

李正风对马克思的"生产方式"从四个方面进行解读,认为"生产方式"是生产物质生活资料的方式、劳动者和生产资料结合的方式、生产力得以显性表现的方式以及生产关系和社会关系的直接基础。前两个方面给出了"生产方式"的内在规定,后两个方面阐释了"生产方式"的外在功能。"生产方式"的内在规定包括生产的"技术过程"和生产的"社会组织"。就"生产方式"的外在功能看,生产力对生产关系和社会关系的决定性作用,以及生产关系和社会关系对生产力的影响和制约,都是通过"生产方式"这个展现生产力的中介得以实现,生产方式成为沟通生产力和生产关系的桥梁。

知识是由一定的社会个体或群体在特定的社会情境之中针对特定客观认识对象通过一定的具体形式表现出来的(吕卫文,2008)。伴随人类历史进程与生产力的发展,知识在生产过程中形成的人与自然和人与人之间的相互联系方式不断改变,知识生产方式永远处在变化过程中。从知识生产方式变革的历史进程看,知识生产方式经历了从独立生产到合作生产的过程。独立知识生产是指知识生产者主要依靠自身能力和资源从事知识生产,合作知识生产是指知识生产者通过与其他组织共享知识生产要素而取得共同或互补知识(王安宇等,2010)。

在前工业社会甚至更早时期,人类社会生产力水平尚不发达,物质生产还处在简单、落后的形态中,科学家的好奇心是推动科技进步的主要原因,知识生产方式以科学家个人的天才发明和偶然发现为主,没有出现大规模组织化的知识社会生产。到了工业社会时期,随着科学的迅猛发展,科技革命带来了知识创新的复杂性,当"每个人知道越来越多的关于越来越小的事情"的时候,知识发生了分立(Becke et al.,1992),这使得与生产相关的知识不再是以集合的形式存在,而是被分散的个人掌握(Hayek,1945)。在知识交叉融合的趋势下,尽管知识生产还具有较强的个人性,但很多科学知识研究若只是凭借个人心智往往难以完成,尤其随着知识生产研发费用以及知识生产成果商业化风险的加大,知识生产者对"团队"组织形式更为依赖;同时,借助信息技术和通信网络,使知识生产的横向沟通和联系变得容易,知识生产者进行精深的专业化分工,由单个个体转变为合作的多个个体,在这种知识分工的条件下,作为独立劳动的科学知识生产不断被纳入到社会生产方式的整体结构中,团队合作生产亦成为必然。

从知识独立生产到知识合作生产,知识生产流程由个人负责全程转变为知识生产团队的合作,生产者既要进行必要的分工,还要进行基于团队总体目标的协作,合作过程中不同参与者及时的互动和交流往往需要在适宜的组织形式下实现,因而,知识团队生产方式同样既包括生产的"技术过程",又包括生产的"社会组织"。以往许多学者从知识生产认知维度对知识生产加以关注,目的是对知识生产的"技术过程"进行改进,以利于高效获得科学知识研究成果。但近年来,随着物质生产行动水平的提高,社会人际互动的范围扩大,如何通过特定的组织形式予以知识生产者约束,促使知识生产团队高效协调合作的"社会组织"越来越引起人们的重视。

伴随企业、大学、科研院所的产学研结合,以及大学、企业和政府的三重螺旋模式(Triple Helix)的社会组织生产机制出现,相关学者已经对知识团队生产"社会组织"研究做了许多有益探讨,主要集中在以下四个方面：一是知识团队生产的"社会组织"的形成机制，二是知识生产的团队组织具体模式研究，三是知识生产的团队组织效率研究，四是知识生产的团队组织激励研究。比如，里维斯（Lewis，2003）提出的交互记忆系统强调对团队成员分布式专长的利用和整合，以及对成员知识价值的最优化，有利于团队知识生产的组织效率提高。张露（2008）、王安宇（2010）等回顾知识生产组织模式的演变，并根据现今大量涌现的互联网大规模知识生产的特点，对知识合作生产组织结构进行进一步探索研究。邹波（2008）等针对两种不同企业知识团队，对"同血型"和"混血型"知识团队的生成过程及知识创新的模型与机制进行研究。郭彦武（2009）则对知识团队激励影响因素与最优激励模式进行分析。潘向东、杨建梅（2010）等通过对网上开源软件社区的相关数据分析，验证了伍茨逖（Wuchty，2007）等"团队生产绩效优于个人生产"的研究结论。

3.1.2 知识生产团队界定及其特征

3.1.2.1 知识生产团队的类型

依据不同的研究视角，知识生产团队可以被划分为不同类型。国外学者玛丽和乔治（Mary U B & George B G，1998）根据知识生产主体的职业背景和经历的差异，把知识生产团队分为职能团队和跨职能团队，由具有相同职业背景和相似经历的人员组成的知识生产团队为职能团队，由具有不同职业背景成员组成的知识生产团队为跨职能团队。周玲（2005）根据知识生产团队存在的目的和拥有自主权的大小，把知识生产团队分成问题攻关型和松散合作型两类。问题攻关型知识生产团队立足于解决国民经济、军事国防和社会发展中的重大疑难问题；松散合作型知识生产团队是以共同的兴趣、爱好、感情、观点、追求为基础，在交往中自发组织起来的学术人员集合体。根据知识生产团队承担任务的复杂性,郝军和罗永泰(2004)将团队分为跨部门临时团队、独立的专职团队和技术改进团队。依据知识生产团队成员的来源范围,洪进和汤书昆等(2005)将知识生产团队分为单组织独立团队和多组织联结团队两大类。陈同扬、宋玲(2008)等还从知识生产团队的构成边界和生命周期两个维度,认为知识生产团队将以任务导向型为起点,逐渐向理性自治型、利益匹配型、领导魅力型、情境互动型发展,最后到达愿景一致型阶段,这时,团队成员彼此熟悉,价值观相互认同,团队成员对自己的团队身份感到自豪,在随后的研发任务中保持团队的完整性和长期的合作。根据知识生产的任务和性质,贺志荣(2010)把知识生产团队分为学科型、项目型和产品型生产团队。学科型团队基本由相同学科专业科技人员组建而成,该团队一般适用于从事基础研究和应用基础研究,尤其适用于那些发展迅速、知识更新快的学科与研究领域;为申报并完成一项科研项目而组建的科研团队称为项目型生产团队;产品型生产团队既要考虑产品当前与长远的技术发展与技术储备,又要考虑到完成当前的生产与销售任务。

本书所研究的知识创新生产,暂时不涉及知识的应用与扩散,因而把知识生产团队限定在为了解决某一重大基础性疑难问题而形成的独立团队,该知识生产团队应处于初创阶段,团队的成员来源于高等院校或科研机构,他们可以学科知识背景相同或互补。对于这样的知识生产团队,我们将基于知识生产者互惠偏好,研究其该采取何种制度治理方式,促使其成为稳定协作的团队组织。

3.1.2.2 知识生产团队的特征

基于上述对知识生产团队的界定,它必须具有以下几个特征:

第一,必须具有共同目标的战略性特征。团队的组建就是为了实现共同的目标与使命,知识生产团队的形成同样必须具有共同的奋斗目标,共同的目标是构成知识生产团队存在的基本条件和理由。共同攻克重大基础性疑难问题是知识生产团队的长期战略规划,这一目标是维系知识生产团队的关键所在和团队行动的核心动力,也是知识生产团队合作的旗帜。基于这一共同奋斗目标,知识生产团队成员才会认可彼此的优势,包容彼此的缺点,促发凝聚力,从而有利于形成创新的强大合力。当然,由于知识生产团队的工作成果一般是创造性的、独特的,与一般团队组织不同的是,知识生产团队在战略目标不变的前提下,具体目标具有较强的不确定性与更大的变动性,可以是粗略的、模糊的,也可能只是一个闪念。

第二,必须具有相互协调的创新性特征。团队成员自觉的协作意识是团队精神的灵魂。共同的奋斗目标决定了知识生产团队内的知识生产者必须相互学习,并演进成一种生存依赖的格局。稳定的知识生产团队应该是一个注重协作、能让所有知识生产者发挥优势互补、具有良好沟通和协调能力的知识群体。知识团队内学科背景、经验和技能相似或完全不同的知识生产者在合作创新过程中,他们除了应该具有接收和传递知识的基本功能外,还应该能对知识进行加工、合成,并自主做出判断和应对,体现出较强的活性和张扬的个性。知识生产者个性的适度张扬有利于他们的发散思维,激发他们的创造力,从而有利于团队产生新的设计思想和解决问题的方案。

第三,必须具备队伍的生态性特征。知识生产团队是一种基于契约的临时性、柔性化组织。在知识日益受到重视的今天,知识团队内的知识者更忠实于自己的职业而非某一固定组织,高知识可获得高薪的市场行情可能会引发知识员工的高流动率(薛珑,2010)。再者,知识生产团队因项目任务的产生而成立,由于知识生产团队任务的独特性,知识生产者带着各自独特的专业技能,随着工作的进展,人员的组成在知识团队生命周期内会不断变化,少数人员始终在团队成了一种特例,多数知识生产者随着团队项目任务的完成而离开团队(孙锐和石金涛,2005)。因此,知识生产团队应该如同一个生态系统,具有周而复始的生命周期,不断形成新的、更加协调的知识生产团队去取代旧的知识生产团队,从而为下一个知识生产目标而努力。

第四,应该具有管理层面的动态性特征。知识生产团队的生命周期反映了团队的阶段性特征,这就要求知识生产团队的管理模式与制度安排要有所差异(陈同扬等,2008)。处于初创期阶段的知识生产团队,不同知识背景的知识生产者由于各自文化与价值观的不同,关系生疏,存在工作方式、人际互动的磨合与调适,即使是知识背景相同的知识生产者也同样存在对新任务的熟悉与对新合作关系的适应,各自会关注自身责任的大小和履行,团队归属感不强、群体凝聚力低、人际冲突的可能性大,因而适时建立有效的互惠合作制度变得十分关键。渡过此阶段后,团队知识生产者彼此熟悉、相互了解,团队的规范得以确立,价值观逐渐接近并相互融合,随之进入出成果的成就阶段,此时制度安排要以着力巩固团队凝聚力为目的,借助团队学习、培训发展等手段,强化知识生产者能力的持续提高。可见,知识生产团队是一个动态发展的组织,知识管理者需要根据其所处的不同阶段进行有针对性的动态管理,以保障知识生产团队取得最优的业绩(贺志荣,2010)。

3.2 知识生产团队成员的偏好演化

3.2.1 团队成员偏好的异质性、互动性

3.2.1.1 知识生产者的需求特点

知识生产者又被称为知识型员工。美国管理学大师彼得·德鲁克(Peter Drucker)在20世纪50年代最早提出"知识型员工"这一概念,认为知识型员工"是指那些掌握和运用特定的符号和概念,利用知识或信息工作的人"。加拿大知识管理专家弗朗西斯·赫瑞比(Horibe,2000)则认为知识型员工"就是那种创造财富时用脑多于用手的人们,他们通过自己的创意、分析、判断、综合、设计

给产品带来附加值"。按照他们对知识型员工的定义,知识生产者一方面具有相应的专业特长、较高的个人素质和强烈的个性,能充分利用现代科学技术知识提高工作效率,另一方面具有实现自我价值的强烈愿望,他们重视个人发展和职业生涯规划,其本身具备较强的学习知识和创新知识的能力。

由于知识生产者工作的复杂性、独立性以及知识生产者职业的流动性(张强,2012)。相比于一般生产者,知识生产者在个人特质心理需求、价值观念以及工作方式等方面有着许多的特殊性和不一般的需求。知识生产者喜欢宽松的工作环境和灵活的工作时间,不愿意受制于人,在服务于组织战略与目标实现的前提下,知识生产者具有强烈的自主意识,他们渴望学术与研究自由。知识管理专家玛汉·坦姆普(Tamp,1989)的实证研究表明,知识生产者需求的前四个因素依次为个体成长、工作自主、业务成就和金钱财富。张望军和彭剑锋(2001)的研究发现,工资报酬与奖励、个人的成长与发展、有挑战性的工作、公司的前途、有保障和稳定的工作是最能激励中国知识生产者的前五位因素。当代知识生产者通常具有较高的需求层次,他们更看重自我价值实现的精神需求,更愿意从事具有挑战性和创造性的工作,把攻克难关看作是一种乐趣、一种体现自我价值的方式。他们具有强烈的成就动机意识,善于学习,不断积累经验,希望在自主的工作环境中发挥自己的专长,进而充分展示自己的聪明才智,通过自己掌握的关键知识和技能,创造性地开展工作,在科研领域中充当领军人物。

3.2.1.2 知识生产者偏好演变历程

在不同的经济发展阶段,知识生产方式系统结构中的认知层面、技术层面、组织层面和制度层面都在发生变化。基于制度与偏好的共生演化,内生于组织、制度之中的知识生产者偏好也必将随知识生产方式的变化而演变。

远古农耕时期,那些知识生产者几乎都是不为衣食忧虑的有才、空闲、自由的人,他们受探索自然奥秘的好奇心驱动,依据生产过程中的实践经验,或独自或结群为求学术而从事学术。他们为全社会生产共享的知识,心存好奇就是知识生产者的偏好(Hayek,1945)。随着科学知识逐渐被大量应用于生产实践、得到广泛的社会认可并产生了许多实用价值,科学知识的生产便从远古时期人的自娱自乐行为不断演变为一种有目的的集体创造行为,于是,工匠和技师自发联合,搭建交流平台,创建实验室,把解决实际问题的途径转移到对科学知识的挖掘和生产,从而交流与合作在知识生产者之间显得日益密切。

机器大工业生产方式是建立在发达的商品交换的基础之上,直接从事经济活动的"自然人"逐渐被"经济人"取代。而"经济人"一般被认为是富有前瞻性,目的性很强,对于激励有强烈反应(曼特扎维诺斯,2009)。物质产品生产企业为了增加企业利润,总是想方设法购买、研发、利用新技术,以提高企业劳动生产率。而新知识、新技术必须依靠知识生产者提供,知识生产者因而通过交换知识产品获得收入。知识生产者有时也会为了获得某种知识的实际应用价值或经济利益而展开激烈竞争,乍看起来,知识生产者与物质产品生产者的偏好特征并无多大差异,他们都有"利己"的偏好,甚至有些还采取"利己不利他"、"损人利己"等方式来获得自身的种种好处。

到了20世纪下半叶,随着技术变革的加快,产品生命周期的缩短以及市场竞争的加剧,知识生产方式也随之在不断变更,独立知识生产方式下的知识供给已经无法满足企业在剧烈变化生存环境中对创新技术的需求,知识生产者自发地从独立走向联合,社会化知识生产分工体系下的知识生产方式迫切需要知识生产者之间的互惠合作,通过团队合作获取共同的或互补的知识生产目标,部分知识生产者的偏好特征开始逐渐从"自利"转向"互惠"。可见知识生产者互惠偏好的形成与塑造离不开知识生产方式及其与之相适应的组织制度各组成因素的参与和渗透,知识生产者的互惠偏好是一个社会的、历史的、动态的范畴,知识生产者互惠偏好的转化需要一定的演进过程,当代知识生产团队各成员的偏好是异质的、互动的。

3.2.1.3 知识生产者的行为特征

一旦知识生产方式依赖知识生产团队,尽管部分知识生产者已经显现出互惠偏好的特征,但由于知识生产团队各成员偏好的异质性,知识团队内员工的行为还是具有极大的不确定性。知识员工之间可能相互信任,员工间采取积极的合作行为;也有可能彼此不信任对方,从而采取消极的不合作行为。当然,他们的行为是基于其个体的理性。他们遵循的基本原则是以最少的投入,带来最大的收益,包括显性收益和隐性收益。显性收益是直接看得见的收益;隐性收益并不是直接收益,一般指的是指在未来可能带来的收益,比如知识经验,或因为帮助别人给自己带来的好名声。当合作有利时,他会选择信任对方;但如果合作带来的收益低于不合作时的成本,他会选择不合作。

另外,知识生产团队互惠合作需要一定的演进过程,并不是所有合作创新在最初都能取得成功。借鉴喻科(2010)的产学研合作创新网络演进阶段划分法,我们可以把知识合作创新分为四个时期,即磨合期、协调期、规范期和发展期。在最初的磨合期,由于知识生产者对合作创新环境不熟悉,对其他合作创新主体知识偏好并不完全了解,知识传递方式无法确定。个别知识生产者或许具有极强的竞争意识,但出于利己的自我保护心态,知识传递可能处于不对等状态,所以团队合作创新在最初很难取得成功。只有到了团队合作的协调期和规范期,合作创新主体之间已对彼此需求十分了解,形成较好默契,建立彼此的信任关系,共同形成相同的期望值时,知识生产者彼此吸收知识的能力才会随之增强,知识传递的有效性也会提高,从而实现团队成员互惠合作共赢。到了团队合作的发展期,知识有效供给进一步激励知识生产合作,在合作创新过程中不断增强彼此的信任,积极进行有效的沟通,从而出现甚至在没有任何正式契约的情况下,借着互惠互利保证知识生产合作顺利开展。

3.2.2 知识生产者的互惠偏好效用函数

3.2.2.1 互惠合作——团队知识生产成员的显著偏好特征

只有互惠合作才能建立知识生产团队。随着市场经济环境发育的不断成熟,知识生产对象的多样性和复杂性以及知识生产方式的不断社会化,当今的知识生产已成为具有独特功能的社会劳动被纳入社会分工体系,理性的知识生产者想要在这种相互依赖的科学知识生产体系内部获得并增加自己的效用,只有与其他个人建立直接或间接的互惠合作关系。再加上知识生产本来就是一种投入和产出之间关系由随机概率形式确定的生产活动,是信息不完备、具有极大投资风险的生产活动,要想降低依靠个人的兴趣与理想进行的知识生产活动风险,提高知识生产的效率,满足社会对创新知识的需求,还必须依靠团队个体之间的协作力量和总体资源。因此,互惠合作在当代知识生产领域大量涌现,互惠合作已经成为知识生产者的显著偏好特征。

只有互惠合作才能使知识生产团队有效。团队知识生产过程是一个不确定的艰苦创新过程。团队成员虽然有分工与协作,但知识产品最终是由自然人个体完成的,团队合作效率在于个体间的知识能否有效传递与转化。按照波兰尼(Polanyi,1966)的思想,人类知识的80%以上为隐性知识。个体间隐性知识转移是知识传递与转化的主体内容。野中郁次郎和竹内广隆(Nonaka & Takeuchi,1995)基于隐性知识和编码知识,构建了社会化、外部化、组合化、内部化等四种基本知识转换模式,由此建立了从已有隐性知识生成新隐性知识的连续知识转换的 SECI 知识螺旋模型,此模型被广泛地认为是揭示了知识生产的机理。但是林昭文等(2008)的研究表明,隐性知识不如显性知识,它较难在团队个体之间进行顺利传递。第一原因在于知识生产个体对隐性知识具有垄断性。隐性知识是人类利用自己的大脑通过创造性思维劳动生产出来,隐性知识创造阶段隶属于人类精神世界,它是知识生产个体的知识资本,可以为知识生产个体带来较强的垄断优势,从而获取较高的垄断利益。二是隐性知识具有非编码性。隐性知识一般不能够用数字、公式、法则、文字、图案和语言来精确表达,往往以意念模型的形式存在,这些意念模型包括概念、形象、观点、信仰、价值体系、技能、体验、直觉、洞察力和实践经验等,隐性知识传递方式具有独特性(林昭文等,2008)。第三,也是最为关键的一点,受到传统体制的制约,传统隐性知识转移模型都蕴含了知识转入方和知识转出方的理性经济人假设,往往导致知识生产团队个体间的诚信缺失,造成了知识传递实质性的障碍。因此,假定知识转出者具有互惠性的非理性,知识转入者充分利用知识转出者的这一特性,可以实现知识传递方式的改进和知识转化效率的提高。科格特和桑格尔(Kogut & Zander,1992)以及蒲永健(2009)的研究表明,基于互惠性假设的个体间隐性知识转化的优化机制已经在许多组织或团队的知识转化实践中得到验证并逐步完善。

只有互惠合作才能使知识生产团队成熟。知识是通过团队合作被创造和应用的,知识最终与人和人之间的关系有关,而知识生产者各有不同的规范、文化价值观、认知偏好等。李飞(1992)认为"合作的基本理论问题就是个人用什么方法获得其他人的偏好和可能行为的知识。既然大家都需要了解各自的偏好及其战略,合作的问题就变成了提供共同知识的问题。也就是说,在给定的环境下,一个当事人必须最少了解到有关当事人的信息和需求,以便能够形成一致的行动,并且这种知识可以传递给其他人"。这里所说的"共同知识",就是人们在社会分工与协作过程中经过多次博弈而达成的一系列契约的总和,是一种制度,它通过明确人们在什么条件下能做什么、能够得到什么、不能做什么,以及违约将要付出的代价等这类问题,为互惠合作提供了一个基本的框架。制度的功能之一即在于通过降低信息成本,消除知识生产个体间不必要的摩擦,把阻碍合作得以进行的因素降低到最低限度,从而为合作创造条件。团队知识生产活动是一项贯穿于组织活动过程始终、历时性较长的活动,知识生产员工对知识的需求具有互补性,相互之间需要紧密地协作,工作中更可能看重的是同事相互间的信赖关系,以及由这种关系带来的自己未来对知识的需求是否可由同事来满足的这种互惠互利(Renzlb,2008)。在知识生产团队复杂知识个体间的知识交换过程中,互惠制度不管是从经济的角度还是从精神的层面,明确了知识生产者的相互信赖关系,知识生产者预期自己将来也需要或能够从团队其他同事处分享到知识,那么基于这种对互惠互利的预期,知识生产者有着较强的意愿将包括隐性知识在内的个人知识与同事分享,极大地激励知识生产个体的隐性知识转移,促使知识生产合作团队走向稳定成熟。

3.2.2.2 互惠制度——知识生产者互惠偏好与互惠行为选择的桥梁

尽管知识团队内的部分互惠型知识生产者有极强的互惠合作意愿,但互惠偏好与互惠合作行为选择有着很大差别(周小亮,2001)。只有建立互惠制度,才能为知识生产者互惠偏好与互惠行为选择的过渡搭建完美的桥梁。一方面,当某一知识生产者同时具有自利偏好与互惠偏好时,此知识生产者的互惠偏好能否向互惠行为选择过渡,这将完全取决于自利偏好与互惠偏好的共同作用以及制度对生产者个体的影响,即如果知识生产者的互惠偏好作用强于自利偏好,知识生产者就表现为互惠偏好,在制度效应不构成威胁的情况下,互惠偏好向互惠行为选择过渡,知识生产者选择互惠合作策略。反之,则反是。另一方面,当知识生产团队是由自利偏好群体与互惠偏好群体共同组成时,由于互惠型知识生产者的特点是根据别人的行动来做出反应的,因而不同的制度与环境会主导不同类型的行为结果。若进行互动的双方都是互惠型知识生产者,且任一互惠者对其他人的友好信念与实际相符,那么双方将选择互惠行为,并维持较高的和可持续的互惠合作水平;若自利型知识生产者和互惠型知识生产者进行互动,互惠者将会对损害自身的自利型知识生产者采取报复或至少收回友好行为,团队即显现出不合作的行为结果。但是当互惠型知识生产者采取的个体惩罚机制迫使完全自利知识生产者的背叛收益降为零,甚至使其付出更多的额外成本时,自利型知识生产者将在以后的博弈中不得不选择合作行为,最终团队也能达到互惠合作的行为结果。当然,自利型知识生产者还有可能遭受到团队内其他"强互惠"者的惩罚,团队内"强互惠"文化的存在对抑制知识生产团队中的背叛、逃避责任和"搭便车"行为也能起到了十分强大的震慑作用。

由上述分析可知,互惠型知识生产者存在的团队有可能会选择互惠合作,但这仅仅是一种可能。制度环境的细节和有成本的个体惩罚机会的存在,决定了知识团队到底是互惠型知识生产者还是自利型知识生产者起到关键作用。制度具有影响与制约人们的选择功能,能降低交易成本,使人们的行为具有可预测性。通常团队知识生产者个别的行动往往会影响到其他人,只要把市场规范的理念引入到团队知识生产者交往过程中,加入一些能影响知识生产者交往的信任和互惠的制度细节,使之成为规制背叛行动的道德律令,大大地减少知识生产过程中的不确定因素,透过信任和互惠的市场规范给团队内知识生产者提供稳定的预期,从而建立起能维持一项完善、有效率的合作秩序的知识生产互惠制度,才能使团队知识生产的互惠合作博弈得以持续开展。当然,建立起的互惠制度可以是人为设计的、主要以法规为表现形式的、具有激励与约束功能的正式社会规则,即外在的硬约束,也可以是自然演进或以惯例、习俗为表现形式的或非正式行为规则,即为软约束。

3.2.2.3 知识生产者的互惠偏好效用函数构建

在很大程度上,互惠合作是"为己利他"行为机理得以形成和持续扩展的重要动力源(朱富强,2011)。一旦团队知识生产者具有"互惠偏好",他视团队利益如同自己的利益,他将竭尽全力地在团队生产过程中以利他的形式实现利己的目的。本书在博尔顿(Gary Bolton,1991)、费尔和施密特(E. Fehr & M. Schmidt,

1999)、博尔顿和奥肯菲尔斯(G.Bolton & A.Ockenfels,2000)等"规避不均等"理论基础上,借鉴齐翔(2008)的两人社会中的效用函数,构建包含个人利益与团队利益的知识生产者的效用函数,并假设它们的关系是线性的,则互惠偏好效用函数表达为:

$$U(t)=(1-\theta)\pi_1(t)+\theta\pi_2(t) \tag{3-1}$$

U 表示知识生产者个人效用,π_1 表示知识生产者个人利益,π_2 表示知识生产团队利益,它们都是时间的函数。θ 是互惠利他行为系数,且 $\theta \in (0,1)$。

要注意,当知识生产者在互惠行为发生时,他不但能参与分享团队的经济利益,享受物质上更大的满足;他的利他行为还常常受到团队内其他人的尊重或认同,从而得到精神上的幸福感或满意感。因此互惠利他行为系数 θ 与经济生活水平 $x(t)$ 以及文化道德水平 $y(t)$ 密切相关,显然经济生活水平 x 与文化道德水平 y 都是时间的函数,因此 θ 也是时间的函数:

$$\theta(t)=\theta[x(t),y(t)]$$

互惠偏好演化的研究表明,多种因素影响互惠偏好演化的方向,比如合作群体规模、交往次数、合作与背叛的相对收益与成本、声誉与信息的可获得性等。文化与道德水平的高低等非正式制度决定互惠者的声誉,而正式制度的建立可以使合作的其他信息明确,尤其是互惠制度的建立可以消除合作中的不确定性,从而提高互惠利他系数,更快地形成稳定的合作团队。假如正式制度 e 的逐步完善也是时间的函数,那么 θ 又可表示为:

$$\theta(t)=\theta[x(t),y(t),e(t)]$$

假设互惠利他行为系数 θ 为可分离变量,则令 $\theta(x,y,e)=f(x)g(y)h(e)$。

其中 $f(x)$ 表示互惠利他行为与经济生活水平相关的部分,$g(y)$ 表示与文化道德水平相关的非正式制度部分,$h(e)$ 表示正式互惠制度是否完善的部分。

综上,基于互惠偏好知识生产者效用函数可表示为式(3-1),即为:

$$U(t)=(1-\theta)\pi_1(t)+\theta\pi_2(t)$$

π_1 表示知识生产者个人利益,π_2 表示知识生产团队利益,互惠利他系数 θ 可表示为:$\theta=f(x)g(y)h(e)$。

3.3 基于互惠偏好的团队知识生产函数特征

3.3.1 团队知识生产的投入与产出

知识是人的智力劳动产物。知识生产过程与其他生产过程一样,需要各种相关要素的投入,知识生产过程结束以后,将有不同形式的产出。但知识生产过程又不同于其他普通产品的生产过程,团队知识生产的投入品有特殊的要求,团队知识生产的产出品也有其自身的特点。

3.3.1.1 团队知识生产的投入要素

团队知识生产的投入要素很多,根据袁志刚(1999)、王开明(2004)、许崴(2005)等的研究,本书把团队知识生产的投入要素归为四类。一是劳动力的投入。知识生产的劳动力投入不仅仅是普通的劳动力投入,而且是知识生产者的智力投入。因为知识生产是创造性的脑力劳动,知识生产者智力投入量的大小不能单纯用劳动时间的长短与劳动强度的大小来衡量,还必须用劳动者智力水平的高低来度量(袁志刚,1999)。二是知识的存量。罗默(1990)认为新知识对现有知识存量的依赖,在于以后研究者从现有知识中所获得的知识溢出。许崴(2005)同样认为新知识的生产必然是在人类已累积的知识基础上进行。新知识是对原知识网络边界的拓展与知识层次的深化,是在原知识点间建立起的新联系,存量知识的存在一般以人的智力、劳动对象、劳动工具为载体(Stewart,1997)。三是研发经费的投入。除了知识生产者的智力和存量知识投入外,知识生产还需要增加一定的物质条件作支撑,这些物质条件包括:文献资料的收集与提供、实验设备、实验材料、计算机、交通通信工具等(王开明,2005)。上述这些实体性知识生产工具的完备性取决于新增研发经费的投入,因此,R&D支出是知识生产的重要投入要素。四是团队组织制度的投入。由于团队内个体知识生产者拥有的知识具有时空局限,只有通过个体间的知识互补与人类知识的世代积累才能突破,那些交叉学科、边缘学科也只有通过知识生产者之间的协作才能产生与发展。既然团队知识生产需要知识生产者的分工协作,因而也就需要组织与管理制度的投入,以创造良好的团队合作氛围;另外,知识生产者的智力投入数量以及知识存量的界定是以外观知识为基础,而外观知识的投入需要通过内隐知识的投入得以体现,无法精确地给出测度值。加上监督者对知识生产者所掌握的信息是非充分的,如何设计互惠制度以更好地激励知识员工提高隐知识投入的数量和质量就显得十分必要,因而团队组织内部制度的设计投入也就构成团队知识生产必不可少的投入要素。

3.3.1.2 团队知识生产的产出要素

知识的产出可能有多种形式,可以通过不同的成果形式存在。霍斯曼等(Hausman et al.,1984)、可塔姆(Kortum,1997)、格瑞理齐(Griliches,1989,1990)、焦茨和卡登那(Joutz & Gardner,1996)认为专利申请量是较好的测量新知识的指标,因为专利申请量就是新知识的产出。另外,比如科学论文、新产品数、著作、报告、图纸、电脑程序等,有时甚至知识生产过程中失败的经验教训也都可以看成是知识的产出。由于知识的生产具有探索性,知识生产者在事前仅能对知识生产的产出物作出大致的估计和判断，而不可能作出准确的预测，"种瓜得豆"是知识生产中的常见现象。比如帕斯特（Pasteur）在研究霍乱时，意外地发现曾受感染的小鸡能抵抗足以使普通小鸡死亡的超大剂量霍乱，这个意外发现后来导致了接种疫苗这一疾病预防方法的问世。一般而言，基础性研究的成果在事前最难预测，应用研究次之，技术开发则好预测得多（王开明，2005）。因而在知识生产过程中，我们很难采用"计件工资"的办法来确定知识生产者的脑力劳动情况。知识生产过程是知识生产者不断探索、试验、总结的过程，知识生产者不能保证每次的探索和试验都能有产出成果。如果我们不是仅仅把知识产出等同于可以传播的成果形式，如论文、报告、著作、软件等（袁志刚，1999），而且还把知识生产活动所积累起来的知识也看成是一种产出，有些知识生产过程尽管从短期看是没有可以被发表的科学发现，或者从某一特殊的科研目标角度看是失败了，但是并不等于没有知识产出。也就是说，知识生产的产出除了系统化、理论化的研究成果外，还有大量的副产品产生，如各种实验方案及相关的数据、各种零碎的难于向他人讲述的经验教训、大量的不可言传的隐性知识等（王开明，2005）。这些副产品貌似杂乱无章，在外人眼中价值不大，但知识生产者能够在将来的工作中根据需要，方便地选取有用的知识片段投入于知识生产活动之中。

3.3.2 互惠偏好下的团队知识生产函数

3.3.2.1 传统的知识生产函数

格瑞理齐（Griliches）在1979年最早提出知识生产函数。继格瑞里奇之后，国外学者杰费（Jaffe，1989）、罗默（Romer，1990）、琼斯（Jones，1995）、安舍宁（Anselin，1997）、费歇尔（Fischer，2001）、格罗恩日（Greunz，2003）等人相继对知识生产函数进行扩展与改进。

格瑞理齐（Griliches）的知识生产函数一般形式是：

$$Y=F(X,K,u) \tag{3-2}$$

式（3-2）中，Y 表示产出，用专利授权数作为衡量指标；X 表示知识生产的投入，比如为劳动力或资本；K 是技术知识水平；u 是随机误差。通常技术知识水平由现在和过去的研发投入共同决定，于是：

$$K=G[W(B)R,v] \tag{3-3}$$

式（3-3）中，R 是研发费用；v 是随机误差项，$W(B)$ 为滞后多项式，B 是滞后算子；

$$W(b)R_t=(w+w_1B+w_2B^2+\cdots)R_t=wR_t+wR_{t-1}+wR_{t-2}+\cdots \tag{3-4}$$

沿着这一思路，格瑞理齐用柯布—道格拉斯生产函数（简称C-D函数）形式，把知识生产的投入与产出有机的联系在一起，具体的表述如下：

$$Y=DC^{\alpha}L^{\beta}K^{\gamma}e^{\lambda t+\mu} \tag{3-5}$$

式（3-5）中，D 是常数项，C 是资本，L 是劳动力，t 是时间，e 是自然对数，α、β、γ 和 λ 是待估参数。

杰费（Jaffe,1989）扩展的知识生产函数对格瑞理齐 C-D 知识生产函数的两个投入要素进行改进，把高等学校研究投入、企业的 R&D 投入、区域内高等学校与企业研发活动的地理相融指数等共同作为知识生产的投入要素。安舍宁（Anselin,1997）还应用空间计量经济学模型对知识生产函数进行扩充。费歇尔（Fischer,2001）考虑到知识生产的时滞，把区域内与区域间的知识生产溢出效应进行分离，并且提出精练的知识生产函数。格罗恩日（Greunz,2003）考虑地理溢出的同时融入了技术溢出因素，将区域的地理媒介与技术媒介溢出相结合，提出混合知识生产函数模型。

近期的文献显示,国外许多学者在对美国、澳大利亚、德国、法国、意大利、瑞典以及整个欧洲地区的大量研究中,学者们都不约而同将专利申请或授权数、新产品数等作为产出的测度,以经费或人员投入等易于量化指标作为投入测度。

罗默(Romer,1990)的内生增长模型认为创新知识的生产严重依赖现有知识存量,并在此基础上构建了知识生产函数,巧的是,他的知识存量也是用专利申请或授权数、新产品数等指标来反映的。如果用 A 表示已有的知识存量,那知识生产者所生产的所有知识的加总就是知识存量。若用 $\bar{\delta}$ 表示平均研发生产率,用 L_A 表示由研发人员创造的新知识,于是便可以用 $\dot{A}$ 表示在某一时刻产出的知识量:

$$\dot{A} = \bar{\delta} L_A \tag{3-6}$$

对于平均研发生产率 $\bar{\delta}$,则可以将其表示为现有知识存量(A)和研发人员数(L_A)的函数,式(3-7)中,δ、Φ、λ 为常数。

$$\bar{\delta} = \delta A^{\varphi} L_A^{\lambda - 1} \quad \delta > 0 \tag{3-7}$$

将式(3-6)代入式(3-7),则有:

$$\dot{A} = \delta A^{\varphi} L_A^{\lambda} \quad \delta > 0 \tag{3-8}$$

式(3-8)表明,任意给定时刻,研发人员的投入数量和现有的知识存量决定着新知识的产出。罗默(Romer,1990)的核心假定是 $\varphi = 1$,从而知识增长的速度为 $g_A = \delta L_A^{\lambda}$,即 R&D 部门的劳动力投入越多,经济中越容易出现规模效应,知识积累的速度越快,为此,琼斯(Jones,1995)在罗默的知识生产函数模型基础上,假设 $\varphi < 1$,对上述知识生产函数进行修正,也即随着知识存量的增加,知识存量的边际生产率越来越低,知识增长的速度为 $g_A = \delta L_A^{\lambda} A^{\varphi - 1}$。随后,亚瑟和佛兰德瑞克(Yasser Abdih & Frederick,

2004)还利用罗默—琼斯(Romer-Jones)知识生产函数,通过引入专利存量、专利申请、投入生产的知识生产者数量以及全要素生产率四个变量,实证研究了美国1948—1997年的经济发展数据。

国内学者对知识生产函数的研究起步较晚。李强、任志安等在2006年开始对国外知识生产函数研究理论进行系统梳理。吕忠伟(2006)等以罗默提出的知识生产函数为基础,也把专利申请量作为新知识的产出以对中国知识生产函数进行分析,得出R&D人员投入是新知识生产的重要条件。但也有学者尝试把科技论文和专利共同作为知识产出,并基于已有的知识生产函数模型进行实证研究。比如姜春林(2006)等以中国27个省市区的科技投入和产出数据为基础,把国内外主要检索工具收录到的我国科技论文量与国内专利申请授权量用主成分分析法进行权重,得出的权重值作为知识生产的产出,从知识的投入和产出两个角度构建知识生产函数模型,然后再对影响知识生产量的诸生产关系进行分析。赵红专(2006)等在前人的研究基础上,认为知识生产是复杂的,具有非结构化的现象,作为知识生产系统的企业或机构和区域、国家以及行业没有本质的区别,都可被视为具有多重投入和多重产出的复杂投入产出系统,于是通过科学技术测度体系的模型抽象,在对创新过程进行阶段划分的基础上,将纷繁复杂的量度指标归并到研发投入和创新产出两个维度,通过对创新过程多重投入与多种产出之间相关性的界定,再提出知识生产函数的一般表达形式,并就各参数的意义给出合理解释。马健(2007)基于科学社会学与知识社会学的视角,回顾科学知识生产函数的研究现状与不足之处,分析科学知识与科学文献之间的联系和区别,构造了一种相对简化但更具有解释力的科学知识的生产函数。严成樑等(2010)还将罗默(Romer,1990)和琼斯和威廉姆斯(Jones & Williams,1998)的思路结合起来,提出了如下的知识生产函数:

$$\dot{A} = \delta R^k L^\lambda A^\varphi \tag{3-9}$$

其中 $\dot{A}$ 表示新生产的知识,R 表示研发经费,L 表示研发人员,A 表示知识存量。k、λ、φ 是表示研发经费、研发人员以及知识存量生产效率的参数,通常地,$k>0$,$\lambda>0$。但仔细研究严成樑的知识生产函数,让人们感觉似乎又回归到了格瑞理齐(Griliches,1979)的知识生产函数形式。江积海、于耀淇 2011 年的研究认为知识网络中新知识的生产是知识增长和传导的前提,他们基于知识网络含义和知识活动效率,将知识存量和脑力劳动投入纳入到统一变量中,构建知识网络中知识生产函数的一般形式和特殊形式。

纵观国内外的知识生产函数研究,其基本假设都是将创新过程的产出看作研发投入的函数(赵红专等,2006),知识生产的投入与产出可以进行定量分析,还能够对知识生产的绩效进行评价,进而判断区域经济的创新能力,因而,知识生产函数模型被广泛地应用于区域创新的经验分析。然而,上述的研究显然视知识生产单位如物质生产企业,把生产过程简单抽象成一个生产函数,将知识生产过程看成"黑箱"。专利、论文或著作、新产品数等显性知识被广泛当成知识产出或知识存量,忽视了隐性科学知识的存在,忽略了生产过程本身也是知识增值的过程,从而低估了知识生产效率;忽视知识生产单位内部成员的相互依赖关系,忽略了知识溢出对创新知识产出的影响(Ronde & Hussler,2004),因而当出现很多实证研究的结果与现实不相符时,无法从理论上进行适当地解释;赵红专(2006)、马健(2007)、江积海(2011)等虽对原有的知识生产函数进行改进,但均未考虑知识生产过程中生产者之间的互惠合作偏好对知识生产产出的影响,结果导致对知识生产理论研究进展始终非常有限,给出的激励知识生产政策处方往往不够到位。

3.3.2.2 知识生产函数的拓展

认识到现有知识生产函数所存在的一系列问题,本书着手在赵红专(2006)、马健(2007)等对知识生产函数改造的基础上,再作进一步的拓展,使其更符合现实、更具有解释力。

波兰尼(Polanyi,2000)将知识分为显性知识和隐性知识两大类。因为除了能被我们意识到的知识外,还有许多知识是难以被表达出来的。对于人类来说,专利、论文或著作、新产品数等显性知识只是全部知识的冰山一角,而隐性知识却占了绝大多数。"科学知识不再蛮有把握地从存档的出版物中找出,而主要是由科学家们所知道的,在他们中间所谈论的'东西'所组成。"(齐曼,1988)因此,知识应该包含所有在生产过程中科学家个人拥有的所有知识,包括并未载入永久的记录的声音语言、知觉、观念,甚至以往失败的经验教训等。阿罗(Arrow,1962)甚至认为:"如果想要知道知识生产的最终成果,人们别无他法,只能从头到尾参与知识生产的过。"本书观点也支持知识产出是多元的。

对于知识生产系统 S,若 Q 为某一时间段知识的产出,产出可以用能够涵盖其全部产出的 m 个评价指标来量度,则在对产出的量度值进行标准化后,S 的产出可以用如下向量来表示:

$$Q=(Q_1,\cdots,Q_m)^T \tag{3-10}$$

然而,知识生产的投入也是多元的。若用 I 表示 S 的投入,且投入可以用能够涵盖其全部投入的 n 个评价指标来量度,则在对投入的量度值进行标准化后,S 的投入也可以表示为向量形式:[102]

$$I=(I_1,\cdots,I_m)^T \tag{3-11}$$

于是知识生产函数的一般形式可以简单成:

$$Q=f(I) \tag{3-12}$$

如果产出指标的权向量为 λ,令:

$$\lambda=(\lambda_1,\cdots,\lambda_m)^T \tag{3-13}$$

其中,$0 \leqslant \lambda_i \leqslant 1$ 且 $\sum \lambda_i = 1$,则产出的量度形式如下:

$$Q = \sum_{i=1}^{m} \lambda_i Q_i \qquad (3\text{-}14)$$

知识产出指标有很多分类方式,但把产出知识分为显性知识和隐性知识两大类是最简单的分类方式,用 Q_t 表示隐性知识,Q_e 表示显性知识,则:

$$Q = Q_t + Q_e \qquad (3\text{-}15)$$

知识生产投入指标虽然也有很多种,但根据简单的四类分法,即 R&D 经费投入(R)、知识生产人员投入(L)、知识存量投入(K)和制度环境投入(E),ε 为知识生产中的不可控随机因素。则知识生产函数可以具体表示为:

$$Q = f(R, L, K, E, \varepsilon) \qquad (3\text{-}16)$$

知识生产投入的度量十分复杂。若任一投入指标所量度的投入都能够不依赖其他投入而形成产出,且这些投入是可以相互替代的,如果可以用一组向量表示这些投入,又假设这一组向量是线性相关的,这样投入的量度可表示为与式(3-17)类似的形式:

$$I = \sum_{j=1}^{n} w_j I_j \qquad (3\text{-}17)$$

其中,w_j 为 j 类投入的权重。

若任一投入指标所量度的投入都不能够单独形成产出,而在所有投入指标所量度的投入中,至少能够找到两个投入向量的线性组合,这个组合能够形成产出,则投入向量实际上可以分为两个线性无关的向量组。

依此类推,若任何 $k-1$ 个投入指标所量度的投入向量的线性组合都不能形成产出,但在所有投入指标所量度的投入中至少能够找到一个由 k 个投入指标所量度的投入向量形成的线性组合,这个组合能够形成产出,则投入向量实际上可以分为 k 线性无关的向量组,并有如下量度形式:

$$I = (I_1, I_2, \cdots, I_k)^T = (\sum_{1}^{\theta_1} w_j I_j{}^T, \sum_{\theta_1+1}^{\theta_2} w_j I_j{}^T, \cdots, \sum_{\theta_{k-1}}^{m} w_j I_j{}^T)$$
$$0 < \theta_1 < \theta_2 < \cdots < \theta_{k-1} < m \tag{3-18}$$

在知识生产团队内,除了 R&D 经费投入,知识生产人员掌握的知识、知识存量以显性知识和隐性知识两种形式存在,都不能够单独形成产出,它们能否在合作生产中发挥效率,关键还要看制度的协调,不同的文化制度要素的投入产生的最终结果是不一样的。因此,可把式(3-16)知识生产函数表示为:

$$Q = f(R, K_{kr}, \varepsilon)$$
$$K_{kr} = f(L, K, E) \tag{3-19}$$

进一步,我们还可以分别描述隐性知识和显性知识生产函数:

$$Q_t = \gamma f(R, K_{kr}, \varepsilon)$$
$$Q_e = (1-\gamma) f(R, K_{kr}, \varepsilon)$$
$$K_{kr} = f(L, K, E) \tag{3-20}$$

上式(3-20),γ 表示隐性知识占新生产出的科学知识总量的比例。显而易见,$0 < 1-\gamma < \gamma$,且 $\gamma \to 1$。

以上构筑的知识生产函数,它将科研活动中不可控制的随机因素引入科学知识生产函数的自变量则体现了阿罗(Arrow,1962)关于知识生产的思想,即"知识生产具有一种内在的、无法预测的随机性质(不确定性)"。更重要的是,此函数考虑到了显性知识与隐性知识都是知识的产出,且知识存量同时包含显性知识与隐性知识,知识生产人员的合作需要通过制度的设定,使隐性知识向显性知识转化,从而共同创造新知识。因而 K_{kr} 知识投入向量的值是动态变化的,它随制度(E)的变化而变化,制度的变化是一个演进的过程,而互惠制度的建立与互惠偏好的共生演化息息相关,因此,融入互惠偏好、具有动态性的知识生产函数形式又可表示为:

$$Q_t = \gamma f(R, K_{kr}, \varepsilon)$$

$$Q_e = (1-\gamma)f(R, K_{kr}, \varepsilon)$$
$$K_{kr} = f(L, K, E_r) \tag{3-21}$$

E_r 表示互惠制度,这样的知识生产函数更适合团队知识生产能力的解释。

3.4 本章小结

本章主要对知识生产者的偏好演化及团队知识生产的特征进行研究。首先对知识、知识生产、知识生产团队的相关概念及特征进行鉴定。认为现代经济学范畴的知识已成为一种非常重要的生产要素,是那种能够作为资源投入到生产过程中并在生产过程中起主要作用的现代知识。为了揭示知识团队成员在创新知识生产中的合作,我们在对知识生产定义时,既强调知识生产是一种狭义上的知识生产活动,又强调这种知识生产过程离不开知识团队知识生产者间的合作。知识生产团队是指为了解决某一重大基础性疑难问题并处于初创阶段而形成的独立团队,该知识团队的成员来自高等院校或科研机构,他们的学科知识背景可以相同或互补。然后从知识生产者的需求特点出发,研究知识生产者的偏好随着知识生产方式的变更而演变,揭示出团队知识生产者偏好的异质性、互动性以及制度和知识生产者的互惠偏好对知识生产合作行为的影响,强调互惠合作是团队知识生产成员的显著偏好特征,认为只有互惠制度的建立,才能架起知识生产者互惠偏好与互惠行为选择的桥梁,并构建出知识生产者的互惠偏好效用函数。最后,本章在上述的基础上,对团队知识生产的投入与产出进行分析,并指出传统知识生产函数的不足之处,进而对知识生产函数进行拓展,构建出融入互惠偏好、具有动态性的知识生产函数形式。

第四章
团队知识生产
互惠合作的演化博弈

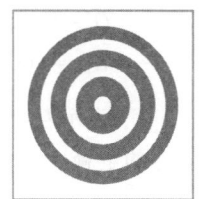

4.1 能力相同知识生产者互惠合作演化博弈

4.1.1 互惠合作演化博弈模型的建立

考虑一个由 n 人组成的知识团队,$n \geqslant 2$,假设团队里任一知识生产者,无论知识生产能力还是学习能力以及分享合作利益时的谈判能力都是相同的,只是在选择具体的知识生产方式上各有不同偏好,有些人愿意与别人进行互惠合作,有些人则喜欢一个人苦思冥想、单打独斗。假如互惠合作型个体数占团队总人数的比例是 P,那么不合作者占团队的比例即为 $(1-P)$。在知识生产过程中,任意两位知识生产者随机互动,他们有可能都是不合作者,但由于双方能力相当,将各自通过自身的努力方式获得新知识,并分别获得相同的知识产出收益 π。当两个知识生产者都是互惠合作者时,他们将进行知识的交流与分享,这样的合作方式提高了他们各自的知识创造能力,$\Delta \pi$ 表示双方互惠合作带来的知识生产超额收益,即合作剩余,c 表示在互惠合作中各自付出的成本,包括双方隐性知识溢出与显性知识折旧以及合作的其他成本等,因此双方的净收益均为 $\pi+\Delta\pi-c$;若一方为互惠合作者,另一方为不合作者,互惠合作者由于在未知对方策略下采取了互惠行为,付出了 c 的成本,但是由于合作未果,合作剩余为零,因此,净收益为 $\pi-c$,而不合作方不但没有成本付出,反而由于互惠方善意合作的知识溢出以及他自身的学习能力,获得额外收益,记为 e,净收益为 $\pi+e$。不失一般性,c、e 均大于零,且 $\Delta\pi>c$。这样,双方的博弈收益报酬矩阵如表 4-1 所示。

表 4-1　同质性知识生产者互惠合作演化博弈的报酬矩阵

	互惠合作	不合作
互惠合作	$\pi+\Delta\pi-c, \pi+\Delta\pi-c$	$\pi-c, \pi+e$
不合作	$\pi+e, \pi-c$	π, π

4.1.2 互惠合作演化稳定策略的求解

根据模型的假定条件与博弈报酬矩阵,可以计算出互惠合作知识生产者和不合作知识生产者的期望收益 U_c、U_u 和平均收益 $\overline{U}$ 分别为:

$$U_c = P(\pi+\Delta\pi-c)+(1-P)(\pi-c)$$
$$U_u = P(\pi+e)+(1-P)\pi$$
$$\overline{U} = PU_c+(1-P)U_u = P^2(\Delta\pi-e)-P(c-e)+\pi$$

dP/dt 为知识生产团队中个体采用互惠策略的比例随时间的变化率,根据演化博弈的复制动态公式,得到互惠合作的复制动态方程为:

$$dP/dt = P[U_c-\overline{U}] = P(1-P)[(\Delta\pi-e)P-c] \quad (4-1)$$

令式(4-1)等于零。

当 $\Delta\pi-e>c$ 时,得 $P=0,P=1,P=c/(\Delta\pi-e)$。因此,系统有三个均衡点,它们分别为:$(0,0)$、$(1,1)$、$(\dfrac{c}{\Delta\pi-e},\dfrac{c}{\Delta\pi-e})$。

当 $\Delta\pi-e<c$ 时,得 $P=0,P=1$。因此,系统有两个均衡点,它们分别为:$(0,0)$、$(1,1)$。

4.1.3 演化博弈策略渐进稳定性分析

又令 $F(p)=\mathrm{d}P/\mathrm{d}t$,则 $F'(P)=3P^2(e-\Delta\pi)+2P(\Delta\pi+c-e)-c$。

当 $\Delta\pi-e>c$ 时,$F'(0)=-c<0$,$F'(1)=e-\Delta\pi+c<0$,$F'(\dfrac{c}{\Delta\pi-e})=\dfrac{c(\Delta\pi-e-c)}{\Delta\pi-e}>0$。

当 $\Delta\pi-e<c$ 时,$F'(0)=-c<0$,$F'(1)=e-\Delta\pi+c>0$。

因此,当 $\Delta\pi-e>c$ 时,系统有两个演化稳定策略,分别对应着互惠合作与不合作,$P=c/(\Delta\pi-e)$ 是系统演化特性改变的阈值。当系统的初始状态在该值附近时,初始状态的微小变化将影响到系统演化的最终结果。当知识生产团队内互惠型个体比例超过 $P=c/(\Delta\pi-e)$ 时,互惠型个体的期望得益超过平均水平,互惠合作策略被采纳,演化的结果将进化到互惠合作状态;当知识生产团队内互惠型个体比例小于 $P=c/(\Delta\pi-e)$ 时,互惠型个体的期望得益小于平均水平,互惠合作策略不被采纳,演化的结果将进化到不合作状态,团队以解散告终。c、$\Delta\pi$ 和 e 的取值决定了 P 值的大小,而 P 值的大小又影响互惠合作的吸引盆。当 $\Delta\pi-e<c$ 时,系统只有一个演化稳定策略,即"不合作"策略在团队内被采纳。基于以上两层次分析,我们可以得出如下结论:

结论 1:同质性团队知识生产系统的博弈演化稳定策略选择与合作成本(c)、合作剩余($\Delta\pi$)和不合作的额外收益(e)大小有着密切联系。若通过互惠制度的设计,利用互惠制度适当对 c、$\Delta\pi$

和 e 的取值进行调整,为知识团队合作创造稳定明确的互惠环境,不断降低合作成本,促使合作剩余增加,并对获得额外收益的不合作者采取措施进行惩罚,这将对团队知识生产互惠合作演化博弈的稳定策略选择起到十分关键作用。

4.1.4 数值模拟

通过给参数赋值,使用 MATLAB 软件模拟,可以清晰显示知识生产团队内部各成员博弈的动态演化过程。知识合作生产成本包括物质资本与知识资本投入,基础研究的物质资本一般来源于国家以及省部级的基金资助,物质资本的投入主要用于购买仪器、设备等,目前物质资本的资助力度平均在 10 万到 60 万之间;知识生产者的知识资本投入以隐性知识溢出与显性知识折旧形式表现,若折算成货币来衡量,假如在 0 到 60 万之间,那么以 100 万元为计量单位,根据现实情况,知识合作生产的成本取值 $c \in [0.1, 1.2]$,又假设成功合作获得的合作剩余 $\Delta \pi \in [0.6, 3]$,不合作者的背叛收益 e 取值在区间 $[0.1, 0.3]$,由于双方均不合作时的收益 π 的大小不影响模型的结果,因此不考虑其数值的大小。

4.1.4.1 当 $\Delta \pi - e > c$ 时

(1)为了满足上述条件,假设 $c=1, \Delta \pi=2, e=0.2$,则互惠合作的动态复制方程为:

$$\frac{dP}{dt} = P(1-P)(1.8P-1)$$

给知识生产团队中成员采取互惠合作策略的概率 P 赋以下初值,$P=0.2, 0.3, 0.4, 0.5, 0.5556, 0.6, 0.7, 0.8, 0.9, 0.95$,可以得到互惠合作策略选择的动态演化图。

图 4-1 表示,对于不同的初值,系统将演化收敛到不同的策略。$p=0.5556$ 为系统的鞍点;当初值 $P>0.5556$ 时,系统将动态

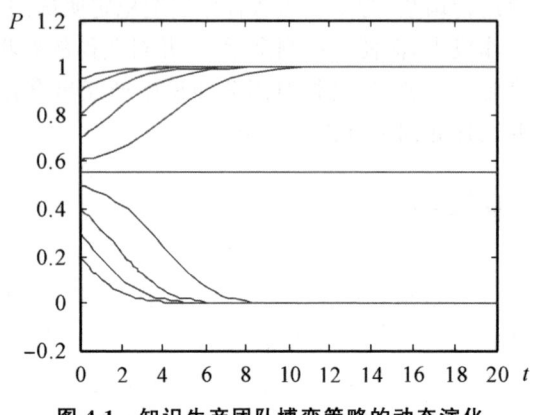

图 4-1　知识生产团队博弈策略的动态演化

调整到 $P=1$，即知识生产团队内部互惠合作策略盛行，不合作策略被淘汰，称 $0.5556<P<1$ 区域为知识生产者选择互惠合作策略区域，即为团队知识生产互惠合作吸引盆；当初值 $P<0.5556$ 时，系统将动态调整到 $P=0$，即在知识生产团队内部不合作策略盛行，互惠合作策略被淘汰，称 $0<P<0.5556$ 区域为知识生产者选择"不合作"策略区域。

(2)假设其他条件不变，合作剩余增大，$C=1$，$e=0.2$，$\Delta\pi=2.4$，则互惠合作的动态复制方程为：$\dfrac{dP}{dt}=P(1-P)(2.2P-1)$

给知识生产团队中成员采取互惠合作策略的概率 P 赋以下初值，$P=0.2,0.3,0.4,0.4545,0.5,0.6,0.7,0.8,0.9,0.95$，可以得到互惠合作策略选择的动态演化图。

图 4-2 表示，$P=0.4545$ 为系统的鞍点。当初值 $P>0.4545$ 时，系统将动态调整到 $P=1$，知识生产团队内部将采取互惠合作策略，称 $0.4545<P<1$ 区域为知识生产者选择互惠合作策略区域，相比图 4-1，合作剩余增大，互惠合作吸引盆增大；当初值 $P<0.4545$ 时，系统将动态调整到 $P=0$，知识生产团队内部不合作策

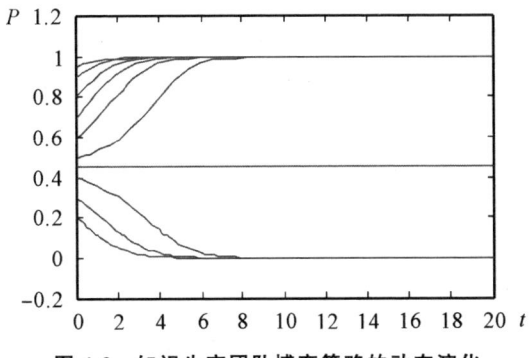

图 4-2 知识生产团队博弈策略的动态演化

略盛行,称 $0<P<0.4545$ 区域为知识生产者选择不合作策略区域。

(3)假设其他条件不变,合作剩余减少,$C=1, e=0.2, \Delta\pi=1.6$,则互惠合作的动态复制方程为:$\dfrac{dP}{dt}=P(1-P)(1.4P-1)$

给知识生产团队中成员采取互惠合作策略的概率 P 赋以下初值,$P=0.2, 0.3, 0.4, 0.5, 0.6, 0.7, 0.7143, 0.8, 0.9, 0.95$,又可以得到互惠合作策略选择的动态演化图。

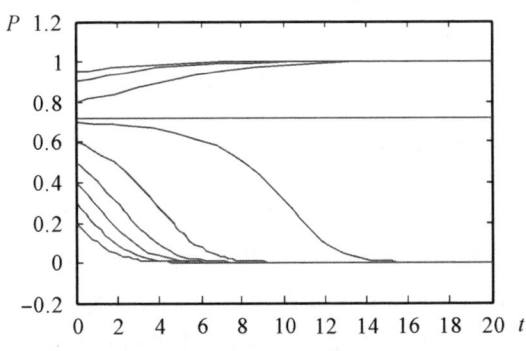

图 4-3 知识生产团队博弈策略的动态演化

图4-3表示,$P=0.7143$为系统的鞍点。当初值$P>0.7143$时,系统将动态调整到$P=1$,知识生产团队内部将采取互惠合作策略,称$0.7143<P<1$区域为知识生产者选择互惠合作策略区域,相比图4-1,合作剩余减少,互惠合作吸引盆减小;当初值$P<0.7143$时,系统将动态调整到$P=0$,知识生产团队内部不合作策略盛行,称$0<P<0.7143$区域为知识生产者选择不合作策略区域。

(4)假设其他条件不变,合作成本增加,$\Delta\pi=2, e=0.2, C=1.1$,则互惠合作的动态复制方程为:$\dfrac{dP}{dt}=P(1-P)(1.8P-1.1)$

给知识生产团队中成员采取"互惠合作"策略的概率P赋以下初值,$P=0.2, 0.3, 0.4, 0.5, 0.6, 0.6111, 0.7, 0.8, 0.9, 0.95$,可以得到互惠合作策略选择的动态演化图。

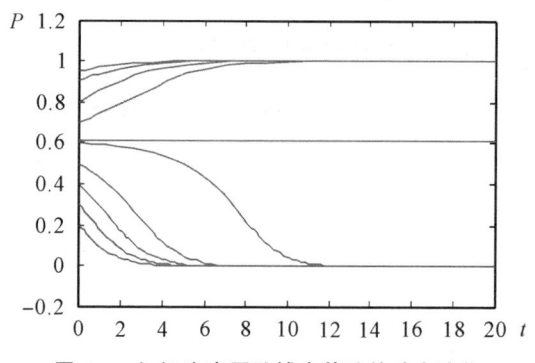

图4-4 知识生产团队博弈策略的动态演化

图4-4表示,$P=0.6111$为系统的鞍点。当初值$P>0.6111$时,系统将动态调整到$P=1$,知识生产团队内部将采取互惠合作策略,称$0.6111<P<1$区域为知识生产者选择互惠合作策略区域,相比图4-1,合作成本增加,互惠合作吸引盆减小;当初值$P<0.6111$时,系统将动态调整到$P=0$,知识生产团队内部不合作策

略盛行,称 $0<P<0.6111$ 区域为知识生产者选择不合作策略区域。

(5)假设其他条件不变,合作成本减少,$\Delta\pi=2, e=0.2, C=0.9$,则互惠合作的动态复制方程为:$\dfrac{dP}{dt}=P(1-P)(1.8P-0.9)$

给知识生产团队中成员采取"互惠合作"策略的概率 P 赋以下初值,$P=0.2,0.3,0.4,0.5,0.6,0.7,0.8,0.9,0.95$,可以得到互惠合作策略选择的动态演化图。

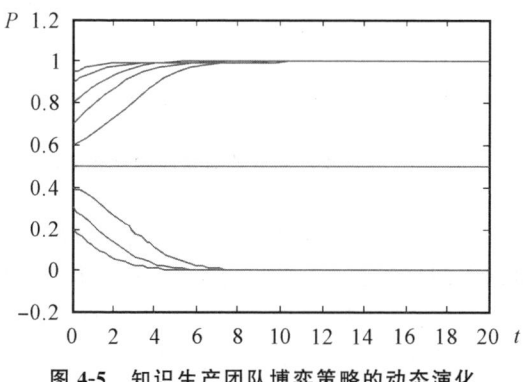

图 4-5 知识生产团队博弈策略的动态演化

图 4-5 表示,$P=0.5$ 为系统的鞍点。当初值 $P>0.5$ 时,系统将动态调整到 $P=1$,知识生产团队内部将采取互惠合作策略,称 $0.5<P<1$ 区域为知识生产者选择互惠合作策略区域,相比图 4-1,合作成本减少,互惠合作吸引盆增大;当初值 $P<0.5$ 时,系统将动态调整到 $P=0$,知识生产团队内部不合作策略盛行,称 $0<P<0.5$ 区域为知识生产者选择不合作策略区域。

(6)假设其他条件不变,背叛收益增加,$C=1, \Delta\pi=2, e=0.25$,则互惠合作的动态复制方程为:$\dfrac{dP}{dt}=P(1-P)(1.75P-1)$

给知识生产团队中成员采取互惠合作策略的概率 P 赋以下

初值,$P=0.2,0.3,0.4,0.5,0.5714,0.6,0.7,0.8,0.9,0.95$,可以得到互惠合作策略选择的动态演化图。

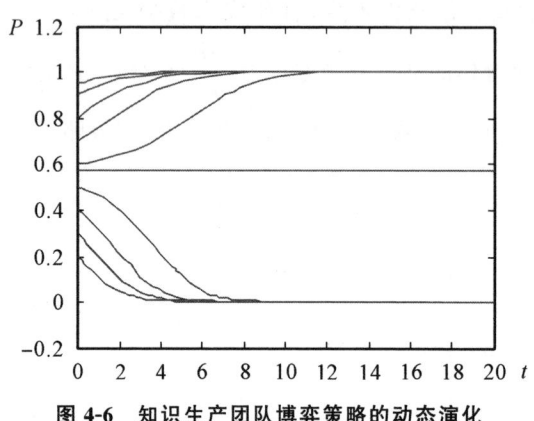

图 4-6　知识生产团队博弈策略的动态演化

图 4-6 表示,$P=0.5714$ 为系统的鞍点。当初值 $P>0.5714$ 时,系统将动态调整到 $P=1$,知识生产团队内部将采取互惠合作策略,称 $0.5714<P<1$ 区域为知识生产者选择互惠合作策略区域,相比图 4-1,背叛收益增加,互惠合作吸引盆减小;当初值 $P<0.5714$ 时,系统将动态调整到 $P=0$,知识生产团队内部不合作策略盛行,称 $0<P<0.5714$ 区域为知识生产者选择不合作策略区域。

(7)假设其他条件不变,背叛收益减少,$C=1,\Delta\pi=2,e=0.15$,则互惠合作的动态复制方程为:$\dfrac{dP}{dt}=P(1-P)(1.85P-1)$

给知识生产团队中成员采取互惠合作策略的概率 P 赋以下初值,$P=0.2,0.3,0.4,0.5,0.5405,0.6,0.7,0.8,0.9,0.95$,可以得到互惠合作策略选择的动态演化图。

图 4-7 表示,$P=0.5405$ 为系统的鞍点。当初值 $P>0.5405$ 时,系统将动态调整到 $P=1$,知识生产团队内部将采取互惠合作策略,称 $0.5405<P<1$ 区域为知识生产者选择互惠合作策略区

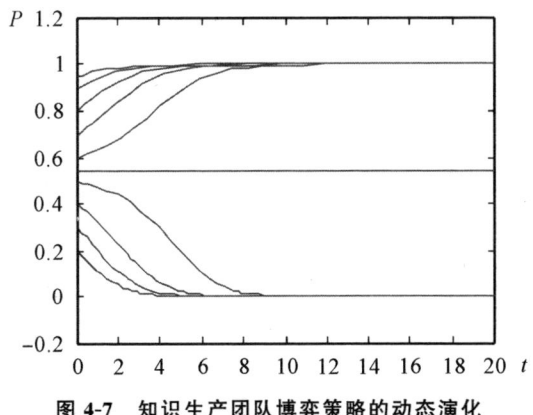

图 4-7 知识生产团队博弈策略的动态演化

域,相比图 4-1,背叛收益减少,互惠合作吸引盆增大;当初值 $P<0.5405$ 时,系统将动态调整到 $P=0$,知识生产团队内部不合作策略盛行,称 $0<P<0.5405$ 区域为知识生产者选择不合作策略区域。

4.1.4.2 当 $\Delta\pi-e<c$ 时

为了满足上述条件,假设 $C=1, \Delta\pi=0.8, e=0.2$,则互惠合作的动态复制方程为:

$$\frac{dP}{dt}=P(1-P)(0.6P-1)$$

给知识生产团队中成员采取互惠合作策略的概率 P 赋以下初值,$P=0.2,0.3,0.4,0.5,0.6,0.7,0.8,0.9,0.95$,可以得到互惠合作策略选择的动态演化图。

从图 4-8 看出,在 $\Delta\pi-e<c$ 条件下,即互惠者采取与对方合作付出的成本大于合作剩余与不合作者的额外收益之差时,两知识生产者的博弈演化结果是永远采取不合作策略。

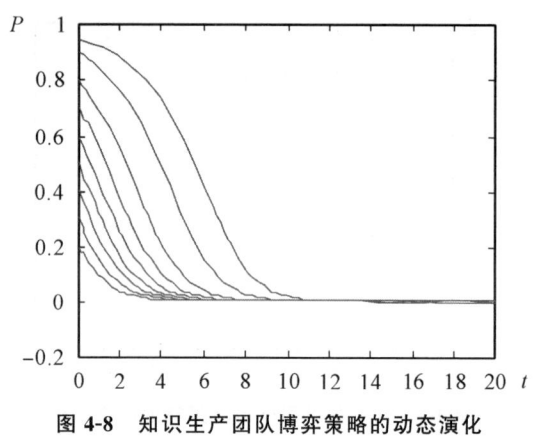

图 4-8 知识生产团队博弈策略的动态演化

4.2 能力不同知识生产者互惠合作演化博弈

4.2.1 互惠合作演化博弈模型建立

考虑一个由 n 人组成的知识团队,$n \geqslant 2$,团队内的知识生产者为异质性,他们的知识生产能力、学习能力以及利益分享谈判能力都是有差别的,且在选择具体的知识生产方式上各有不同的偏好,为了便于分析,我们选择最简单的异质性知识生产者团队,假如团队只有两类能力不同的知识生产者,分别用甲、乙表示,且甲、乙都有两种策略——互惠合作与不合者。甲类型中互惠合作个体数占比是 x,不合作占比为 $(1-x)$;乙类型中互惠合作个体数占比是 y,不合作占比为 $(1-y)$。在团队知识生产过程中,任意两能力不同的知识生产者随机互动,每次博弈时,展开博弈的两个成员有可能都是不合作者,他们将分别通过自己的努力方式获得知识产出收益,分别用 π_1 和 π_2 表示甲与乙的收益。若两者都是互惠合作者,由于双方知识的交流与分享,提高了各自的知识创造能力,$\Delta\pi$ 表示双方互惠合作带来的知识生产超额收益,即合作剩余;α 表示合作双方确定给甲的超额收入分配系数,$\alpha \in (0,1)$;C 表示甲、乙在互惠合作中所付出的总成本,包括甲、乙的隐性知识溢出与显性知识折旧以及合作的其他成本等;β 表示根据互惠合作双方知识创新贡献,甲的合作成本分担系数,$\beta \in (0,1)$。如果甲是互惠合作者而乙是不合作者,则甲付出了合作成本 βC,但由于甲无法成功与乙达成合作,甲获得合作剩余为零,而乙由于甲善意合作的知识溢出以及乙自身的学习能力,获得额外收益,记为 E_2;相反,假如甲为不合作者,乙为互惠合作者,乙付出合作成本 $(1-\beta)C$,但无法获得合作剩余,甲则由于乙的互惠行为获得额外收益,记为 E_1。不失一般性,E_1、E_2 均大于零,且 $\Delta\pi > C$。甲乙双方的博弈收益可以用以下报酬矩阵如表 4-2 所示。

表 4-2　异质性知识生产者互惠合作演化博弈的报酬矩阵

甲 \ 乙	互惠合作(y)	不合作($1-y$)
互惠合作(x)	$\pi_1 + \alpha\Delta\pi - \beta C$, $\pi_2 + (1-\alpha)\Delta\pi - (1-\beta)C$	$\pi_1 - \beta C$, $\pi_2 + E_2$
不合作($1-x$)	$\pi_1 + E_1$, $\pi_2 - (1-\beta)C$	π_1, π_2

4.2.2　互惠合作演化稳定策略求解

根据模型的假定条件与报酬矩阵,可以计算出甲采取互惠合作或不合作的期望收益 U_{1c}、U_{1u} 和平均收益 $\overline{U_1}$ 分别为:

$$U_{1c} = y(\pi_1 + \alpha\Delta\pi - \beta C) + (1-y)(\pi_1 - \beta C)$$

$$U_{1u} = y(\pi_1 + E_1) + (1-y)\pi_1$$
$$\overline{U_1} = xU_{1c} + (1-x)U_{1u}$$

乙采取互惠合作或不合作的期望收益 U_{2c}、U_{2u} 和平均收益 $\overline{U_2}$ 分别为：

$$U_{2c} = x[\pi_2 + (1-\alpha)\Delta\pi - (1-\beta)C] + (1-x)[\pi_2 - (1-\beta)C]$$
$$U_{2u} = x(\pi_2 + E_2) + (1-x)\pi_2$$
$$\overline{U_2} = yU_{2c} + (1-y)U_{2u}$$

根据演化博弈的复制动态公式，得到甲的复制动态方程为：

$$\begin{aligned}\frac{\mathrm{d}x_甲}{\mathrm{d}t} &= x[U_{1c} - \overline{U_1}] \\ &= x(1-x)[(\alpha\Delta\pi - E_1)y - \beta C]\end{aligned} \quad (4-2)$$

令 $\dfrac{\mathrm{d}x_甲}{\mathrm{d}t} = 0$。

第一种情况，当 $\alpha\Delta\pi - E_1 > 0$，且 $\alpha\Delta\pi - \beta C > E_1$ 时（$0 \leqslant y \leqslant 1$），得：$x=0, x=1, y=\dfrac{\beta C}{(\alpha\Delta\pi - E_1)}$。

第二种情况，当 $\alpha\Delta\pi - E_1 > 0$，且 $\alpha\Delta\pi - \beta C < E_1$ 时（$0 \leqslant y \leqslant 1$ 不成立），得：$x=0, x=1$。

同理，得乙的复制动态方程为：

$$\begin{aligned}\frac{\mathrm{d}y_乙}{\mathrm{d}t} &= y[U_{2c} - \overline{U_2}] \\ &= y(1-y)[(\Delta\pi - \alpha\Delta\pi - E_2)x - (1-\beta)C]\end{aligned} \quad (4-3)$$

第一种情况，当 $\Delta\pi - \alpha\Delta\pi - E_2 > 0$，且 $\Delta\pi - \alpha\Delta\pi - E_2 > (1-\beta)C$ 时（$0 \leqslant y \leqslant 1$），得：$y=0, y=1, x=\dfrac{(1-\beta)C}{(\Delta\pi - \alpha\Delta\pi - E_2)}$。

第二种情况，当 $\Delta\pi - \alpha\Delta\pi - E_2 > 0$，且 $\Delta\pi - \alpha\Delta\pi - E_2 < (1-\beta)C$ 时（$0 \leqslant y \leqslant 1$ 不成立），得：$y=0, y=1$。

4.2.3 演化策略的渐进稳定性分析

4.2.3.1 当甲、乙都处在第一种情况

根据复制动态方程(4-2)、(4-3)的微分方程的稳定性定理可知,有以下结论:

第一,如果 $y = \dfrac{\beta C}{\alpha \Delta \pi - E_1}$,那么,始终 $\dfrac{\mathrm{d}x_甲}{\mathrm{d}t} = 0$,对于甲生产者来说,所有 x 水平都是稳定状态;当 $y > \dfrac{\beta C}{\alpha \Delta \pi - E_1}$ 时,$x = 1$ 是演化稳定策略(ESS);当 $y < \dfrac{\beta C}{\alpha \Delta \pi - E_1}$ 时,$x = 0$ 为演化稳定策略。

第二,如果 $x = \dfrac{(1-\beta)C}{\Delta \pi - \alpha \Delta \pi - E_2}$,那么,始终 $\dfrac{\mathrm{d}y_乙}{\mathrm{d}t} = 0$,对于乙生产者来说,所有 y 水平都是稳定状态;当 $x > \dfrac{(1-\beta)C}{\Delta \pi - \alpha \Delta \pi - E_2}$ 时,$y = 1$ 是演化稳定策略(ESS);当 $x < \dfrac{(1-\beta)C}{\Delta \pi - \alpha \Delta \pi - E_2}$ 时,$y = 0$ 为演化稳定策略。

总之,由上述互惠合作重复博弈演化均衡分析得出:该动态复制系统有平衡点 $U_1(0,0)$、$U_2(1,0)$、$U_3(0,1)$、$U_4(1,1)$,当 $0 < \dfrac{\beta C}{\alpha \Delta \pi - E_1}, \dfrac{(1-\beta)C}{\Delta \pi - \alpha \Delta \pi - E_2} < 1$ 时,$U_5(\dfrac{\beta C}{\alpha \Delta \pi - E_1}, \dfrac{(1-\beta)C}{\Delta \pi - \alpha \Delta \pi - E_2})$ 也是系统的一个平衡点,这五个平衡点分别对应着一个演化均衡。点 $U_1(0,0)$、$U_4(1,1)$ 为演化的稳定点,点 $U_1(0,0)$ 表示两者都采取不合作策略,点 $U_4(1,1)$ 表示两者都采取互惠合作策略;点 $U_2(1,0)$、$U_3(0,1)$ 为不稳定点;$U_5(\dfrac{\beta C}{\alpha \Delta \pi - E_1}, \dfrac{(1-\beta)C}{\Delta \pi - \alpha \Delta \pi - E_2})$ 为鞍点。其博弈演化的相图如图 4-9。

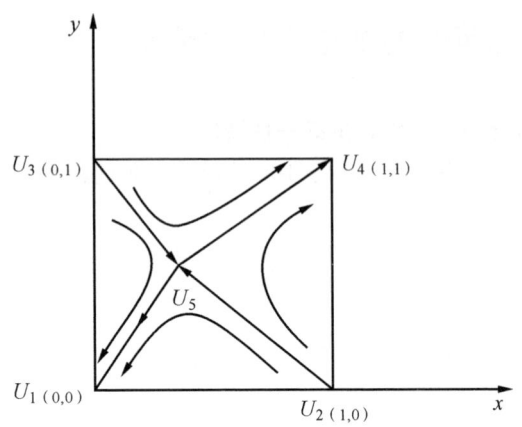

图 4-9 知识生产团队演化博弈相图

图 4-9 表示,当两个知识生产者通过互惠合作分配到的合作剩余大于其中一方不合作时互惠者支付的成本与自利者获得的额外收益之和时,两者长期博弈的演化均衡是(互惠合作,互惠合作)或(不合作,不合作)。只要初始状态处于四边形 $U_1 U_2 U_5 U_3$ 区域内,系统将向 $U_1(0,0)$ 收敛,两个知识生产者都采取不合作策略;只要初始状态处在四边形 $U_2 U_4 U_3 U_5$ 区域,系统将向 $U_4(1,1)$ 收敛,两个知识生产者都采取互惠合作策略。

4.2.3.2 当甲、乙都处于第二种情况

根据复制动态方程(4-2)、(4-3)的微分方程的稳定性定理可知,$x=0$、$y=0$ 为演化稳定策略,而 $x=1$、$y=1$ 为非演化稳定策略。因此,该动态复制系统有四个平衡点 $U_1(0,0)$、$U_2(1,0)$、$U_3(0,1)$、$U_4(1,1)$。四个平衡点中只有点 $U_1(0,0)$ 为演化的稳定点,即两知识生产者都采取不合作策略;点 $U_4(1,1)$ 为不稳定点;点 $U_2(1,0)$、$U_3(0,1)$ 为鞍点。其博弈演化的相图如图 4-10,此情形显然已经不是本书的研究范围。

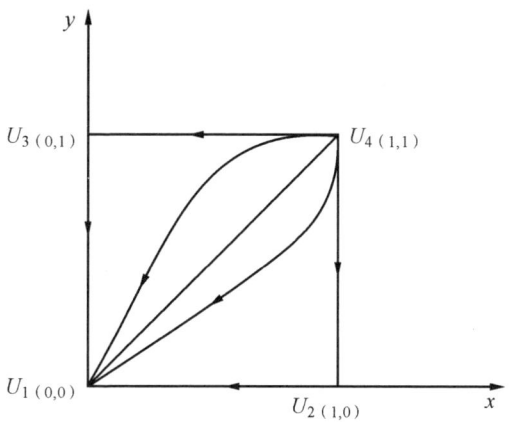

图 4-10　知识生产团队演化博弈相图

4.2.4 影响生产团队互惠合作因素

根据第一种情况的相关结论,两个知识生产者的演化博弈稳定策略为(互惠合作,互惠合作)和(不合作,不合作)。尽管双方互惠合作是该博弈的帕累托最优结果,但是上述两个策略组合均是稳定的,演化结果向哪个方向发展,只要比较区域 $U_1U_2U_5U_3$ 的面积和区域 $U_2U_4U_3U_5$ 的面积就可知分晓。令 $U_1U_2U_5U_3$ 和 $U_2U_4U_3U_5$ 的面积分别等于 S_1 和 S_2,当 $S_1 < S_2$ 时,双方互惠合作概率大于不合作概率,策略向互惠合作方向演化;当 $S_1 > S_2$ 时,双方不合作概率大于互惠合作概率,演化博弈走向不合作;当 $S_1 = S_2$ 时,系统向两个策略组合演化的概率相等。由图 4-9 可知,S_1 的大小如(4-4)式。通过分析影响区域 $U_1U_2U_5U_3$ 面积的因素,即可转化为分析互惠合作的影响因素,从图 4-9 还可以看出,影响区域 $U_1U_2U_5U_3$ 面积的因素其方向与合作演化方向相反。

$$S_1 = \frac{1}{2}\left[\frac{\beta C}{(\alpha\Delta\pi - E_1)} + \frac{(1-\beta)C}{(\Delta\pi - \alpha\Delta\pi - E_2)}\right] \quad (4-4)$$

根据式(4-4),可以判断影响区域 $U_1U_2U_5U_3$ 面积的因素有 6 个,即 C、$\Delta\pi$、E_1、E_2、α、β 的取值,进一步分析可得到以下结论。

结论 2:两知识生产者进行互惠合作的概率随着合作投入成本的增加而减小。

证:因为,$\dfrac{\partial S_1}{\partial C}=\dfrac{1}{2}\left[\dfrac{\beta}{(\alpha\Delta\pi-E_1)}+\dfrac{(1-\beta)}{(\Delta\pi-\alpha\Delta\pi-E_2)}\right]>0$,

即 S_1 为 C 的单调递增函数,随着双方进行互惠合作成本的增加,S_1 的面积不断增大,系统向 $U_1(0,0)$ 方向演化的概率也增大,两个知识生产者进行互惠合作的概率将减小。结论成立。

结论 3:两知识生产者进行互惠合作的概率随着合作带来的合作剩余增加,双方互惠合作的概率增大。

证:由于 $\dfrac{\partial S_1}{\partial \Delta\pi}=-\dfrac{1}{2}\left[\dfrac{\alpha\beta C}{(\alpha\Delta\pi-E_1)^2}+\dfrac{(1-\alpha)(1-\beta)C}{(\Delta\pi-\alpha\Delta\pi-E_2)^2}\right]<0$,

即 S_1 是 $\Delta\pi$ 的单调递减函数,随着双方进行互惠合作获得的合作剩余的增加,S_1 的面积将减小,系统向 $U_4(1,1)$ 方向演化的概率增大,两个知识生产者进行互惠合作的动力与概率都将增大。结论成立。

结论 4:两个团队内任何两个知识生产者进行配对,一方不合作,另一方互惠合作,不合作方的背叛收益越大,双方互惠合作的概率将越小。

证:因为,$\dfrac{\partial S_1}{\partial E_1}=\dfrac{1}{2}\left[\dfrac{\beta C}{(\alpha\Delta\pi-E_1)^2}\right]>0$,$\dfrac{\partial S_1}{\partial E_2}=\dfrac{1}{2}\left[\dfrac{(1-\beta)C}{(\Delta\pi-\alpha\Delta\pi-E_2)^2}\right]>0$,当一方背叛,而另一方进行互惠合作,由于合作方善意的知识溢出,若不合作方知识吸收能力较强,使得其背叛收益 E_1 或 E_2 增加,因而 S_1 的面积将增大,系统向 $U_1(0,0)$ 方向演化的概率增大,双方在今后的博弈中进行互惠合作的动机就越小。结论成立。

结论 5：当其他因素一定时，将存在一个最优的超额收益分配比例，使得两个知识生产者进行互惠合作的可能性最大化。

证：因为，$\dfrac{\partial S_1}{\partial \alpha} = \dfrac{1}{2}\left[\dfrac{-\Delta\pi\beta C}{(\alpha\Delta\pi - E_1)^2} + \dfrac{\Delta\pi(1-\beta)C}{(\Delta\pi - \alpha\Delta\pi - E_2)^2}\right]$，$\alpha$ 对 S_1 的影响是非单调的。因此，S_1 对 α 求二阶导数，得到：$\dfrac{\partial^2 S_1}{\partial \alpha^2} = \dfrac{1}{2}\left[\dfrac{\Delta\pi^2\beta C}{(\alpha\Delta\pi - E_1)^2} + \dfrac{\Delta\pi^2(1-\beta)C}{(\Delta\pi - \alpha\Delta\pi - E_2)^2}\right] > 0$。

令 $\dfrac{\partial S_1}{\partial \alpha} = 0$，当满足 $\dfrac{\Delta\pi\beta C}{(\alpha\Delta\pi - E_1)^2} = \dfrac{\Delta\pi(1-\beta)C}{(\Delta\pi - \alpha\Delta\pi - E_2)^2}$ 时，S_1 有极小值，可以求出 α 值，此 α 值即为最优值，此时，系统向 $U_4(1,1)$ 方向演化的概率最大，两知识生产者进行互惠合作的可能性最大。结论成立。

结论 6：两个知识生产者进行互惠合作的投入成本分担系数与互惠合作所得的合作剩余与背叛收益的差值呈正相关关系时，系统互惠合作的概率将增大。

证：$\dfrac{\partial S_1}{\partial \beta} = \dfrac{1}{2}\left[\dfrac{C}{\alpha\Delta\pi - E_1} - \dfrac{C}{\Delta\pi - \alpha\Delta\pi - E_2}\right]$，当 $\alpha\Delta\pi - E_1 > \Delta\pi - \alpha\Delta\pi - E_2$，$\dfrac{\partial S_1}{\partial \beta} < 0$，则 S_1 是 β 的减函数。说明甲知识生产者获得合作剩余与背叛收益的差值大于乙知识生产者获得合作剩余与背叛收益的差值，且甲分担的 β 越大，S_1 越小，互惠合作越有可能；当 $\alpha\Delta\pi - E_1 < \Delta\pi - \alpha\Delta\pi - E_2$，$\dfrac{\partial S_1}{\partial \beta} > 0$，则 S_1 是 β 的增函数。说明甲知识生产者获得合作剩余与背叛收益的差值小于乙知识生产者获得合作剩余与背叛收益的差值，且甲分担的 β 越大，即乙分担的成本系数 $1-\beta$ 越小，那么 S_1 就越大，互惠合作越不可能。这说明，当双方成本分担系数跟互惠合作的合作剩余与背叛收益的差值呈正相关时，双方才会感到公平，系统向互惠合作方向演化。

由上述研究结论可知,团队内两个知识生产者在互惠合作博弈演化过程中,双方互惠合作策略的选择受到合作成本、互惠合作所能获得合作剩余、知识生产者受对方知识溢出和自身吸收能力带来的超额收益影响,合理的收益分配机制和合理的成本分担机制都将能更好地促成两个知识生产者的互惠合作。而影响团队知识生产互惠合作的因素又与知识团队的气氛、文化、环境等制度息息相关,若能建立互惠合作制度,就能明确降低合作成本,增加合作剩余,抑制不合作者超额收益的获取,促进合理成本分担与利益分配,从而对知识生产团队的互惠合作起到正式制度的保障。

4.3 强互惠下知识生产者合作演化博弈

4.3.1 强互惠下演化博弈模型的建立

一般来说,知识生产者的自主意识较强,不愿意受接受过多束缚,加上知识生产过程的特殊性,团队内其他成员难于对不合作的知识生产者进行有效监督,也难于通过合同的方式进行事前制约,因而"机会主义行为"在知识生产团队内的出现是难以避免的。为了保证团队合作能够最终实现,除了通过互惠制度建设,对影响团队互惠合作策略选择的六大影响因素进行调整,是否还存其他的约束机制?答案当然是肯定的。因为对知识团队内的知识生产者来说,他们一般都有明确的奋斗目标,他们的工作并不仅仅是为了更多的经济报酬,而是更关心在参与团队建设中,自己专长得到发挥,能力得到提高,事业能够长远发展。对他们来说,工作只提供生活的保障,而只有事业才能真正将他们的发展需求与生活结合起来,他们有着更高的人生价值需求。出于知识分子的公平感和正义感,以及对不合作者的愤怒和怨恨,团队中总有少量的互惠者表现出强互惠行为,路见不平一声吼,对不合作者进行惩罚,哪怕自己承担成本。这些有成本的惩罚包括争吵、排挤、诋毁声誉,有时甚至不惜采取暴力威胁或直接退出互惠团队等行动。为了简化问题的分析,假设强互惠者不直接参与博弈,此时若博弈双方中有一方不合作,未参与博弈的强互惠者就会对不合作方进行惩罚,且惩罚的罚金为 F。若博弈双方都不合作,且被团队内强互惠者发现,强互惠者会采取行动,对博弈双方各打五十大板,即分别收取 F 的罚金。

4.3.1.1 强互惠针对两个能力相同的博弈者

按照以上假设条件,当能力相同的两个知识生产者进行博弈时,由于团队内强互惠者的存在,可以用如表 4-3 的博弈模型表示。

表 4-3　强互惠惩罚机制下同质性知识生产者的报酬矩阵

	互惠合作	不合作
互惠合作	$\pi+\Delta\pi-c, \pi+\Delta\pi-c$	$\pi-c, \pi+e-F$
不合作	$\pi+e-F, \pi-c$	$\pi-F, \pi-F$

4.3.1.2 强互惠针对两能力不同的博弈者

当对能力不同的知识生产者实行强互惠时,博弈模型如表 4-4 所示。

表 4-4　强互惠惩罚机制下异质性知识生产者的报酬矩阵

甲＼乙	互惠合作	不合作
互惠合作	$\pi_1+\alpha\Delta\pi-\beta C,$ $\pi_2+(1-\alpha)\Delta\pi-(1-\beta)C$	$\pi_1-\beta C, \pi_2+E_2-F$
不合作	$\pi_1+E_1-F,$ $\pi_2-(1-\beta)C$	π_1-F, π_2-F

4.3.2 演化稳定策略求解及稳定性分析

4.3.2.1 能力相同的博弈者演化稳定策略求解及稳定性分析

假如互惠合作型个体数占团队总人数的比例是 P，不合作者所占团队的比例即为 $(1-P)$。那么可以计算出互惠合作知识生产者和不合作知识生产者的期望收益 U'_c、U'_u 和平均收益 $\overline{U'}$ 分别为：

$$U'_c = P(\pi + \Delta\pi - c) + (1-P)(\pi - c)$$
$$U'_u = P(\pi + e - F) + (1-P)(\pi - F)$$
$$\overline{U'} = PU'_c + (1-P)U'_u$$

$\dfrac{\mathrm{d}P}{\mathrm{d}t}$ 为知识生产团队中个体采用互惠策略的比例随时间的变化率，根据演化博弈的复制动态公式，得到互惠合作的复制动态方程为：

$$\begin{aligned}\dfrac{\mathrm{d}P}{\mathrm{d}t} &= P[U'_c - \overline{U'}] \\ &= P(1-P)[(\Delta\pi - e)P - (c - F)]\end{aligned} \tag{4-5}$$

令 $\dfrac{\mathrm{d}P}{\mathrm{d}t} = 0$，

只要 $F > c$，就可以得到 $P=0, P=1$。

根据系统设定条件以及复制动态方程(4-5)的微分方程的稳定性定理，得 $P=1$ 为演化稳定策略，而 $P=0$ 为非演化稳定策略。

4.3.2.2 能力不同的博弈者演化稳定策略求解及稳定性分析

同样，假设甲类型中互惠合作个体数占比是 x，不合作占比为 $(1-x)$。乙类型中互惠合作个体数占比是 y，不合作占比为 $(1-y)$。可以计算出甲采取互惠合作或不合作的期望收益 U'_{1c}、U'_{1u} 和平均收益 $\overline{U'_1}$ 分别为：

$$U'_{1c} = y(\pi_1 + \alpha\Delta\pi - \beta C) + (1-y)(\pi_1 - \beta C)$$
$$U'_{1u} = y(\pi_1 + E_1 - F) + (1-y)(\pi_1 - F)$$
$$\overline{U'_1} = xU'_{1c} + (1-x)U'_{1u}$$

乙采取互惠合作或不合作的期望收益 U'_{2c}、U'_{2u} 和平均收益 $\overline{U'_2}$ 分别为：

$$U'_{2c} = x[\pi_2 + (1-\alpha)\Delta\pi - (1-\beta)C] + (1-x)[\pi_2 - (1-\beta)C]$$
$$U'_{2u} = x(\pi_2 + E_2 - F) + (1-x)(\pi_2 - F)$$
$$\overline{U'_2} = yU'_{2c} + (1-y)U'_{2u}$$

甲和乙的复制动态方程分别为：

$$\frac{dx_\text{甲}}{dt} = x[U'_{1c} - \overline{U'_1}] = x(1-x)[(\alpha\Delta\pi - E_1)y - (\beta C - F)] \quad (4\text{-}6)$$

$$\frac{dy_\text{乙}}{dt} = y[U'_{2c} - \overline{U'_2}] = y(1-y)[(\Delta\pi - \alpha\Delta\pi - E_2)x - (1-\beta)C + F]$$
$$(4\text{-}7)$$

令 $\dfrac{dx_\text{甲}}{dt} = 0$，

只要当 $F > \beta C$ 时，就可以得到 $x=0, x=1$。

令 $\dfrac{dy_\text{乙}}{dt} = 0$，

只要当 $F > (1-\beta)C$ 时，就可以得到 $y=0, y=1$。

根据系统设定的条件以及复制动态方程(4-6)、(4-7)的微分方程的稳定性定理，得 $x=1, y=1$ 为演化稳定策略，而 $x=0$、$y=0$ 为非演化稳定策略。

由上述分析可知，只要强互惠者对不合作者进行处罚的罚金大于其采取合作所分担的成本，不管是能力相同还是不同的知识生产者之间的博弈，在强互惠者参与下的动态复制系统都有四个平衡点，它们是 $U'_1(0,0)$、$U'_2(1,0)$、$U'_3(0,1)$、$U'_4(1,1)$，根据稳定性定理，得出 $U'_4(1,1)$ 为博弈的演化稳定点，即知识生产团队的任一成员都会采取互惠合作策略。演化相图如图 4-11 所示。

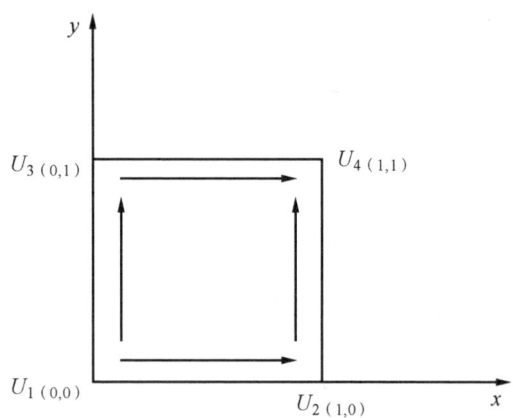

图 4-11　强互惠下的知识生产者合作演化博弈相图

显然,对知识团队各成员来说,合作能带来合作收益,但也需要付出合作成本。欺骗互惠者获得的背叛收益或许能大于合作收益,但由于知识团队内强互惠者的存在,不合作将遭到严厉的惩罚,背叛者所得的好处将荡然无存,甚至还要付出更高的成本代价。若知识团队各成员都能采取互惠合作策略,这不但能增加团队的合作剩余,还能使团队内的每一成员都能分享到合作收益,强互惠者的存在对促进团队知识生产互惠合作起到了重要的作用。因此,本书又得出以下结论。

结论 7:当知识生产团队内有少量的强互惠者存在,只要强互惠者对不合作者进行处罚的罚金大于其采取合作所分担的成本,团队内所有知识生产者经过长期的博弈,演化结果是策略组合(互惠合作,互惠合作)。

4.4 本章小结

本章利用行为经济学偏好理论和演化博弈方法,假设具有自利偏好和互惠偏好两种类型的知识生产者按一定比例共同存在于知识生产团队内,对知识生产团队内知识生产者互惠合作形成机制进行演化博弈分析,并得出了七个有益结论。从互惠合作演化博弈分析结果可知,团队内知识生产者的互惠合作演化博弈能达到互惠合作的稳定均衡状态,但知识生产团队的互惠合作稳定均衡并不是完全自然形成,知识生产者互惠合作演化稳定策略选择与很多因素有关,而要使这些影响因素发生变化以利于互惠合作演化的稳定均衡形成,实际上需要适当的互惠制度给予一定的外部动力。因而,为了促进团队知识生产互惠合作,迫切需要制定与知识生产者互惠偏好相适应的团队知识生产互惠制度,这正是对知识生产互惠合作演化博弈进行分析时给我们带来的重要启示。因此,针对演化博弈分析结果,以下两个方面需要格外进行强调。

第一,知识生产团队内的自利偏好知识生产者和互惠偏好知识生产者,不论其学习能力、知识生产能力以及分享合作利益时的谈判能力是否相同,知识生产者之间互惠合作的博弈演化稳定均衡结果都具有存在的可能性。但团队知识生产互惠合作演化博弈的稳定策略选择与知识生产团队内知识生产者的合作成本(c)、互惠合作所能获得合作剩余($\Delta\pi$)、不合作"搭便车"者的额外收益(e),以及知识生产者间合作的成本分担系数(α)和合作收益分配系数(β)等因素有着密切的关系,这些因素的变化影响着知识生产者直接物质收益的获得,并决定着知识生产者互惠合作策略的选择。要促使团队知识生产者进行互惠合作,作为知识管理者的组织或机构需要创造互惠合作的知识生产环境与氛围,降低合作成本,并适当采取惩罚机制以降低不合作者的额外收益预期,尤其要制定与互惠偏好激励相容的团队合作成本分担机制与收益分配机制，形成知识生产者互惠合作与合作收益获取的正反馈，从而促成知识生产团队互惠合作策略的稳定演化。

第二，知识生产团队内总有少量强互惠者，那些强互惠者在承担成本但不能获得确定的物质收益情况下对不合作者的"搭便车"行为实施惩罚，只要对不合作者进行惩罚的罚金大于互惠者采取合作所分担的成本，这些强互惠者的个人行为就能够有效抑制知识生产团队内的背叛、卸责和"搭便车"行为，促使知识团队生产合作顺利进行。然而，强互惠在知识生产团队内是一种由自发力量触动而形成的零散、偶尔行为，它并非是一种普遍现象；另外，由于对知识生产团队内知识生产者监督的信息不对称性，强互惠者并不可能在每一个场合对每一个卸责者实施强互惠惩罚；更为重要的是，可能由于其自身能力不足，或囿于被惩罚者更为严厉的报复行为，强互惠者对不合作者的惩罚行为往往无法实施。因此，作为知识管理者，决不能让强互惠仅仅是群体中的一种自发力量与一种文化的表达，更要创新设计有利于强互惠的制度环境，给予知识团队内强互惠者实施惩罚提供合法性基础，使知识团队的强互惠制度不断从自发的内生型向强制主导的外生型演化，至少使之成为内生与外生相互制约的混合型，这样，知识团队强互惠者才可以形成强大的外部力量与内部力量的合力，团队知识生产合作才可以长久维持。

第五章 团队知识生产互惠合作的动力机制

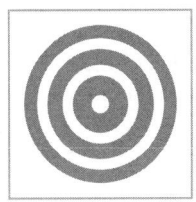

5.1 直接互惠知识生产合作动力机制

5.1.1 直接互惠知识生产合作行为动机

5.1.1.1 发展自我的原动力

在日常生活中,每个人在不同时期的需求是不同的,交换可以使物品的使用价值得到充分挖掘,因为一般情况下交换是非零和的,所以每个人愿意与他人进行交换。特里弗斯(Trivers,1971)认为直接互惠是两个个体间利他行为的交换,目的是达到共赢的结果。由于科学技术的高速发展,创新科学知识的生产难度越来越大,加上不同学科的差异,以及单个知识生产者拥有的知识和精力极其有限,要想完全掌握相关学科的所有知识几乎不可能,从而导致知识生产的风险不断加大,仅仅依靠单个知识生产者难以进行有效的知识创新。知识生产团队成员通过相互间的直接互惠,利用彼此知识的异质性,采用分享与分担的方式进行合作,交换各自知识的信息与观点,在知识生产合作中吸收对方的知识,进行优势互补和资源共享,尤其是对隐性知识的共享,不断更新和扩大自己的知识,提高自己的知识创新能力,为自己进一步发展拓展空间,这种以合作促进个人发展其实是知识生产者直接互惠行为的原动力。

5.1.1.2 利益追求的驱动力

马克思认为,合作功能不是单个要素的简单相加,而是众多的单个要素聚合而产生的一种倍增效应,实现生产力的集体创造(何景涛,2010)。互惠合作的基本结果是能够为互动各方带来收益的增进,并导致社会总体收益的提高,因而,合作剩余是指合作者通过合作获得的超过单干时的收益,合作剩余也可以看成是做大了的蛋糕增加的那一部分。李翠娟、宣国良(2005)基于合作剩余的基本含义,提出了知识合作剩余的概念,他们把知识合作剩余看成为是企业合作知识创新的净收益。在知识生产团队中,知识生产者通过直接互惠合作,不但丰富他们各自的知识资源、提升他们各自的知识生产能力,而且无意中使团队整体的创新知识生产能力得到大大提升,尤其是在创新风险分担过程中,知识生产者充分发挥自身的知识创造能力,联合创造新知识,促使知识生产过程中的风险程度得到分散,从而形成团队知识创新的核心竞争力。可见,知识生产团队成员之间的直接互惠,促使知识生产者充分利用彼此的知识资源和能力,减少重复投入,降低知识团队投入成本,创造出对知识团队更有利的效率和效益,并为团队知识生产者提供分享。因此,合作知识生产剩余为知识生产者的互惠合作提供了收益激励,成为知识生产者直接互惠利益追求的驱动力。

5.1.2 直接互惠知识生产合作动力模型

直接互惠促进知识团队中的知识生产者通过相互合作,彼此直接受益。直接互惠知识生产合作的根本动力源于两个方面:自我发展目标和利益追逐目标。知识生产合作的二元动力使得知识生产者不仅受其本身创新意识这个"看不见的头"调控,同时还受市场这只"看不见的手"摆布。知识生产者发展自我的原动力促使知识生产者自身素质全面发展,从而极大地提升其知识创新能力,利益追逐的驱动力促使合作创造知识合作剩余,以便从知识生产团队中索取更多合作剩余。团队内的知识生产者在发展自我的原动力和利益追求的驱动力共同作用,彼此进行直接互惠合作,促使团队知识创新型能力不断提升,从而创造出了更多的知识合作剩余。直接互惠知识生产合作动力模型可以用下图5-1 表示。

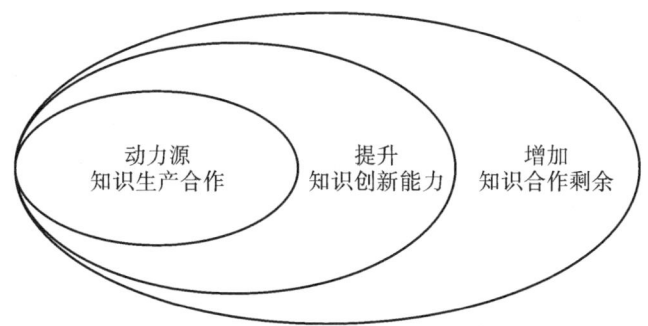

图 5-1　直接互惠知识生产合作动力模型

5.1.3　直接互惠知识生产合作约束条件

5.1.3.1　合作博弈分析

知识生产互惠合作能创造合作剩余,知识合作剩余又表现出一定的利益分配格局,这就形成知识生产合作者的对抗诱因。在创造利益与分配利益两个因素的作用下,知识生产者的合作行动都具有潜在的"囚徒困境"博弈逻辑结构。最简单的囚徒困境模型给直接互惠的研究提供了合适的研究方法。假如知识生产团队成员双方都具有两种选择策略,采取互惠或自利的行为。

双方不同选择的收益矩阵如第二章表2-1,当双方都选择自利背叛时只能得到收益c;双方都选择互惠合作时均可以得收益b;但当一方选择互惠合作而另一方自利者选择背叛时,互惠者的收益为d,而自利者的收益为a,其中$a>b>c>d$(李翠娟等,2005)。$b-c$即为知识生产合作剩余,且大于零,$c-d$为互惠者的成本付出,也大于零。在一次性博弈中,每个参与人只关心一次性的支付,那么自利背叛将是团队成员的占优策略,该博弈只存在一个纳什均衡,即两个生产者都选择自利策略。显然,在单次的囚徒困境博弈中,基于直接互惠偏好,知识生产互惠合作行为是不可能产生的。

然而如果在一个重复环境下的囚徒困境博弈中,囚徒困境纳什均衡结果很多时候不会出现在知识生产的真实博弈中。因为知识生产者会权衡合作产生的长远利益与不合作所得的短期利益,或者说可能会为了长远利益而牺牲眼前利益,从而选择不同的均衡战略,其中,"一报还一报"这种策略与直接互惠偏好特征最为吻合。

艾克斯罗德(Axelrod,1981)组织的囚徒困境博弈锦标赛结果结果表明,当改变博弈次数后,"一报还一报"策略是一个演化稳定策略。所谓"一报还一报"策略是个体在第一回合博弈中选择合作,从第二回合开始严格复制对手上一回合中的策略。另一种更加严格的"一报还一报"策略被称为"触发策略",同样是一种有效的策略,它是指个体先保持合作,一旦对方拒绝合作一次,从此一直拒绝合作(Anselin,1997)。在这样的重复博弈中,将由对个体背叛行为的惩罚威胁来维持整个团队的合作。同样,假如知识团队中的两个成员,采取严格的"一报还一报"策略,在第一时期合作以后,下面每个阶段若都有概率$\omega(0<\omega<1)$的可能性再次重复,那么互惠合作者将获得$b(1+\omega+\omega^2+\cdots)$或者$b/(1-\omega)$的期望值,但是若互惠合作者碰到的是自利背叛者,背叛者得到a,因为他不符合直接互惠偏好者期望,之后他将从每个回

合中获得 $c\omega/(1-\omega)$,结果,预期收益是 $a+c\omega/(1-\omega)$,重复博弈的支付矩阵如下表 5-1。

表 5-1 知识生产者互惠合作重复博弈的支付矩阵

	互惠型	自利型
互惠型	$b/(1-\omega)$, $b/(1-\omega)$	$d+c\omega/(1-\omega)$, $a+c\omega/(1-\omega)$
自利型	$a+c\omega/(1-\omega)$, $d+c\omega/(1-\omega)$	$c/(1-\omega)$, $c/(1-\omega)$

知识生产者能否互惠合作依赖于 $b/(1-\omega)$ 与 $a+c\omega/(1-\omega)$ 的大小。若 $b/(1-\omega)$ 大于 $a+c\omega/(1-\omega)$,即 $\omega>(a-b)/(a-c)$,意味着直接互惠合作协议的存在。为了便于更直观理解,假定 $a=20,b=15,c=0$,那么只要 $\omega>1/4$,也就是在下一次只要有大于 1/4 的概率再次重复,知识生产者就能采取直接互惠行为。总之,当互惠合作的长期收益大于自利背叛的暂时收益,且如果博弈重复次数的概率足够大,(互惠合作,互惠合作)将是一个子博弈精炼纳什均衡结果。

5.1.3.2 直接互惠合作博弈的局限

上面的博弈分析说明,在互动密切的知识生产小团体中,只要两个知识生产者重复博弈的次数足够多,下一回合发生合作的概率足够高,若互惠合作的收益高于自利背叛的收益,团队内知识生产者就将从自身的长远利益出发,形成互惠的意愿进而相互合作。但在知识生产团队中,知识生产者"一报还一报"策略的这种合作并不是基于利他主义,而是基于互惠的共同知识,如果有人在本期背叛,其他成员可以通过未来的不合作来惩罚他。此策略胜出的重要机制在于对自利背叛者的惩罚威胁,如果自利者选择背叛一次,会带来将来可能收益的损失,只要该机会成本足够大,知识生产者就不会选择自利背叛(李翠娟,2005)。

然而,直接互惠的核心机制要求相同两个个体间必须具有极大的重复交往机会,并且在个体对未来的直接收益足够重视的条件下,直接互惠的合作关系才能维系下来,这样的条件也恰恰是知识生产团队直接互惠最大的局限所在。现代知识生产方式下的知识团队,团队规模、组织形式变化多端,在规模较大的知识生产团队中,团队成员间一次性交往大量发生,因而直接互惠的惩罚机制就很难起到作用。另外,在知识团队中合作的形成完全是自发的,出于对未来直接收益的不确定性,设想甲认为乙想合作,但甲同时认为乙不知道甲想合作,那么甲可能就不会合作,因为甲会担心乙由于不确定甲怎样行动而退出合作。因而,在信息不完备的情况下,预期合作的共同信念很难快速建立,团队成员间的信任也较难形成;相反,合作的崩溃则非常迅速。总之,知识生产团队成员间的直接互惠受到成员间的重复交往机会和对未来直接收益重视程度的限制,或者说,受到团队规模与信息传递的限制。随着科技的发展,知识生产者的交往范围将随着知识生产方式的转变而迅速扩大,频繁快捷的一次性交往在各类知识生产合作团队占据了越来越大的比重,直接互惠发生的重复交往前提已经难以存在,然而知识生产团队依然展现出了自发的互惠合作(刘国芳等,2011),这恐怕难以用直接互惠来解释了。

5.2 间接互惠知识生产合作动力机制

5.2.1 知识团队直接互惠与间接互惠区别

"间接互惠"的定义由美国密歇根大学亚历山大(Alexander,1986)给出,他认为间接互惠是人类道德、伦理和法律体系的基础。他又在《道德体系生物学》一书中进一步系统阐述了间接互惠的定义,并对人类大规模合作行为和道德的起源进行解释。在规模较大的群体中,参与者可以参与多回合博弈,但是任意两个参与者只能重复进行一次博弈,这样受害者就不能对背叛者作出惩罚,为了维持群体的合作,必须要有替代的强化合作机制,于是形成间接互惠。间接互惠指的是助人者为受助者提供帮助,助人者所得到的报答不是来自直接受助者,而是来自被其他助人者帮助的其他受助者(刘国芳等,2011)。

知识生产团队成员间的直接互惠合作行为如图 5-2 左所示,箭头表示帮助行为,假如团队成员由 A、B、C 组成,他们之间的互惠合作是 A 与 B 的相互帮助、B 与 C 的相互帮助、C 与 A 的相互帮助,团队内两两合作的成员分别都将从双方相互帮助过程中获得所创造的合作剩余。图 5-2 右表示间接互惠行为,团队内成员两两合作并不是对等的,是单向的。比如成员 A 与 B,首先 A 帮助了 B,但是 A 并没有直接从 B 获益,而 B 在获得 A 帮助后,对 C 实施帮助,使 C 获益,获益后的 C 然后再帮助 A,使 A 获益,这就是知识生产团队合作的间接互惠。若团队规模扩大,成员不止 A、B、C,那么知识生产团队内的间接互惠也可用图 5-3 表示。

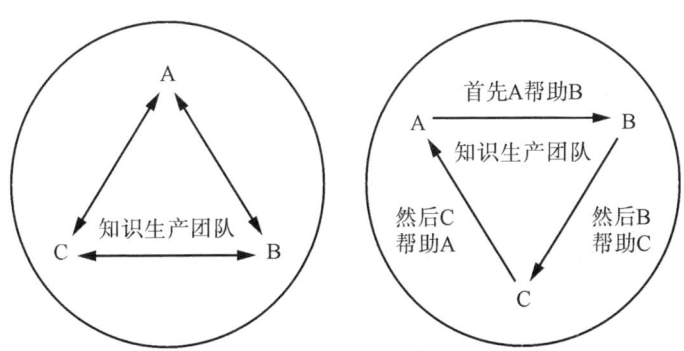

图 5-2　知识生产团队直接互惠与间接互惠示意图

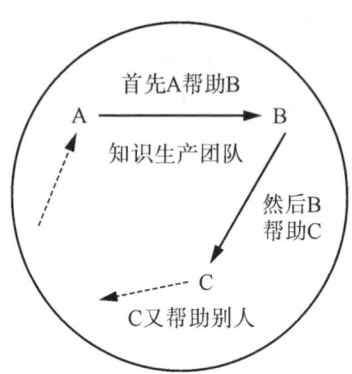

图 5-3 较大规模知识生产团队的间接互惠示意图

较大规模知识生产团队内的间接互惠是指 B 得到 A 的帮助，B 出于感激之情，B 给予 C 帮助，使 C 获益，C 又有可能帮助别人，只要团队规模够大，爱心如此传递，A 最终总能得到团队其他某一成员的帮助。

可以看出，知识生产团队的间接互惠，首先提供帮助行为的知识生产者降低自己的生存竞争力，去帮助团队内的其他成员，因为他期待日后得到回报，以获得更大收益，所以，知识生产团队的间接互惠本质是团队成员帮那些以后可以帮助自己的成员。由于施惠与回报存在时间差，这就使得这种帮助行为如同期权式的投资，具有很大的不确定性(叶航,2005)，因此需要形成某种识别机制，以抑制道德风险和个体的机会主义。

5.2.2 间接互惠知识生产合作行为特征

若知识生产者基于间接互惠，从而在知识生产团队中形成合作，那知识生产者在知识生产实践过程中将表现出坚定维护个人声誉和逐步追求更高需求的行为特征。

5.2.2.1 坚定维护个人声誉

当从直接互惠发展到间接互惠,对合作的个体强化就被团体强化所取代(Kandori,1992;Okuno et al.,1995)。个体强化是指参与者间的合作通过个体对对手行为的直接奖励或惩罚实现;而团体强化指团队内的合作不是通过得到帮助或受到伤害的参与者直接奖励或惩罚对手,而是通过团队内其他成员代为作出奖励或惩罚达到的(刘国芳等,2011)。声誉是在间接互惠中发挥团体强化作用必须引入的一个重要机制。亚历山大(Alexander)在1986年就谈到声誉机制,他认为间接互惠是在有兴趣的观众在场的情况下直接互惠的结果。这些所谓"有兴趣的观众"正是起着声誉评定的作用,并且他们据此来指导自己未来的伙伴选择以及如何与之进行交往。什么叫声誉?比斯克斯(Buskens,1998)认为:它是个体从第三方接收到关于他们伙伴的信息,并基于这些信息决定如何行事。

波洛克和杜盖金(Pollock & Dugatkin)在1992年引入声誉机制扩展了直接互惠中"一报还一报"策略。到了1998年,美国哈佛大学的诺瓦克和奥地利维也纳大学的西格蒙德(Nowak & Sigmund,1998)在他们开创性的研究中,将印象分(image score)作为间接互惠的声誉机制提出,并用计算机模拟合作者、背叛者以及辨别者,依据对手不同声誉来选择是否采取合作行为。模拟结果揭示了声誉在间接互惠中的重要作用,然而,参与者的印象分数只能由历史回合中帮助行为的次数决定,即一级信息,未能考虑参与者的行为动机。萨格登(Sugden,2004)在2004年又提出了一种替代的机制——名声(standing),在他的模型中,个体生命开始时具有好名声,帮助具有好名声的人会获得好名声,而拒绝提供帮助给坏名声的人并不会损害自身名声,一个坏名声的个体可以通过帮助他人获得好名声。使用名声作为声誉机制,就需要个体考虑参与者的二级信息,即对手的对手的声誉,以及三级信息,即对手的对手的对手的声誉,以此类推。尽管许多研究者支持名声策略获得比印象分策略更好的演化优势,但囿于使用计算机模拟时受信息量的限制，他们只能使用真人实验，但实验后发现，人们并不会主动去探寻参与者行为背后的动机，他们仅根据对手的印象分来决定提供帮助与否。针对印象分与名声机制存在的争论，Ohtsuki 和 Iwasa(2004)对两者进行整合，将参与者互动过程分为声誉评价和行为决策两个阶段，证明印象分策略和名声策略都是演化稳定策略。在研究人类的合作行为时，Riolo et al.(2001)还使用标签(tag)作为声誉的替代物进行了模拟研究。Paolucci & Conte(2009)还进一步从个体和群体两个层面来研究声誉。在群体层面，声誉被视为一种文化基因，作为一种社会文化现象，声誉在群体中不断进行传播，在信息不完全情况下，因为声誉传递几乎不需要成本，而且比真实的交往进行的更快，基于个体对交往历史的记忆，对背叛者的惩罚以及真实声誉信息在参与者间的传递，个体可以在没有和背叛者交往时就获得其信息并进行惩罚，声誉传递因此可以促进合作。

　　知识生产者在知识生产团队内希望与其他成员共同合作以获得合作剩余。如图 5-4 所示，假如在信息完备的状况下，若合作只能给一方带来收益，另一方却不能获得更多收益，或者甚至需要付出更多成本，这时若 A 首先取消与 B 合作，团队内"有兴趣的观众"就对 A 的声誉进行评定，并通过"有兴趣的观众"的"小道消息"传播到整个团队，这样的声誉传递机制使 A 在团队其他成员心目中变得声名狼藉，以后其他成员就依据形成的已有不好声誉信息进行行为决策，导致再也不与 A 进行合作；若 A 首先与 B 合作，使 B 获益，团队内"有兴趣的观众"就对 A 的声誉进行好的评定，又通过"有兴趣的观众"的"小道消息"传播到整个团队，使 A 在团队其他成员心目中建立良好的形象，以后其他成员就依据形成的已有声誉信息进行行为决策，喜欢与 A 进行合作。因此，知识生产者 A 为了以后在团队中能与其他更多成员进行合作而获得未来收益，就必须维护好自己的声誉，将放弃直接互惠思维方式，与任何需要合作的合作者进行合作，以树立自己的好声誉，当好的声誉一旦形成,他就能随时从团队其他成员那儿得到帮助。在信息不完备的情境下,若 A 无法预期当期合作能否给彼此带来多大的直接收益,但基于未来在团队内部与其他成员合作可能带来的合作剩余,坚定维护个人声誉的行为是知识生产者从长计议利弊得失的理性选择,显然,A 的利他行为是源于开明的利己动机。

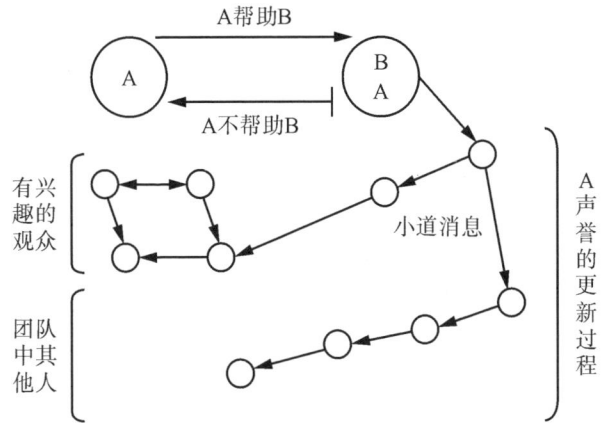

图 5-4　A 知识生产者间接互惠在知识生产团队内声誉的更新

5.2.2.2 逐步追求更高需求

美国著名的行为学家亚伯拉罕·马斯洛(Maslow,1954)提出人的需求五个层次理论,从低到高依次为生理的需求、安全的需求、社交的需求、尊重的需求、自我实现的需求。他在需求层次中描述到,人类所有的需求都是基于物质的,是一层层展开的。当人解决了衣、食、住、行等需求,低层次需求的优势程度或重要程度就会随之减弱,而更高层次的优势程度或重要程度就会随之增强,从而产生新的满足需要的行为。这时,人们开始希望自己有安全保障,能被群体和社会承认,并能自尊和受人尊重,直到最高层次,希望最大可能地实现自我,包括自我成就、自我发展和创造力的充分发挥。

在尊重知识、尊重人才的知识经济时代,每一个知识生产者都具有较高的个人素质,知识工作者是创新的主体,知识工作者的地位日益得到提高,满足了生理、安全、归属和尊重的知识工作者开始进入到自我实现和自我超越的精神层次,其行为表现为创新和个体价值的实现。然而,创新的内在动因的实现必须要有宽松的环境,他们一般都具有较强的独立自主意识,开始关注个人成长的需要、工作自主的需要、取得成就的需要、环境支撑的需要、物质财富的需要等多层次需要,产生不断更新知识的强烈愿望和对劳动报酬的特殊认识,注重追求自我人生价值实现。但知识生产者要想实现个人的这些高层次需求,必须依靠团队整体创新能力的提高。然而,团队整体创新能力的提高除了个人的能力与努力外,还离不开团队创新氛围的营造,好的团队创新氛围不仅会鼓励知识生产者创新行为的发生,还会促使其加强学习,从而促进其自身创新能力的提高(赵鑫,2011)。那么,好的创新氛围又有赖于什么呢?直接互惠是基于相互之间的直接的利益回报,这种互惠很可能并不表现为共时性,而是存在时间和空间上的差异,当比较狭义的互惠行为实施前提条件得不到满足时,知识生产者合作做大的蛋糕可能首先有利于合作双方某一知识生产者,然后再通过受惠者施惠于团队的另一个成员,如此相互作用,最后促使利益朝第一个施惠者的方向流动,实现历时性的互惠合作,这种合作方式也就成了知识生产者间接互惠创新合作的行为动机,它是在知识生产者超越直接互惠的框架理念,追求较高层次的人生观、价值观过程中形成的。也就是说,知识生产者之所以加入到知识生产团队,不但期望在知识生产团队中学到更新的东西,追求自身更快的成长,更期望在和谐的团队群体环境中工作,受到团队其他成员尊重,期望能够公平、公正,依靠自己的实力与团队共同发展。具体到价值分配方案,他们追求多元化的价值分配,除工资、奖金外,他们或许更加注重的是股权、分红以及其他福利待遇等。

5.2.3 间接互惠知识生产合作动力模型

间接互惠知识生产合作指的是知识生产团队 A 成员为 B 成员提供帮助，A 所得到的报答不是来自 B，而是来自被 B 帮助的 C，或者是被团队内其他助人者帮助的其他受助者 D、E、F 等，团队内成员的合作收益并不是两两对等的，而是单向的，但最终每一个提供帮助的成员因为好的声誉，总能得到来自团队其他成员的帮助。间接互惠与直接互惠一样，虽然它在实施过程中表现出的都是利他行为，但它的利他行为是出于利己动机，实现利己的目标并未改变，利他行为是实现利己目的的手段，因此间接互惠知识生产合作的根本动力与直接互惠知识生产合作的根本动力一样，也来源于两个方面：利益追逐驱动力和创新追求原动力。知识生产者利益追逐的驱动力促使其坚决维护个人声誉，从而最终能获得团队其他成员给予其合作帮助带来的利益；知识生产者创新追求的原动力促使知识生产者追求更高的需求层次，在其自身素质得到全面发展的同时，极大地提升了团队知识创新能力，从而共享团队创造的知识合作剩余。团队知识生产者在利益追求的驱动力和创新追求的原动力共同推动下，形成了如下图 5-5 所示的间接互惠知识生产合作动力模型。

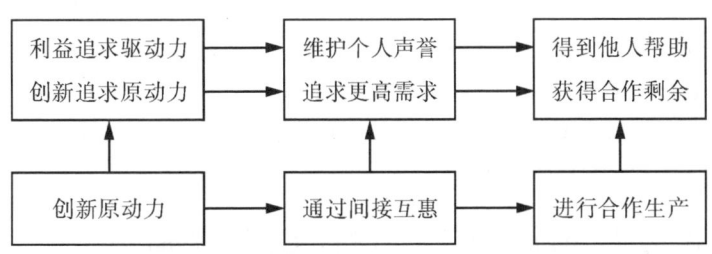

图 5-5　间接接互惠知识生产合作动力模型

5.2.4 间接互惠知识生产合作约束条件

间接互惠也是一种交换的形式,但间接互惠不一定是等价的,在规模较大、关系松散的间接互惠知识生产团队内,团队成员的帮助和回报不是同时进行的,团队成员在追求自身利益和需求的行动中,必须先照顾他人的利益与愿望,遵循团队普遍认同的正义规范,为自身树立起好的声誉,并通过声誉传递机制发生作用,从而实现自己的目标。间接互惠理论为规模较大、关系较为松散的团队知识生产合作行为的存在提供了很好的解释,因为知识生产团队内任一受惠者关注的只有最终收益,而与施惠者是谁无关。然而,间接互惠容易受到不完全信息的影响。因为信息在传播声誉的过程中起到十分重要的作用,间接互惠关系中团队成员的个人声誉不仅需被与自己交往的成员观察到,而且需被团队内其他成员观察到,而间接互惠的信息传播却常常受团队内"有兴趣的观众"比例制约。再者,在短期知识生产团队无法成为一个连续的社会组织,间接互惠又容易受到可能存在背叛的诱惑时,间接互惠容易被团队内个别成员的机会主义侵袭。如果机会主义者接受帮助而不付出,他自然可以得到更高的效用水平,若机会主义者得不到惩罚,团队互惠合作的链条就会从此断裂,最后谁也不愿意先付出。此外,无论是直接互惠还是间接互惠,解决的都是知识生产团队内成员在合作过程中双边交往的囚徒困境,合作者可以预见将来总能够从现在的利他行为中获得直接或间接回报,然而实际上基于"未来回报"的合作在合作最需要的时候却恰恰最容易崩溃(Bowles et al.,2004)。

5.3 强互惠知识生产合作动力机制

人类现实行为中的合作现象表现出大量的强互惠行为,以强互惠为特征的利他行为通过整体间的补偿机制获得相对进化的优势。这种通过"个人为社会立法"的强互惠能否在知识生产团队起到同样作用?为此,基于强互惠的知识生产团队合作研究就显得十分必要。

5.3.1 强互惠知识生产合作行为

5.3.1.1 强互惠行为特征

强互惠行为很早就被人们所觉察,它是人类现实行为中亲社会性的具体表现。强互惠行为可以理解为:我首先和所有人好,如果你对我和其他所有人都好(合作),我也对你好(合作);而如果一旦你对别人不好(背叛),尽管与我无关,我也要惩罚你,哪怕我要付出高额的个人成本。这种行为的通俗说法就是"路见不平,拔刀相助"。而正是由于存在这种利他的、趋社会的正义情感和行为,人类合作与社会秩序才成为可能。强互惠作为一种理论,主要是由美国桑塔费(Santa Fe)研究所的一些学者提出并发展起来的。鲍尔斯(Bowles)、金迪斯(Gintis)以及费尔(Fehr)等人都对其做出了杰出的贡献。

强互惠的显著特征之一就是善良。采取强互惠的个体带着合作的倾向进入一个新的社会环境,永远首先与别人合作,并对其他人的"搭便车"行为进行惩罚,哪怕会给自己带来成本。这个强互惠者既是有条件的利他合作者,也是一个有条件的利他惩罚者,他的行为在付出个人成本的时候,对群体中的背叛、卸责和搭便车行为能够起到抑制作用,从而有效地提高群体其他成员的福利水平,强互惠因此也被叫作"利他惩罚"(altruistic punishment)。强互惠的显著特征之二就是无私。采取强互惠的个体并不依赖未来的回报,即在预期这种报复所付出的成本得不到补偿时也会这么做,因此强互惠行为是无条件仁慈的,强互惠的善意不依赖对方的行为,它带有纯粹利他的性质,这也是强互惠与亲缘互惠、弱互惠最大的区别。

桑塔费学派的研究还表明,在一个群体中,哪怕只有一小部分强互惠主义者,就足以保持该群体内大部分是利己和小部分是利他这两种策略朝利他策略演化,从而实现"演化均衡稳定性"(ESS)(Gintis et al., 2000)。那些完全由自私者组成的族群,由于其缺乏合作机制维持的适应性相对优势,最终都将走向灭绝(叶航等, 2005)。若只演化出单纯合作者的族群也是不稳定的,必将会回到初始状态。按照威尔森(Wilson, 1975)的群体选择的生物演化思想,那些能够生存下来的群体,或者说被演化选择了的群体,其内部一定存在少数强互惠主义者,保证合作能够继续(王覃刚, 2007)。很明显,这种利他惩罚强互惠行为对人类社会绝对是不可或缺的。

5.3.1.2 强互惠的激励机制

第一,自激励补偿机制。强互惠行为是在目前和未来都不能期望得到收益的情况下也会愿意支付成本来奖励公平和惩罚不公平的行为。强互惠行为的存在正不断被大量的经验与可控制的实验室实验所证实(Bowles et al., 2000, 2003)。既然强互惠是一种具有正外部性的利他行为,需要个人去承担成本,在得不偿失的情况下,人们为什么不惜花费个人成本去惩罚那些违反合作规范的人?瑞士苏黎世大学国家经济实验室主任费尔(Fehr)博士提出一个假设:如果这种行为无法从外界获得激励,那么行为者只能通过行为本身获得满足。费尔等人通过正电子发射 X 线断层扫描技术对强互惠行为者的脑神经系统进行观察,研究表明,人类在长期进化过程中形成了一种能够启动纯粹利他行为的自激励机制,这种机制是由位于人脑背侧纹状体包括尾核与壳核的神经回路来执行的,当强互惠行为发生时,大脑的背侧纹状体包括尾核与壳核的神经回路被激活,它使行动主体从利他惩罚行为本身获得预期的满足,从而无须依赖外界的物质报偿和激励。其研究成果被作为 2004 年 8 月《科学》杂志的封面文章,为人们从神经经济学的全新视角展示了强互惠行为的激励机制。

为了维护人类的合作秩序,人类在早期阶段就已成功进化出包括同情心、愧疚感、感激心和正义感在内"亲社会情感"等纯粹利他行为。由于强互惠既不能像亲缘利他和互惠利他,更不能像自利行为那样直接从外部获得报酬激励,强互惠因此必须依赖一种如费尔博士观察到的自激励触发机制。这种机制不是建立在人类晚近期才进化出来的大脑系统,而是建立在更早期就得到进化的中脑系统,因此它是一种被特定"情境"触发的、可以被基因编码从而实现代际遗传的情感能力。现实社会中,大多数人在发现那些违反社会规范的行为未得到惩罚时会感到不舒服,而一旦公正得以建立,他们就会感到轻松和满意。可以说,在现代司法制度建立以前,人类在很长时间内依靠这种个人的惩罚机制来维护社会公正和社会正义,从而使人类社会得以在一个较高的水平上维持合作秩序。

第二,分享合作剩余机制。尽管强互惠行为被大量的行为实验证实,神经学基础也可以对此行为进行很好的解释,但是,桑塔费学派同样也面临着诸多问题:强互惠利他行为演化均衡的微观经济基础是什么?导致自身适应性降低的利他行为怎样才能在严酷的生存竞争中对利己行为保持相对的遗传优势,从而使自己得到进化?劳伦兹(Lorenz)、埃默森(Emerson)、爱德华兹(Edewards)和威尔逊(Wilson)等许多生物学家的群体选择理论认为纯粹的利他行为可以伴随着种群的胜利而成功演化。但群体选择理论正是在这个关键问题上存在着一个致命的弱点:它无法解释能够给群体带来利益,却导致个体生存适应性降低的纯粹利他行为,它也无法解释强互惠怎样才能通过生物个体的基因介质保存下来并得到进化。强互惠行为因此也遭到道金斯(Dawkins)、汉密尔顿(Hamilton)、阿莱克什德(Alexander)、杰塞林(Ghiselin)、特里弗斯(Triver)、史密斯(Smith)、威廉姆斯(Williams)等一大批个体选择理论生物学家的批评。叶航(2005)的后续研究很有解释力,他认为生物学家只是孤立地考察利他行为对个体生存适应性的贡献,即仅从利他行为施予者与受惠者的角度比较二者的支付损益,从而得出必然会减少前者适应性并增加后者适应性的武断结论。其实,生物个体的生存竞争完全可以向我们展现另一种全景式的视图:一个利他者的生存适应性不仅取决于他与自私者的个别交往,而且还取决于他与其他利他者的交往,由于与其他利他者交往更容易达成合作从而使双方享受到合作剩余,只要这个剩余足够大,就能弥补利他者损失的进化优势;同样道理,一个自私者的生存适应性不仅取决于他与利他者的个别交往,而且还取决于他与其他自私者的交往,而由于与其他自私者交往很难达成合作从而使双方无法享受合作剩余,如果这种损失足够大,就会使自私者攫取的进化优势损失殆尽。可见,是由于巨大的合作剩余,才孕育出具有道德意蕴的纯粹利他,从而引领人类超越死亡的囚徒困境。

5.3.1.3 知识生产合作强互惠策略特点

基于知识生产者工作性质的特殊性,其脑力劳动过程是看不见、摸不着的,这决定了外在非生产者对知识生产者的偷懒进行纵向监督是不可行的。然而知识生产团队内总有少量强互惠者,他们有着人类共同发展的人生价值观,出于知识分子的公平感和正义感,以及对不合作者的愤怒和怨恨,那些强互惠者在有成本但没有确定的物质获取的情况下对"搭便车"者实施惩罚。知识生产合作强互惠具有以下几个特点:

首先是知识生产团队内强互惠主义者的这些个人行为能够抑制团队内的背叛、卸责和"搭便车"行为,促使知识团队生产合作顺利进行,从而有效提高知识生产团队的产出水平。按照威尔逊(Wilson,1975)的群体选择的生物演化思想,那些能够生存下来的群体,或者说被演化选择了的群体,其内部一定存在少数强互惠主义者。鲍尔斯、金迪斯等经过研究进一步认为,在一个群体中,哪怕只有小部分强互惠主义者,就足以保持该群体内大部分是利己的和小部分是利他的这两种策略的演化均衡稳定,实现"演化均衡稳定性"(Bowles et al.,2003)。同样,在知识生产团队遭到"搭便车"者的侵害而面临团队废止或者解散威胁时,为了知识生产团队的利益,知识生产者的合作将变得更为必需。然而,在知识生产团队最需要的亲社会性行为存亡之际,一方面,知识生产者个体的付出在将来可能得到回报的概率急剧下降;另一方面,团队解散的可能性却在上升,因而基于直接互惠和间接互惠的合作刺激几乎为零,团队的合作即将崩溃。这时,那些少量不考虑未来的回报而对背叛者施以惩罚的知识生产合作强互惠主义者的出现,就能够让知识生产团队安然度过危机时刻。

其次是知识生产合作强互惠与直接互惠、间接互惠的基本特征不同,它不依赖即时的或未来的回报。即使知识生产者有自己的精神需求,我们权且把知识生产合作强互惠看成是为了满足其声誉的需求,但在知识生产团队合作即将崩溃,知识生产团队将不复存在时,声誉并不构成强大的动力,因为离开了知识生产团队,失去了与其他知识生产者的密切联系,声誉的获得对大多数知识生产者而言都是一个既艰难又漫长的过程;同时,即使暂时获得的声誉也会随着时间的流逝而逐步消散。所以知识生产合作强互惠很可能就是知识生产者趋社会情感促动的自觉行为,是一种人类共同体观的行为体现。一方面,这种强互惠作为一种好的策略,能够吸引其他知识生产者,从而在知识生产团队内扩大其同盟并逐渐形成共同体,形成的共同体通过有形无形的制度、规范和文化等对知识团队成员的进入和退出施加高额的成本,对团队内的知识生产者行为选择施加强有力的影响;另一方面,团队知识生产者基于历史经历会自觉采取强互惠行为,从而又强化了强互惠规范。因而,知识生产团队内的强互惠行为和强互惠规范是相互加强和共同演进的。

5.3.2 强互惠知识生产合作进化机理

根据最新效用理论,所谓效用只不过是行为主体实现自身偏好所感受到的一种心理状态(江积海等,2011)。经济学假设人的行为总是追求自身效用最大化,如果强互惠知识生产合作仅仅是单方面的付出,如何成为一种以"资源大致对等交换"为核心的互惠形式,从而获得效用的最大化呢?费尔(Fehr et al.,2002)指出,在没有外部补偿和激励的条件下,人类在长期进化中形成了一种能够启动纯粹利他行为的自激励机制,它使行为主体从利他行为本身获得满足感,从而无须依赖有形的物质报偿。

虽然知识生产者可以从强互惠行为本身获得心理满足的效用,但是从生物学角度来看,这种降低自身利益的利他行为不能从知识生产团队得到回报,它是无法战胜团队内的利己行为并得以保存和进化的(赵玉洁等,2008)。实际上,这个担心完全不必,按叶航(2005)的观点,尽管利己者可以从利他者身上获取很大的利益,但如果合作行为为利他者带来的利益远远超过利己者损失合作剩余后的收益,利他者在进化过程中仍然具有相对的生存优势,而且只要超越一个阈值 θ_0,在任何一个生物种群中,由突变、迁徙或其他原因产生的利他者就能得到进化。社会生物学家威尔逊(Wilson,1975)早就论证,由于亲缘利他的存在,其他利他行为可以从学习和模仿中滋生。超越这个阈值 θ_0,利他行为在生物长期进化过程中并非是一个不可能的事件。基于演化博弈的利他进化机理,在团队成员的多次交往过程中,只要在合作及合作剩余的框架中对知识生产者利他互惠行为与纯粹利己行为进行全面、综合的考察,则互惠利他行为完全能够通过团队整体间的补偿机制体现出相应的进化优势。

知识生产团队中的利他者与利己者的单次交往与多次交往不同,在单次交往中,一般被利己者背叛的利他者的生存适应性小于相互背叛的利己者的生存适应性,且当利他不是利他惩罚时,利己者与利他者之间的交往本质上应是囚徒困境问题。当利他不是利他惩罚时,囚徒博弈如表 5-2 所示:博弈的一方作为利他者,其策略集中没有利己策略,博弈的报酬以左边的报酬矩阵显示。纳什均衡是(不合作,利他合作),其收益是(8,2),利他者的生存适应性低于利己者,在一次性的博弈中,利他者因此无法生存(赵玉洁等,2008)。

表 5-2　当利他不是利他惩罚时的囚徒博弈

	利他合作	自利
合　作	6,6	2,8
不合作	8,2	3,3

如表 5-3 所示,如果利他者是利他惩罚者,对不合作者惩罚,利他合作者的损失为 6－2＝4,不合作者受到惩罚后,可能会使其生存适应性降到比合作策略还低,那么,即使是单次交往的囚徒困境,只要利他惩罚是可置信性的,理性的利己者将不会采取不合作的利己行为,利己者的最优选择就是合作,这时纳什均衡解是(合作,利他惩罚),收益是(6,6),理性和效率统一,从而走出了囚徒困境。可见,利他惩罚的存在,合作剩余促使合作得以维持的社会规范内化,改变了博弈者的策略集合,进而改变了博弈均衡。

表 5-3　当利他是利他惩罚时的囚徒博弈

	利他惩罚	自利
合　作	6,6	2,8
不合作	4,2	3,3

知识生产团队内与利他惩罚者交往的知识生产者,能根据对利他惩罚者的类型判断选择自己的行为类型。利他惩罚行为作为信号,清晰可信地传递了知识生产者的类型:合作且惩罚不合作者。可以预见,利他惩罚与其他行为相比,团队成员因害怕被惩罚而降低生存适应性,将有更大比例者采取合作行为,而不是自私的非合作行为,从而走出囚徒困境。这种整体上的生存适应性的补偿机制的存在,保证了知识生产团队内利他惩罚者的存在和进化。

5.3.3 强互惠知识生产合作外部约束

强互惠知识生产合作理论是源于强互惠理论的逻辑推演。现实中,强互惠理论得以成立是依靠一些理想性的先验假定,比如:假定信息完备,惩罚成本不是很高,强互惠者具有惩罚能力,未考虑被惩罚者的报复行为等。因而强互惠知识生产合作是否存在、能否被顺利进化,同样也受到许多外部条件的制约。

首先,知识生产合作强互惠的瓶颈主要体现在信息的深度上。与直接互惠关系相比,强互惠关系也对信息有较高要求。强互惠关系主要在规模相对较小的群体中建立和维持,虽然知识生产团队一般规模也不会太大,但由于生产知识产品的劳动有特殊性,知识生产者掌握的许多知识是以隐性知识形式存在,知识生产者合作意愿程度的信息很难准确判断。例如,一个知识生产者可能在团队其他成员献计献策时一言不发,但是你无法知道他是否真的是因无计可施而表现出一筹莫展的样子,还是心存其他目的。

其次,知识生产合作强互惠还必须依赖强互惠者的素质与能力。对团队内不合作者的惩罚可以由强互惠者自己或者由团队的其他成员来完成。如果由强互惠者自己来完成,那么强互惠者自身必须拥有优于惩罚对象的某种素质,才能保证惩罚的有效性。这种素质可能是强互惠者自身较高的学术素养,或者是其在知识团队中享有的较高学术地位,他的言行举止对团队其他成员来说举足轻重。若惩罚由团队中其他成员来完成,在这一情境下,强互惠者需要具有"揭竿而起,应者云集"的号召力,他必须充分利用他的鼓动力,激起团队中其他成员共同对不合作者的舆论压力,设置合作者与其的交往障碍。由此可见,并非每个团队成员都可充当强互惠者,或者在每一时点都可充当。大多数情形是,即使对不合作者产生强烈的不满,但由于缺乏相应的惩罚条件,只能期待其他拥有惩罚条件的个体来充当强互惠者,自己选择"搭便车"或采取其他方式进行情绪宣泄。

再次,知识生产合作强互惠不能忽视被惩罚者的报复行为。强互惠理论有一个重要的假定——惩罚和合作的特征一般被联系在一起,构成了一个所谓的"强互惠"基因,而被惩罚者是没有报复行为的。强互惠行为能够成功演化,要求强互惠者能够以低成本对背叛者进行严厉惩罚,但是这些能力并非强互惠者独有,背叛者同样拥有这些能力,甚至有时强互惠者根本不是背叛者的对手。大量研究表明,知识团队中能力强的成员数量与团队绩效之间存在显著的正相关(Arrow,1962)。但在能力弱成员占有较高比例的知识生产团队中,且团队成员之间在能力方面具有部分的替代性,团队绩效水平和团队报酬必定较低,此时,团队中能力最强或绩效最高的成员对基于团队绩效的激励手段通常持负面态度,因为他们觉得自己对团队的投入相对较大,在团队绩效的激励机制下,能力强的知识员工更最有可能选择离职和不愿合作,团队中的佼佼者反而成了团队中的背叛者,背叛者因为他的能力超过团队内的任何成员,先发制人而惩罚团队内的合作者,显然与针对背叛者的这种惩罚刚好相反。

基于以上几点,可以认为,知识生产团队成员的横向监督也同样存在困难与成本,强互惠在知识生产团队中只是一种由自发力量触动而成的零散、偶尔行为,它并非是一种普遍现象,强互惠者并不必然在每一个场合对每一个卸责者实施强互惠惩罚。更为一般的情形是,当普通知识生产者在团队其他成员卸责或自身利益受到侵害时,会产生强互惠行为冲动,但是其依据自身能力,或者偶尔采取强互惠行为,或者由于行为能力的不足而坐享其他强互惠者行为后的外部性。

5.3.4 强互惠知识生产合作制度依赖

决定知识团队生产绩效的关键在于合作收益与合作成本的比较,合作收益大于合作成本,则团队生产表现为高绩效;反之,则会出现团队生产的低绩效。知识生产合作从技术角度看,其任务可以分配给多个知识生产者独立完成,资源配置效率的提升将带来合作收益;从社会性角度看,知识团队生产中协作者的亲社会性行为会使得合作收益极大地增加,但是当团队规模扩大、成员之间沟通效率下降、"搭便车"行为盛行时,知识团队合作成本将增加,合作绩效将降低。

幸运的是,在不同的社会里,人群中都有相当比例的强互惠主义者,无论过去、现在和将来,强互惠行为都是人类最宝贵的财富。在现代司法制度建立以前,人类在很长时间内依靠这种个人的惩罚机制来维护社会公正和社会正义,从而使人类社会得以在一个较高的水平上维持合作秩序,获得合作产生的剩余,这是我们人类心智、人类社会行为包括人类文化和人类制度共生演化的最终原因(叶航,2005)。我们今天已经处在一个"社会为个人立法"的时代,也正是因为知识团队强互惠的存在,才为外部规范真正高效地发挥作用提供了内在依据。实践证明,目前知识生产领域制度的创新和交流模式的改进大大降低了知识团队合作的社会性成本,使团队生产绩效日益突出。

当然,在知识生产领域也存在一些不好的制度,它们不但破坏了团队合作,更影响了团队的产出绩效。显然,建立一个更缜密、更精致、更有效的合作规范,使合作秩序得以维持和扩展,也许是知识团队获得最大效率的必要措施。因此,政府作为国家的权力执行机关,在制度的"理性设计"过程中,决不能让强互惠仅仅是群体中的一种自发力量与一种文化的表达,必须充分考虑到强互惠的自发演化状态,创新设计强互惠的制度环境,给知识生产合作强互惠者提供合法的手段,给予强互惠者实施惩罚提供合法性基础,使知识团队的强互惠制度演化不断从自发演化的内生型向强制主导的外生型转化,或者使之成为内生与外生相互制约的混合型,知识团队强互惠者才可以形成强大的外部力量与内部力量的合力,团队知识生产合作才可以长久维持。

5.3.5 强互惠知识生产合作动力模型

强互惠知识生产合作中,知识团队内强互惠者的行为能够抑制知识团队内的背叛、卸责和"搭便车"行为,促进知识团队的生产合作,有效提高知识团队的产出水平。强互惠者为了促使团队知识生产合作,不惜降低自身生存适应性而采取利他惩罚,根据上文分析,它的内在动力主要来源于两个方面:一是利他惩罚的自激励补偿机制,二是分享合作剩余的补偿机制。然而,强互惠知识生产合作是否存在、能否被顺利进化,实际上受到信息完备假定、利他惩罚成本高低、强互惠者的惩罚能力以及被惩罚者的报复行为等许多外部条件的制约,若阻碍强互惠的外部条件的确存在,那么强互惠行为就难以执行,团队将面临瓦解。因而,在知识生产领域,政府要利用存在于知识生产者之间的强互惠,给知识生产团队创造一个好的外部制度环境,形成一股外在强大的推力,知识生产团队在内力与外力的共同作用下,使团队知识生产合作秩序得以不断维持和扩展,从而获得强互惠知识生产合作的优势。强互惠知识生产合作动力模型具体可以用下图5-6表示:

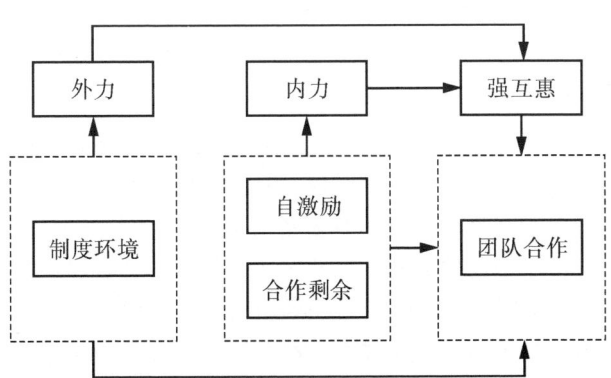

图5-6 强互惠知识生产合作动力模型

5.4 团队知识生产互惠合作的机制模型

团队知识生产互惠合作不只是单一的动机能够解释或是完成,它应该是由一个完整的体系来实现。知识合作的根本动力来源于团队成员自身的动力与团队外部环境的推力,合作带来的物质利益与精神利益共同产生了团队知识生产合作的驱动力。

5.4.1 团队知识生产互惠合作的动力模型

上文已经从直接互惠和间接互惠角度研究促进知识生产团队成员合作的内在动力机制。同时利用知识生产者的互惠偏好、互惠偏好与制度的共生演化及强互惠具有对互惠偏好的进化优势,研究强互惠如何利于知识团队合作剩余的产生与知识生产合作在社会意义上的进化,从而揭示团队知识生产合作的内在动力。然而在知识生产互惠合作过程中,这三种互惠合作方式在空间上是并存的。直接互惠和间接互惠都是知识生产者为己利他的自发行为,但这样的互惠合作行为能否顺利常常受到外部环境对信息传递的影响。强互惠又称之为利他互惠,依据杨春学(2001)的利他主义经济学分析,即便是世人眼中神圣的利他主义行为也仍然不能摆脱"自利"这个动力,这是科学的诚实。因此建立与以上三种互惠方式相匹配的直接互惠制度、间接互惠制度与强互惠制度,为团队知识生产互惠合作创造良好外部环境显得十分重要。因此,我们构筑了一个比较完整的团队知识生产互惠合作"轮式"动力模型,来揭示团队知识生产合作的运行机制。

在图5-7中,横轴表示知识生产合作的作用力,纵轴表示知识生产团队的合作水平,AB表示团队知识生产合作产生价值的创新轨道。团队知识合作的"轮式"动力模型表示:以知识团队为创新轴

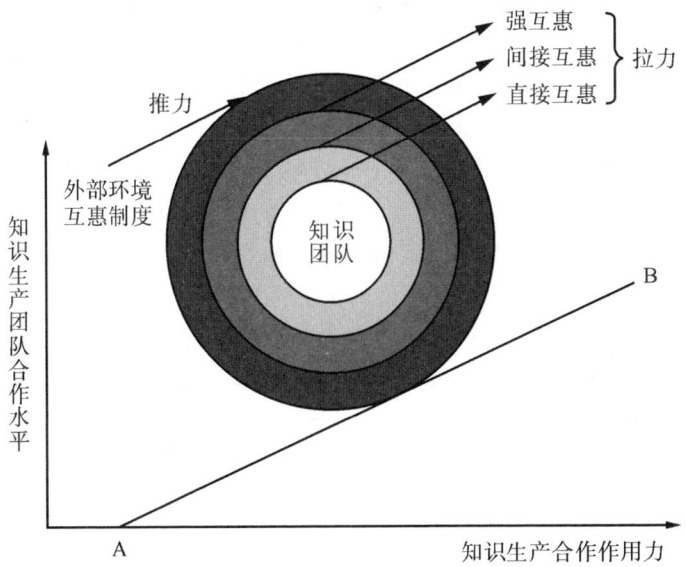

图 5-7　团队知识生产互惠合作的"轮式"动力模型

心,以追求知识团队合作给团队成员带来的效用最大化为目标,创新轴心内的知识生产成员在直接互惠、间接互惠和强互惠的共同作用下,形成由三种内在合作动力共同形成的合作拉力;与此同时,与互惠偏好适应的外部互惠制度会对知识团队作用并形成合作的外在推动力,知识团队在内部互惠合作的拉力与外部互惠制度的推力共同作用下,合作水平沿着创新轨道不断提升。

5.4.2　团队知识生产互惠合作的驱动模型

团队知识生产互惠合作是知识生产者追求自身效用最大化的行为表现,知识生产者效用的大小取决于知识生产者收益与成本之差。尽管我们认为知识生产者互惠行为带来的精神收益与物质收益一样,都能给他们带来一定的满足程度,比如知识生产者通过参与团队的互惠合作,促进了自身的发展,满足了自身的创新追求,使其自身获得了好的声誉,甚至获得某种心理的满足,这些都能提高知识生产者的效用,但知识团队的互惠合作能否维持,最重要的还得看合作能否给团队带来合作剩余,以及知识生产者能否分享到合作剩余,对于知识生产者的效用水平收益能否大于成本以及合作剩余的分享,都起着举足轻重的作用。基于此,本书假设所有的收益与成本都能以货币的形式衡量,于是提出了团队知识生产合作的驱动模型。此模型的含义是知识生产团队在外部制度环境的外力和知识生产者内在动力的合力作用下,受知识生产互惠合作为团队带来效用激励,形成了团队知识生产合作的驱动力。具体数学模型可表示如下:

$$\begin{cases} \max U(x_1,x_2,\cdots x_n) = [\sum_{i=1}^{n} R(x_i)E(x_i) - \sum_{i=1}^{n} C(x_i)](1-\gamma) + \varphi \\ R(x_1) - C(x_i) > 0 \\ 1 < i \leqslant n \\ n \geqslant 2 \\ 0 < \gamma < 1 \end{cases}$$

该模型从收益和成本两方面来考虑知识合作的驱动。$\max U(x_1,x_2,\cdots x_n)$ 为团队 n 个知识生产者合作的最大效用,当 $U>0$,知识生产者之间才会产生合作的驱动力,且 U 值越大,表明团队知识合作带来的效用就越大,知识生产者的团队知识合作驱动力越强,合作的可能性也越大。当 $U \leqslant 0$,合作不能给团队带来任何效用,知识生产者之间就不会产生知识合作的驱动力。在具体合作过程中,知识生产者根据合作目标投入所需成本,并对投入能为团队带来的收益有一定的预期,其中 $R(x_i)$ 为第 i 个成员在团队知识合作中投入 x_i 的资源所获取的预期收益。因为团队知识合作存在一定的不确定性,$E(x_i)$ 为第 i 个成员在知识合作中期望成功的概率,$R(x_i)E(x_i)$ 就是第 i 个成员在团队知识合作中投入 x_i 的资源所获取的期望收益。$C(x_i)$ 为第 i 个成员在知识合作

中投入 x_i 的资源所付出的成本,在实际合作中 $C(x_i)$ 不仅包括知识溢出与知识折旧,还包括为缔结合作关系付出的协调成本和合作的监督成本。团队合作具有较强的不确定性和模糊性,今天的团队伙伴可能就是明天强劲的对手,合作伙伴关系的发展难以预料,团队合作的价值创造方式以及各知识生产者获取价值的方式也难以确定,合作最终能否达到目的往往取决于各知识生产者对团队变化的适应能力而不是最初的协议。因此在模型中设了意外风险系数与合作干扰项,γ 为 n 个知识生产者合作所面临的意外风险系数。φ 为 n 个知识生产者合作的期望纯收益放大系数,视为随机干扰项,也就是团队知识合作中不可抗力因素。

对模型 $\max U(x_1,x_2,\cdots x_n)=[\sum_{i=1}^{n}R(x_i)E(x_i)-\sum_{i=1}^{n}C(x_i)]$
$(1-\gamma)+\varphi$ 两边分别关于 $x_1,x_2,\cdots,x_n$ 求偏导,得出知识生产者选择团队知识生产合作驱动力的临界值:

$$\frac{\partial U(x_1,x_2,\cdots x_n)}{\partial x_1}=[\frac{\partial R(x_1)}{\partial x_1}E(x_1)-\frac{\partial C(x_1)}{\partial x_1}](1-\gamma)=0$$

$$\frac{\partial U(x_1,x_2,\cdots x_n)}{\partial x_2}=[\frac{\partial R(x_2)}{\partial x_2}E(x_2)-\frac{\partial C(x_2)}{\partial x_2}](1-\gamma)=0$$

$$\frac{\partial U(x_1,x_2,\cdots x_n)}{\partial x_3}=[\frac{\partial R(x_3)}{\partial x_3}E(x_3)-\frac{\partial C(x_3)}{\partial x_3}](1-\gamma)=0$$

$$\vdots$$

$$\frac{\partial U(x_1,x_2,\cdots x_n)}{\partial x_n}=[\frac{\partial R(x_n)}{\partial x_n}E(x_n)-\frac{\partial C(x_n)}{\partial x_n}](1-\gamma)=0$$

因为 $0<\gamma<1$,所以,

$$\frac{\partial R(x_1)}{\partial x_1}E(x_1)-\frac{\partial C(x_1)}{\partial x_1}=0$$

$$\frac{\partial R(x_2)}{\partial x_2}E(x_2)-\frac{\partial C(x_2)}{\partial x_2}=0$$

$$\frac{\partial R(x_3)}{\partial x_3}E(x_3)-\frac{\partial C(x_3)}{\partial x_3}=0$$

$$\vdots$$

$$\frac{\partial R(x_n)}{\partial x_n}E(x_n)-\frac{\partial C(x_n)}{\partial x_n}=0$$

得出当团队知识合作中各知识生产者的期望成功概率满足如下关系式时,他们才会产生合作的驱动力:

$$E(x_1)=\frac{\partial C(x_1)}{\partial x_1}\bigg/\frac{\partial R(x_1)}{\partial x_1}$$

$$E(x_2)=\frac{\partial C(x_2)}{\partial x_2}\bigg/\frac{\partial R(x_2)}{\partial x_2}$$

$$E(x_3)=\frac{\partial C(x_3)}{\partial x_3}\bigg/\frac{\partial R(x_3)}{\partial x_3}$$

$$\vdots \quad \vdots \quad \vdots$$

$$E(x_n)=\frac{\partial C(x_n)}{\partial x_n}\bigg/\frac{\partial R(x_n)}{\partial x_n}$$

以上各个一阶偏导分别为团队第 i 个知识生产者知识合作驱动力的临界值,各知识生产者的期望成功概率只有达到或超过这个临界值时,才会产生知识合作的驱动。

5.5 本章小结 ●●●➡

本章首先从发展自我的原动力和利益追求的驱动力两个方面构建直接互惠知识生产合作的动力模型,对直接互惠知识生产合作进行博弈分析,指出受到团队规模与信息传递的限制,知识生产团队的直接互惠存在一定的局限。其次从知识生产者坚定维护个人声誉和逐步追求更高需求的行为特征两方面构建间接互惠知识生产合作的动力模型,间接互惠理论为规模较大、关系较为松散的团队知识生产合作行为的存在提供了很好解释,但间接互惠也容易受到不完全信息的影响,具有一定的局限性。本章接着对强互惠知识生产合作动力机制进行研究,分析了强互惠行为的特征,从自激励补偿机制和分享合作剩余机制两个角度分析强互惠的激励机制，揭示知识生产合作强互惠策略特点以及强互惠知识生产合作进化机理，指出强互惠知识生产合作也存在外部约束，需建立与强互惠相适应的知识生产合作强互惠制度，进而构建强互惠知识生产合作动力模型。最后，本章指出，基于互惠的知识生产合作不能只是由单一的动力机制来解释或完成，它应该是由一个完整的体系来实现的，需要构建知识生产互惠合作的综合动力模型与驱动模型。知识生产者自身内在的动力与团队外部环境的推力共同组成团队知识生产互惠合作的合力，合作带来的物质利益与精神利益共同形成团队知识生产合作的驱动力。

第六章 团队知识生产互惠合作的激励机制

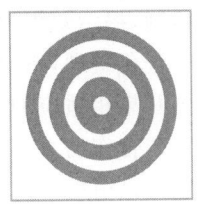

6.1 对传统知识生产激励制度的反思

6.1.1 传统知识生产激励理论的研究进展

知识生产是否需要激励,这与知识生产者的生产目的有关。假定知识生产者纯粹为知识而生产知识,知识生产属于知识生产者本身自发而喜爱的活动,对探索科学知识问题所固有的好奇心得到满足就足够激励知识生产者,那么对知识生产的激励就没有必要进行研究,因为创新知识生产问题得以解决就是对知识生产者最大的奖赏。然而,大多数情况下,正如斯蒂芬(Stephan,1996)所述,知识生产者是为报酬而生产知识的,他们需要金钱、社会名利等补偿其在知识生产上的投入,Isabelle(2004)认为相当多的证据证明,在大学和公共研究机构的知识生产者,尽管他们有着探索知识的好奇心,但保证收入水平还是知识生产者的第一个动机。基于此,对知识生产进行激励必定会成为一个举足轻重的问题,知识生产政策对知识生产的规模、可靠性以及效率的影响非同小可。

6.1.1.1 基础科学知识的激励理论

从科学发展的历史进程看,关于科学发现优先权的争论在近代科学革命之后就开始频繁出现。较早系统地分析科学研究中优先权重要性的学者是美国科学社会学家默顿(Robert K. Merton),默顿在1957和1982年等一系列论文中论证了科学发现的优先权对知识生产者而言是一种最好的奖励。默顿在《科学发现的优先权》一文中深刻揭示科学发现优先权之争这一科学史实背后隐藏着的价值导向和制度含义。一般情况下,科学知识成果是对前人未知的自然界及其客观规律的科学发现,如牛顿的"万有引力定律"、爱因斯坦的"相对论"等,科学知识即为基础知识,具有唯一性、真理性、基础性等特性。知识生产者在某一领域经过多年的科学探索,一旦有所发现,有了科学知识新成果,他必然会赶紧发表,向全世界通报,尤其是要在自己所从事的知识生产领域中,让同行知道自己的新发现。如果他的科学知识发现被同行普遍承认,他的科学发现的优先权就被建立起来了。因为科学知识作为一种思想的存在,一经发表便无法为知识生产者所垄断,且知识的使用和消费不仅不会使知识减少,反而会增加更多的知识。尼尔逊(Nelson,1959)、阿罗(Arrow,1962)对知识的讨论也证实科学知识产品具有很强的外部性和公共物品性质,因而承认科学知识发现优先权,可以激励知识生产者加快知识的公开,避免知识的重复生产,提高知识的社会价值。这正如默顿所说,把科学知识发现优先权作为一种制度,其首要的目标乃是"扩展确证无误的知识"(the extension of certified knowledge),增加社会可靠性的知识存量。

根据激励理论,对创造活动的制度性激励要求赋予创新者"对于特定资源排他性使用的排他性权利"(布罗姆利,1996)。然而,基础知识创新生产活动不同于一般物质生产,知识生产者公开发表科研成果,获得知识发现优先权,也就意味着其丧失了对这一基础科学知识产品"排他性使用的排他性权利"。那科学知识发现优先权又是如何起到对知识生产的激励？知识生产者的"知识产权"又是如何进行明晰与界定呢？此时，只要仔细分析科学发现优先权的认定，就可以发现，尽管科学知识优先权的认定没有赋予科学家对基础科学知识产品使用意义上的"排他性"，但通过科学共同体对其发现优先权的承认，使其享有认定贡献意义上的"排他性"，受科学共同体"承认"的这种"排他性"权利形成了科学知识生产过程中的奖励系统。默顿还认为，"个人自我选择过程和体制的社会选择过程相互作用，影响了在既定活动领域相继获得机会结构的概率。……因此，奖励制度、资源分配和社会选择就发挥作用，在科学中创造并维持了一个阶层结构，在科学家中提供了一种分层的机会分配，以增进他们作为研究者的作用。"也就是说，不同程度的"承认"，成为科学共同体进行分层并形成权威结构的基础，因此科学发现的"优先权"本质上也是一种财产权。

当然，默顿把基于"承认"的科学知识奖励主要看作是科学共同体内部的"名誉性"奖励。尽管在默顿时代，人们就已经注意到科学知识界存在着对"物质性"激励的要求，但默顿基本上没有涉及这种名誉性奖励与社会更广泛的资源分配之间的关系，特别是与物质分配之间的关系，或者说，至少没有给予这方面应有的重视（李正风，2007）。但科学知识生产需要耗费巨大的成本，而且知识生产者不可能都是那些不为衣食所忧的有才、悠闲的自由人，他们中的绝大部分尽管受探索自然奥秘的好奇心驱动，但也需要相应的物质利益来补偿他们在知识生产上的投入，因而，科学知识发现优先权的奖励机制除了给予知识生产者"名誉性"的奖励，还应该发挥"物质性奖励"在科学知识生产奖励机制中的基础性作用。尤其是随着近代科学知识生产的职业化，科学知识生产是通过科学共同体与政府、社会之间没有明示但事实上存在的"集体契约"加以维系的。在这种"集体契约"中，科学知识生产已经被纳入到整个社会的价值分配体系内，知识生产者不但要获得科学共同体的"界内承认"，还要得到社会分配系统中"社会承认"（李正风，2006）。制度安排首先应当保证基础知识生产者能够从社会分配体系中获得生存和发展的必要条件,能够在社会分配体系中处于恰当的位置。为此,当知识生产者优先权被确立以后,政府应该辅之以公共财政支持和建立其他科学奖励制度等形式,使知识生产者获得与优先权有关的各类报酬,来换取社会对基础科学知识成果的公有产权。

袁志刚(1999)归纳出了与优先权有关的四个较常见报酬,同时涵盖了"名誉性奖励"和"物质性奖励"。一是以知识生产者的名字来命名知识,比如哈雷彗星、Hodgkin 病毒等以完成该项科学发现的知识生产者名字命名,以表彰其在某一项基础科学知识领域优先发现;二是给予科学奖金,如诺贝尔奖、拉斯克奖等,其中诺贝尔奖是世界范围内最著名的奖励科学知识发现的科学奖金,近十几年,诺贝尔奖奖金金额基本维持在 100 万美元左右;三是授予学术头衔,那些获得知识优先权的知识生产者有机会被选为国家科学院院士(如美国等)或皇家科学院院士(如英国等);四是允许著作发表,著作发表刊物的等级往往和知识发现的重要程度对应,著作发表的数量和影响力决定知识生产者相当部分的收入。作为与"名誉性奖励"对应的"物质性奖励"这一概念,李正风(2007)还认为,"物质性奖励"并不能单纯指金钱或纯粹以物品形式体现的激励,而应该是指那些与知识生产者的生活实践密切相关的社会物质资源回报,包括获得必需的生活资料、适宜的生活条件和科研环境、新的科研投资及较高的社会待遇等复杂内涵。在当前的知识生产体制下,对于高等院校和科研机构的基础科学知识生产者较有诱惑的激励不仅仅是声望或科学共同体的承认,更重要的是在职业体系中特定职位的晋升,与此职位相联系的薪金的增加,相关体制化的社会待遇等"职业收益",在该职业体系中升迁的可能性,以及随后可能获得的研究经费和其他科学奖励等。

李正风(2007)的分析进一步认为,默顿关于知识生产优先权激励机制理论存在两方面的缺陷:第一,默顿对科学知识生产奖励机制的研究主要适用于"学院科学"时代的科学知识生产活动;第二,默顿没有把科学知识生产作为一种职业化活动,没有充分重视对科学知识生产者的"名誉性奖励"与社会分配体系之间的关系。"学院科学"以生产公共知识为主要任务,"公有主义"是这一时期维系知识生产职业化过程的制度性要求。但伴随科学知识生产的进一步职业化,当科学知识生产通过科学共同体与政府、社会之间没有明示但事实上存在的"集体契约"加以维系时,知识生产者公开发表科学论文,成为职业化地进行科学知识生产活动的前提条件。当科学知识生产被纳入整个社会的价值分配体系中时,知识生产者在公开科学知识产品并让渡其专有使用权之后,知识生产者不但要获得科学共同体的"界内承认",还要得到社会分配系统中的"社会承认"。此时,必须在默顿等人关于科学共同体"界内承认"研究的基础上,进一步分析如何使科学共同体的"界内承认"转变为"社会承认"的机制。因而,科学知识发现优先权的奖励机制除了给予知识生产者"名誉性奖励",还应该发挥"物质性奖励"在科学知识生产奖励机制中的基础性作用,制度安排首先应当保证从事科学知识的生产者能够从社会分配体系中获得生存和发展的必要条件,使其能够在社会分配体系中处于恰当的位置。

6.1.1.2 应用技术知识的激励理论

长期以来,知识的公共产品性质几乎是不言而喻的,由于知识产品的这些公共产品性质和知识生产具有高风险和长期性投资的特点,通过科学共同体授以知识发现优先权,并由政府的财政支出来支持基础知识的生产和传播,这样的非市场机制激励方式保证了基础科学知识生产领域的最优生产效率。但是,进入20世纪六七十年代以来,知识生产广泛具有"应用驱动"和"异质性互动"的新特点,知识生产方式不断从"学院科学"向"后学院科学"发展转变。并且在知识生产"异质性互动"的二螺旋、三螺旋过程中,由于知识生产者社会交往的网络发生了变化,其获得社会回报的空间也不断扩展,相应地,科学知识生产的激励模式也在悄悄改变。在以知识生产者之间的同质性互动为主的"学院科学"中,对知识生产者贡献的物质激励主要体现为以科学共同体的"界内承认",并通过"界内承认"转化为"社会承认"的间接过程,而在以知识生产者间的"异质性互动"过程中,知识生产者的经济报酬部分变成直接通过"社会承认"的简单途径获得(李正风,2007)。

体现在现实知识生产活动中,除了高等院校和科研机构等科学共同体,以追求盈利为主要目的的私有企业也越来越多地介入到知识生产领域,有些行业中的企业,如生物制药工业、电子工业等企业不仅介入应用技术研究,而且也介入基础科学研究,从而,使生产创造出的知识不但具有公共产品性质,同时还具有私有产品的性质。公共产品性质知识成果是可以公开发表,让全人类共同享用的;而具有私有产品性质的那一部分知识成果我们称之为应用技术性知识,由于它们可能带来可观的经济价值,一般都不公开,有些应用技术知识即使公开,也不可能是纯免费供应与自由转移和传播的。因此,对于一项新的发现,知识生产者往往一方面为了争取优先权,抢先发表,声明自己已经发现了某项科学成果;另一方面又把这项科学成果的细节作为私有物品进行保密。

由上可知,应用技术知识生产与基础科学知识生产存在极大的不同。应用技术性知识具有私有产品性质,只要知识生产者能够垄断该项应用技术知识,并利用其带来生产领域的超额利润,那么应用技术知识就能比较容易建立起各类私有产权的保护,因此,对应用技术知识生产的激励就可以完全建立在市场机制的基础上。掌握创新应用知识的生产者可以通过对创新知识的显性知识部分进行保密,防止其他知识生产者学习与模仿,使其自身独自拥有商业秘密权,或者对创新知识的隐性知识部分进行保密,拖延其被模仿的时间差。如果首创的知识生产者能够在这段时间里有效地获取超额利润,并且这部分超额利润用以弥补创新知识生产费用以后还有剩余,那么市场机制就能有效激励这一类应用知识的创新,达到知识生产资源配置的最优(袁志刚,1999)。

显然,某项应用技术知识创新能否带来经济上的超额利润,这是市场机制基础上私有产权安排的前提。在市场机制的作用下，若应用技术知识本身的自然性质难以做到有效保密，或者保密的时间不够长时，将出现获得的超额利润不能补偿创新知识生产的费用，此时作为补充市场机制不足的知识产权保护就变得十分重要了(袁志刚,1999)。

因而应用知识创新生产者可以用该项技术发明申请专利，杜绝他人的模仿。从事该项技术开发的企业也可以在专利权保护的期限内，或者以出售专利的形式收回技术开发的资金投入，或者通过利用该项创新技术，自己生产产品，获取垄断超额利润，补偿技术开发成本。其实，鼓励应用技术知识生产的专利法可以追溯到15世纪，但直到20世纪60年代，"知识产权"这一概念才逐渐被绝大多数国家及所有世界性国际条约、国际组织采用，并泛指一切智力创作成果的产权。建立在市场机制基础上的各种形式知识产权制度旨在保障"权利人对其所创作的智力劳动成果所享有的专有权利"，这不仅体现了通过产权制度激励知识创新的思想，而且明确把"知识生产劳动成果"作为财产，作为具有重要经济价值的创新资源(李正风,2011)。

总之，针对应用技术知识生产的激励，商业秘密权和发明专利权等是最有效的市场补充激励机制，且商业秘密权和发明专利权两者都是具有"排他性"使用的财产权，此时的"排他性"财产权已经不仅仅是默顿意义上的基于"承认"的公有产品排他性财产，而是私有产品的实实在在"排他性"使用的财产权。不过，发明专利权首先基于对知识的公开披露，然后通过技术制度的基本产权形式加以保护，使知识生产者获得创新应用知识的市场超额价值，而商业秘密权基于保守应用知识的技术秘密，知识生产者的超额利润是通过企业制度的基本产权形式来实现。

6.1.1.3 对两种激励理论综合评价

随着知识经济时代的到来，社会对应用技术知识创新的需求不断加大，应用技术知识的更新速度也在不断加快，同时应用技术知识对基础性的科学知识依赖度也在不断加强,因而,许多学者针对不同知识创新生产的特点,把知识生产激励作为一个独立的问题加以研究,即研究不同的知识产权保护激励模式如何与具体的知识生产相匹配。国外学者较早综合考虑基础科学知识与应用技术知识特点,提出分别以市场模式与非市场模式进行激励,并指出不同模式的优点与不足之处(袁志刚,1999)。周波(2008)在国外学者帕尔塔(Partha et al.,1994)、霍尔(Hall,2004)等知识生产激励模式的基础上,提出了他认为不容易引起误解的知识生产激励模式:科学制度和市场制度,探究了各自模式的运行方式以及对社会福利的影响,并且讨论知识生产者如何选择两种模式以及政策制定者如何平衡两种模式。

对于作为知识基础的科学知识,通过非市场模式赋予创新生产者的知识优先权。一方面,优先权激励模式激励知识生产者勤奋工作,多生产知识产品,尽快公开知识,加速知识传播,发挥知识的外部性优势,这不但避免了知识重复生产,还提高了知识的社会价值,使之服务于全社会;另一方面,优先权激励以承认学术记录为基础,建立在公开科学知识发现的信息基础上,知识公开使同行能够对新发现的知识进行甄别(screening)和评价(evaluating),这种制度能有效排除谬误,杜绝抄袭和剽窃行为,扩展确证无误的知识。除此之外,优先权激励还能促使知识公开,有效促成知识生产者之间的协同,突破了知识生产者个体的智力局限和生命局限,因此,这样的激励模式对科学共同体或社会都是有好处的。

然而优先权激励属于典型的基于产出的激励,它确立了知识生产者之间的竞争关系,并将这种竞争落实在成果发表时间的竞赛上。它虽然能抑制知识生产者的卸责动机以及免除对知识生产过程的监督,但是科学竞赛又不同于体育比赛,荣誉归于科学发现第一人,奖金归于科学发现第一人,亚军和季军却一无所获,基于优先权的激励乃是一种"赢家通吃"(winner-take-all)的激励模式。在这种激励模式下,知识生产者为了争夺发现优先权,实际上比体育锦标赛的竞争还激烈。因而王建安(2006)认为,基于优先权报酬系统来运作的科学知识生产激励机制,从静态的角度看,能激励知识生产者对社会公共知识的生产和公开披露,且这种优先权激励制度与公开披露规范是激励相容的;但从动态的角度看,这种优先权激励制度与公开披露规范之间可能出现激励不相容的问题。为了解决这个问题,发现的优先权还需要"公有主义"这种科学文化的配合,以提高知识生产的效率和加快知识的公开披露。

基于知识生产的不确定性,优先权的激励模式等于把在知识生产中尽了很大努力但仍不出成果的风险全部加在了知识生产者身上,假如所有的知识生产者都是风险规避者,那么最终没有一人能坚守科学知识生产领地。因此为了激励知识生产者生产基础知识,这些知识生产者的报酬结构包含了两部分:一部分是固定的基础报酬,即不管知识生产者的成就如何,他首先能够拿到一份稳定的工资,这一份基本工资必须能保证他们的基本生活,而且这份工资一般要高于社会某种工作的平均工资;另一部分是基于优先权的激励,激励知识生产者进入高风险的科学知识研究领域,努力成为科学发现第一人,在此基础上他们可能获得与优先权相联系的各种金钱和非金钱的一系列报酬。目前的研究型大学里,前一部分恰好可作为对教学工作的报酬,后一部分则作为对科学研究的报酬,这正是将教学与科研结合起来的报酬激励体制(王建安,2006)。

周波(2008)进一步认为,为了规避知识生产的风险,虽然为科学知识生产者提供了基础报酬,但基础报酬的多寡一般取决于同行评议,且评议标准具有人为主观性,弹性系数较大;胜者获得一切的激励制度有可能使知识生产者由于在能力或者机遇上的些微差异,进而形成强者愈强、弱者愈弱的马太效应;对优先权的追逐容易导致知识生产的同质化,导致知识生产项目趋同;同行评议的诸多操作,比如课题立项的同行评审、论文发表的同行评议、文献追溯惯例等,容易导致知识生产者刻意回避偏远的研究主题,由此研究资源沿知识生产项目的分布将缺乏效率;更为严重的是,无论优先权激励还是基础报酬激励,非市场的知识生产激励机制都是依赖同行评议,目的在于缓解社会和知识生产者个体之间的委托代理困境,但这会引发社会和科学家群体之间的委托代理新困境,代理人可能出现群体失职,从而增加制度成本。比如:群体迷信权威,群体内部的裙带关系导致对学术贡献评价不公,学术评价被整体"拔高"以游说社会向科学领域投入更多,知识生产项目选择上的群体投机,诸如热衷低价值低风险项目而回避高价值高风险项目等。

作为具有私有产品性质的应用技术知识,应用技术知识生产的激励建立在市场机制的基础上,诉诸市场回报,超额利润就是技术知识收益,也是激励知识生产者的动力源泉。报酬多寡取决于应用知识的技术内化商品的竞争力,依据市场竞争法则决定知识生产者的报酬是市场制度的本质。当然,应用技术知识市场激励制度建立在知识产权制度的基础上。针对隐蔽性应用知识的知识产权保护制度要求对知识进行保密。若从全人类的福利角度来看,商标保护、商业秘密等知识产权制度限制了应用知识的扩散,甚至知识生产者个体生命的终结可能导致人类永远失去他的知识,而专利权、著作权等的产权制度虽然能完成应用技术知识的"有条件"扩散,对比优先权制度鼓励科学知识广泛传播,市场机制基础上的知识产权保护是低效率的,它损害知识的外部性发挥作用,导致知识生产重复的 R&D 投资活动。在极端情况下,应用知识生产者若拥有完全的知识产权保护,知识生产者将获得稳固的垄断权、自由的价格歧视空间以及从容的交易周期,知识生产者将攫取知识的全部价值,使得消费者的消费剩余降到最低。基于此,美国早在 100 年前就已建立反垄断的《谢尔曼法》,有效的反垄断机制规避了专利的负面影响。20 世纪 80 年代后期以来,随着世界各国经济政策的民营化,政府行政干预逐渐减少,各国反垄断立法的步伐大大加快。现实的知识产权保护基本是对知识生产者的

"有限保护",具体体现在:政府部门对申请知识产权保护设置门槛,主管部门通过一定的程序来决定是否授予专利以及授予年限等问题,对专利仅在规定时限内进行保护。

尽管如此,专利权等知识产权的使用要求创新活动充分考虑市场需求,因而大大推动了技术商业化发展和技术进步。杨小凯曾认为,1624年英国创立的专利制度《垄断法规》直接推动了英国的工业革命。另外,市场激励制度并不完全抑制知识生产的外部性,知识产权交易将引发非刻意模式下的知识转移(周波等,2006),而且人们通过逆向工程,可能发现蕴含于知识内化商品的知识,市场激励制度下知识仍然会溢出(周波,2008)。从长远的角度看,受到保护的私有知识一般都将转为公共品,最终成为人类共同的财富。学者因此普遍认为,知识产权保护是知识经济时代一项重要的法律制度安排,必须承认知识产权,保护知识产权,才能促进知识的生产和传播。

专利制度是用市场的经济利益来回报技术知识创新生产,对不具备直接商品价值的知识成果,以及一些风险和成本都非常高的基础知识生产,专利制度不能提供足够的经济刺激与激励。在科技日益复杂的今天,有些知识生产需要各国政府组织国际合作,而对于在这些合作知识生产中做出杰出贡献的个人,则需要通过非市场的奖励机制给予回报。另外,从激励效率来看,基础科学知识成果是社会需求的重要信息,是应用性技术开发的基础,若对这些成果赋予私人产权,造成知识低效使用的负面效应将远远大于其对知识生产激励的正面效应,因而在基础知识生产领域,应采用优先权激励而不是市场机制下的专利权以更符合社会福利的要求。由此,周波(2008)认为,从社会福利的角度,两种知识生产激励模式是互补的,既体现在两种模式各有适应面,又体现在非市场制度对市场制度在知识生产的人才、知识生产平台、知识生产方法等方面的支持。另外,市场制度的繁荣势必将回馈非市场制度,保证两种激励模式的平衡是一个国家最重要的知识生产政策。然而,从吸引知识生产者的角度,两种激励模式是竞争的。知识生产者之所以选择其中一种制度,原因在于该制度所提供的效用高于放弃另一种制度的机会成本。如果某类知识的市场价值得以发现,知识生产者将从非市场机制转入市场机制,投入技术知识生产;反之,若国家加大对科学知识激励的资助强度,将吸引更多的知识生产者转入科学知识的生产。知识生产者的利益权衡将决定知识生产人口总规模在两种知识生产领域分布的均衡比例。

6.1.2 传统知识生产激励制度的激励扭曲

传统的知识生产激励制度,无论是基于非市场制度的科学知识优先权激励,还是基于市场制度针对应用知识生产的知识产权激励,许多学者在肯定两种激励制度产生正面作用的同时,也客观公正地分别指出各激励制度存在的诸多缺陷,如知识发现优先权可能对二流、三流知识生产者产生负面影响,容易在同行评议的过程中产生一系列问题,以及商业秘密权、专利权等对社会福利造成的损失等。然而很少学者关注这两种激励制度在长期反而诱导创新人才间形成不信任的非合作文化,造成创新团队建设不利局面的这些问题,更别说去寻找其共同的制度根源。本书认为知识生产激励制度对知识生产者造成的激励扭曲源于两种制度共同存在的问题:一是两种激励制度都是注重个人知识生产结果而忽视对知识生产过程的关注,是锦标赛模型的翻版;二是两种制度设定都以知识生产者自利偏好假设为前提,忽视创新人才偏好的差异性、互惠合作偏好的存在性以及制度对其偏好演化路径的影响。

6.1.2.1 自利偏好下传统知识生产锦标赛模型分析
(1)知识生产激励锦标赛模型建立

已有的知识生产激励制度无论是赋予知识优先权还是知识产权,都是激励创新知识的第一个提供者,胜者拿走一切,且得胜者不是根据他的绝对表现,而是根据他与其他人比较的相对表现,因而知识生产活动相当于体育锦标赛,且比体育锦标赛更残酷。假如知识生产者为报酬而生产知识,需要物质利益、社会声誉等进行补偿,出于利己动机,知识生产者进行知识生产投入是以市场为导向的,由于最终产出成果受生产者的努力程度与外部不确定因素的共同影响,因而知识生产的投入与产出关系只能用随机概率来刻画,假设知识生产者的风险偏好均为风险中性。

基于上述假设,在知识生产锦标赛激励制度下,若两个生产者 A 和 B 都试图通过努力,成为最后的胜利者,但在一定的努力程度下,得胜的可能性为 $P(e)$,若得胜,得到较高的报酬 W_h,若出局,得到较低的报酬 W_l。一方面,虽然获胜的可能性不太确定,但若付出较大努力,还是会增加得到高报酬的可能。但另一方面,无论是从会计成本还是从机会成本角度,努力总是要付出成本的,在一定努力程度 e 的情况下,用 $C(e)$ 代表成本,并且存在 $C'(e)>0, C''(e)>0$。

如果生产者付出努力程度 e,有 $P(e)$ 的可能性获胜,获得报酬 W_h,另外有 $1-P(e)$ 的可能性不能获胜,报酬为 W_l,那么生产者获得报酬的期望值为 $W_h P(e)+W_l[1-P(e)]$,由于努力需要付出 $C(e)$ 的成本,在总报酬中要减去,那么生产者的净报酬函数为:

$$W_h P(e)+W_l[1-P(e)]-C(e_i) \quad i=\text{生产者} A,B \quad (6\text{-}1)$$

要想知道知识生产者的最优努力程度,只需对净报酬函数求极大值:$\max\{W_h P(e)+W_l[1-P(e)]-C(e_i)\}$,即对努力程度 e 求偏导,令其为零,如下式:

$$(W_h-W_l)\frac{\partial P}{\partial e_i}-C'(e_i)=0 \quad (6\text{-}2)$$

且 $(W_h-W_l)\dfrac{\partial^2 P}{\partial e_i^2}-C''(e_i)<0$

其中 $\dfrac{\partial P}{\partial e_i}$ 代表知识生产者的努力程度对其能获胜的可能性的影响。

第六章 团队知识生产互惠合作的激励机制

根据假定,A、B 两生产者获胜与否不是根据个人的努力程度而定,而是根据比较生产者的成果而定。若他们的成果分别表示为:

$$Z_A = e_A + X_A + X_c \tag{6-3}$$

$$Z_B = e_B + X_B + X_c \tag{6-4}$$

其中:Z_A 代表 A 的成果,Z_B 代表 B 的成果;e_A 代表 A 的努力程度,e_B 代表 B 的努力程度;X_A 代表 A 的一些不确定的因素,X_B 代表 B 的一些不确定的因素;X_c 代表共同的不确定因素,既影响知识生产者 A,也影响知识生产者 B。

不失一般性,假定 A 生产者在锦标赛中胜出,A 能获胜的可能性要求 A 的成果优于 B 的成果,概率为 P_0,即:

$$\begin{aligned} P_0 = P(Z_A > Z_B) &= P(e_A + X_A + X_c > e_B + X_B + X_c) \\ &= P(e_A - e_B > X_B - X_A) \end{aligned}$$

因为 $(X_B - X_A)$ 是随机变量,所以生产者 A 与 B 的努力程度差别 $(e_A - e_B)$ 也是一个随机变量,设 $\xi = X_B - X_A$,若 ξ 这个变量符合统计分布 $F(\cdot)$,概率密度函数记为 $f(\cdot)$,那么 $P(Z_A > Z_B)$ 就可以表达为:

$$P(Z_A > Z_B) = F(\xi) = F(e_A - e_B) = F(X_B - X_A) \tag{6-5}$$

因为 ξ 代表影响两个生产者各自的噪音因素之差 $(X_B - X_A)$,根据假设条件四,知识生产过程是长期的,对于 A 与 B 来说,在长期的、重复的知识生产过程中可以对知识生产中遇到的有利因素与不利因素进行适当的调整,从而在长期范围内影响知识生产的有利因素与不利因素发生的概率应该几乎相等,所以两个噪音的期望值各等于零,于是就有 $E(\xi) = 0$(Lazear,1994)。

根据式(6-2)和式(6-5)可得:

$$\frac{\partial P_0}{\partial e_A} = f(X_B - X_A) = f(0) \tag{6-6}$$

设 B 能获胜的概率为 q_0，且 $p_0+q_0 \leqslant 1$，
同理得到：

$$\frac{\partial q_0}{\partial e_B}=f(0) \tag{6-7}$$

利用(6-6)、(6-7)式，把式(6-2)转化为下式：

$$(W_h-W_l)f(0)=C'(e_i) \tag{6-8}$$

(2)对模型结果的讨论

由式(6-8)可以看出，知识生产者的努力程度与两个因素相关：一个是获胜与未获胜的报酬之差，也就是(W_h-W_l)；二是与知识生产者所处的系统噪音有关，即 $f(0)$。我们可用图形(图 6-1 和图 6-2)来直观地显示努力程度与这两个因素的关系。

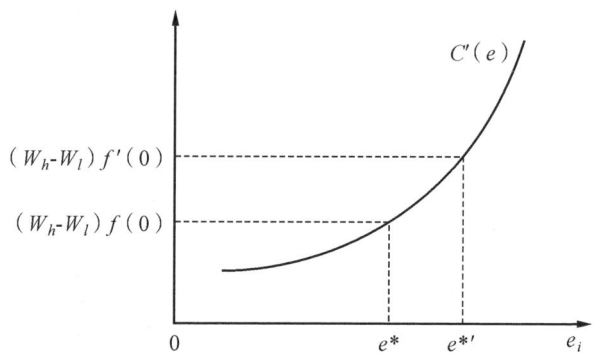

图 6-1　知识生产者努力程度与激励报酬关系

图 6-1 显示，在随机分布密度函数 $f(0)$ 给定的情况下，知识生产激励的报酬设得越高，获胜带来增加的报酬越多，激励效果越大，生产者付出的努力就越大，当激励报酬之差由(W_h-W_l)增加到$(W_h-W_l)'$，努力程度由 e^* 增加到 $e^{*'}$。

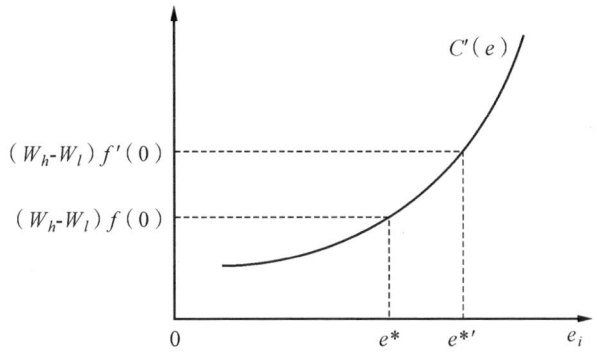

图 6-2　知识生产者努力程度与系统噪音关系

图 6-2 显示,假设激励的报酬不变,报酬之差 $(W_h - W_l)$ 即为常数,但模型中表示的噪音因素不同,$f(0)$ 越大,从 $f(0)$ 增大到 $f'(0)$,干扰因素等于零的可能性就越大,竞赛的不确定因素越小,获胜的可能性较大,在这种情况下,生产者愿意付出较大的努力,努力程度由 e^* 增加到 $e^{*'}$。

联系现实的知识生产环境:对于创新知识的生产而言,投入与产出是极不确定的。知识生产的投入要素较复杂,存量知识投入与智力劳动投入是必不可少的,知识生产者首先必须通过学习获得存量知识,即先投入学习成本,包括货币成本与时间成本的双重付出。相比较,基础性科学知识要比与市场联系较密切的应用技术知识更加深奥难学,除了需要自身努力,更需要得到学习伙伴的帮助,这无形中增加了学习的协作成本,因而学好基础科学知识的成本更高,并且在知识创新生产过程中始终存在着尚不知道的技术、经济问题,难以准确地预测和追踪生产活动的结果。通常,基础性科学知识的新突破要比能直接产生市场价值的应用技术知识更不容易。统计资料显示,纯基础研究的成功率一般为 3%,应用基础研究的成功率也仅有 15%(陈劲等,2004)。因此,若付出相同的努力,应用性技术知识获得的可能性 $f(\cdot)$ 将会稍大一些,要想使基础知识创新获得与应用知识创新相同的成绩,更需要依靠团队的紧密合作,并付出额外的协作成本。然而,已有的锦标赛知识生产激励制度是针对个人成果的激励,又由于在激励知识生产中技术知识与产业关联较强,基础科学知识与产业联系相对较弱,即使在获胜的可能性 $f(\cdot)$ 几乎没有差异的情况下,相比基础知识生产领域,应用技术知识生产领域的激励报酬也会比基础科学知识生产领域更高,应用技术知识生产领域的锦标赛报酬之差 $(W_h - W_l)$ 较大,因此,知识生产者在权衡收益与成本后,对参与团队知识合作生产几乎没有多大兴趣,更愿意单枪匹马,竭尽个人所有资源、精力以投入到应用知识生产领域。在资源有限的情况下,这必将产生基础知识生产投入严重不足的局面。加上某些应用知识生产领域的报酬 $(W_h - W_l)$ 之差较大,还将导致知识生产资源集中投入于能带来较高经济效益的某些应用知识生产领域,加剧了某些技术知识生产领域的恶意竞争,最终影响了知识生产的总体效率。

图 6-3 给出了基于自利偏好下的传统知识生产激励制度安排与激励扭曲模型。其中,实线代表直接影响,虚线表示间接影响,箭头代表影响的方向(以下图示中的箭线皆符合此类解释)。

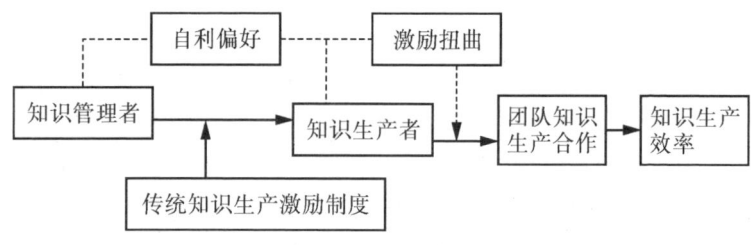

图 6-3 传统知识生产激励制度的激励扭曲模型

根据现代委托代理契约理论,作为委托人的知识管理者,为了防止知识生产团队成员的偷懒行为与减少知识管理者本身的管理成本,在知识管理中,运用拉泽尔、罗森的锦标赛理论,制定出的知识生产激励制度,不管是知识发表优先权制度还是知识产权制度,都是锦标赛模型的具体应用。由于基础知识生产的难度与不确定性较大,更需要团队知识生产者的共同协作与资金的大力投入,但知识生产锦标赛激励制度是基于个人的激励,是基于知识生产者的自利偏好假设,并利用知识生产者自利动机之间的相互制衡机制,这样的激励制度极易造成激励扭曲,进而严重破坏团队知识生产合作,尤其是基础科学知识生产团队的合作。加上在现实实施锦标赛奖励过程中,应用技术知识的报酬收益远远大于基础科学知识的报酬收益,导致了应用技术知识生产领域的恶性竞争与基础科学知识生产领域投入不足,造成知识生产的低效率在所难免。

6.1.2.2 "自利"、"负互惠"偏好下传统知识生产激励扭曲

(1)锦标赛制度与知识生产者负互惠偏好的演化

我们认为,知识生产锦标赛激励制度建立在知识生产者"自利"、"同质"、"稳定"的偏好假定基础之上,未考虑知识生产团队内部成员互惠偏好的存在,更未考虑制度对知识生产团队各成员的偏好及其知识产出造成的影响,显然这与现实不符。根据行为经济学知识,人类偏好具有异质性、多面性和可塑性。"自利"、"互惠"甚至"利他"等偏好在知识生产者身上都有可能存在,知识生产团队中自利偏好、互惠偏好等个体会以一定的比例存在。受当代知识生产方式的影响,知识生产者都有"合作的渴望",但在不同的制度环境下,各自的偏好又将沿着特定的路径演化。那种注重结果、试图利用自利动机之间的相互制衡、以报酬支付差异作为激励手段的激励锦标赛制度,其机制本身蕴含着不平等文化,在执行过程中必然会自动产生对互惠型知识生产者不公平的对待,这一情境引致的信念进而会影响互惠者效用水平不同程度的减少,对知识生产者的自愿性合作行为产生挤出(crowding-out)效应。当激励制度付诸实施并运行时,锦标赛制度将诱使互惠型知识生产者采取"以怨报怨"的负互惠行为,使互惠型团队成员变成只关心自己的产出业绩、专注于实现自己业绩目标相关的资源分配,于是,存在于知识生产团队一定比例的互惠合作偏好逐渐向自私自利的

偏好方向演化,知识生产团队成员在生产过程中原本希望拥有的相互依赖、相互协作关系慢慢地被不合作的损人利己的竞争关系取代,最终知识生产团队成员之间的善意信念荡然无存,剩下的只有防备与嫉妒。

(2)"自利"、"负互惠"偏好下的锦标赛模型构建

假设知识生产者均为理性人,最初以互惠偏好与自利偏好两种类型存在。又假设知识生产者 i 的产出 z 取决于其自身的努力水平 e_i 和外生不确定因素 ε_i,且 $h(e_i)$ 是关于 e_i 的凹函数,$E(\varepsilon_i)=0$ 和 $E(\varepsilon_i^2)=\sigma^2$。则 i 的产出 z_i 用函数表示为:

$$z_i = h(e_i) + \varepsilon_i \tag{6-9}$$

用 $C(e_i)$ 代表努力成本,并且存在 $C'(e_i)>0, C''(e_i)>0$,生产者的净报酬就是所获报酬减去努力成本。再假设获胜的报酬为 π_i^h,失败的报酬为 π_i^l,由于锦标赛制度报酬的不平等,必使互惠型知识生产者产生负互惠,从而形成防备与嫉妒的敌意心理,减少了报酬所得的效用水平。于是,当知识生产者 i 获胜时,i 的总效用 U^{hi} 表示为:

$$U^{hi} = \pi_i^h - \varphi(\Delta\pi) - C(e_i) \tag{6-10}$$

当知识生产者 i 失败时,i 的总效用 U^{li} 表示为:

$$U^{li} = \pi_i^l - \gamma(\Delta\pi) - C(e_i) \tag{6-11}$$

这里的 $\Delta\pi$ 是报酬之差 $(\pi_i^h - \pi_i^l)$,$\varphi(\Delta\pi)$、$\gamma(\Delta\pi)$ 分别表示由于报酬差距造成的知识生产者获胜时出于防备和失败时产生嫉妒心理所造成的效用损失,φ 为防备系数,γ 为嫉妒系数,一般 $0 \leqslant \varphi \leqslant \gamma$,且 $\gamma<1$。基于知识生产产出的不确定性,若知识生产者 i 胜出其他知识生产者 j 的概率为 P,则

$$P = P(z_i > z_j) = P\{h(e_i) - h(e_j) > \varepsilon_j - \varepsilon_i\} \tag{6-12}$$

那么 i 的期望效用 EU_i 为:

$$EU_i = PU^{wi} + (1-P)U_i^l = P\Delta\pi(1-\varphi+\gamma) + \pi_i^l - \gamma(\Delta\pi) - C(e_i) \tag{6-13}$$

设 $G(\cdot)$ 和 $g(\cdot)$ 分别为 $\varepsilon_j - \varepsilon_i$ 的分布函数和密度函数,由已知假设可知,$G(0) = \dfrac{1}{2}$,$g(x) = g(-x)$,[147] 因此,

$$P = P\{h(e_i) - h(e_j) > \varepsilon_j - \varepsilon_i\} = G(0) \quad (i \neq j) \tag{6-14}$$

对 EU_i 求一阶导数,令其等于 0,均衡时,生产者 i 的最优努力水平为 e_i^*,必满足:

$$\frac{C'(e_i^*)}{h'(e_i^*)} = g(0)\Delta\pi(1-\varphi+\gamma) \tag{6-15}$$

(3) 对模型均衡结果的讨论

由式(6-15)可知,获胜的概率密度、激励报酬差距以及由于锦标赛制度与互惠偏好不匹配所引发的恶意竞争心理三个因素共同决定着知识生产者的最优努力水平,影响着知识生产者的努力方向。

对自利偏好的部分知识生产者而言,出于效用最大化的目标,前两个因素就足以诱导知识生产者把资源、精力集中投入于低难度、高报酬的应用知识生产领域,而忽视高难度、低报酬的基础知识生产领域。若考虑另一部分互惠型知识生产者的存在,由于锦标赛激励制度对互惠偏好的影响作用,互惠型知识生产者偏好将不断向负互惠转化,逐渐形成恶意竞争的防备与嫉妒心理,这对知识生产投入扭曲将起到推波助澜的作用。一方面,随着新兴应用知识生产领域的激励报酬差距不断加大,锦标赛制度带来的收入不平等待遇刺激知识生产获胜者的防备心理(φ)和失败者的嫉妒心理(γ)不断加强,获胜者防备心理越强,越不利于应用知识的传递与扩散,使得应用生产领域的创新知识不能被社会及时有效地共享;同时,不断累积的嫉妒心理致使那些失败者心有不甘,总是想方设法采取措施,导致某些新兴应用知识生产领域的竞争不断

加剧,知识生产资源重复投入和极度浪费。另一方面,因基础知识的新突破要比产生新的应用知识更不容易,所以基础知识的生产更需生产者的互惠合作。可是锦标赛激励制度的报酬差异促使知识生产者原本具有的互惠偏好不断向负互惠演化,防备与嫉妒取代了知识生产者之间的互惠合作,无形中增添了基础知识生产的难度,导致基础知识生产领域面临无人问津的严峻局面,最终严重影响知识生产的可持续。

图 6-4 给出了包含自利、负互惠偏好的锦标赛知识生产激励模型。模型考虑到了知识生产者偏好的差异性、正视互惠合作偏好的存在。若知识生产团队内存在自利型知识生产者与部分互惠型知识生产者,当自利偏好和互惠偏好知识生产者进行互动时,锦标赛激励制度不但影响自利型知识生产者的行为选择,还会对互惠型知识生产者的偏好演化路径产生影响。由于互惠型知识生产者遵从"以德报德"、"以怨报怨"的行为准则,会以友好的行动回应他认为是友好的、来自他人的行动,同时会以敌意的行动报复他认为是敌意的、来自他人的行动。锦标赛模型在激励知识生产实践过程中,它的报酬差异极易让互惠型知识生产者产生不公平对待,促使互惠型知识生产者转向负互惠,形成知识生产者之间的防备

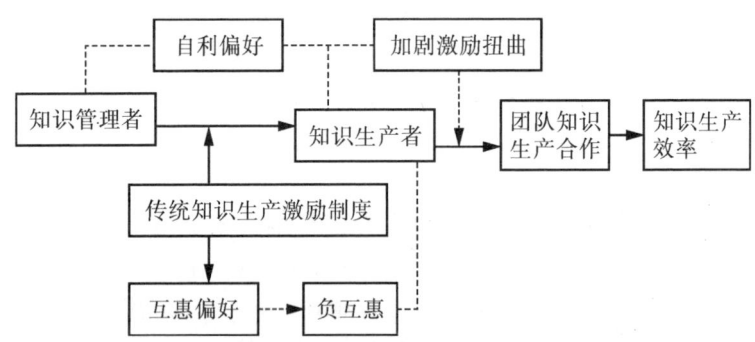

图 6-4 存在互惠偏好下传统知识生产激励制度的激励扭曲模型

与嫉妒的心理,这样的负互惠对知识生产激励扭曲将起到推波助澜的作用,诱导知识生产者在长期中形成不信任的文化,进一步削弱知识生产团队合作的力量,严重影响社会知识生产的效率。

6.2 互惠偏好下知识生产合作激励治理模式

6.2.1 互惠偏好下知识生产合作激励理论探索

6.2.1.1 团队知识生产合作激励理论的不断改进

阿尔钦和德姆塞茨(Alchian & Demsetz,1972)的著名公司理论对团队的定义是:一组代理人独立地选择努力水平,创造一个共同产出,多个代理人努力得到的共同产出大于每个代理人单独努力得到的产出之和,代理人对产出的边际贡献依赖于其他代理人的努力,且个人贡献不可独立观测。他们两人还指出,在确定性环境中和预算平衡的条件下,不存在任何分享机制可以导致帕累托有效的团队合作,除非引入委托人监控代理人的行为。霍姆斯特罗姆(Holmstorm,1982)则认为,偷懒问题不仅是代理人行为不可观察的结果,而且是预算平衡的结果,所以,采用集体惩罚或集体奖励的方法打破预算平衡条件,可以提高代理人付出的有效率的努力水平。但是,引入委托人会导致来自委托人的机会主义行为。再者,知识生产团队内部的代理人为知识生产员工,他们的劳动体现为脑力、智力的付出,他们的劳动具有很强的自主性,对他们工作的监控难度比任何普通生产团队都更大,且他们对严格的监控非常反感。所以,团队内知识生产者偷懒问题难以避免,如何消除或减轻知识生产团队成员的偷懒问题,促进团队的有效合作,长期以来一直是团队知识生产激励的重点。

埃菲等(Afee et al.,1991)等的研究表明,在适当的条件下,无论企业观察到总产出还是每个成员的贡献,最终产出是一样的,所以,要阻止团队成员的偷懒,监控可能是不必要的。知识生产锦标赛激励制度是以知识生产者自利偏好假设为前提,通过收益分配权的后置,针对知识生产者的相对产出,再按大小顺序给予报酬。该制度不但免除了委托人的监控成本,还彻底解决了团队成员的生产偷懒问题,最大限度地消除或减轻了知识生产者的机会主义行为,制度在短期内的确促进了团队整体创新能力的提高。然而锦标赛制度基于个人产出的激励,忽略对知识生产过程的关注,同时还忽视团队内部创新人才偏好的差异性、互惠合作偏好的存在性以及制度对其偏好演化路径的影响,因而从动态的角度看,在实际团队知识生产活动中,这样的激励制度致使团队内知识生产者更倾向于只关注自己的业绩表现,只关注与实现自己的业绩目标相关的资源分配,经过较长时期,这势必会弱化知识生产团队的合作,使知识生产者个人努力与知识团队生产的目标相背离(郭彦武,2009)。所以传统知识生产激励政策难以收到预期的治理效果,甚至诱导团队知识生产者间在长期中形成不信任的非合作文化,造成激励扭曲。

随着团队激励理论的不断完善及知识团队生产方式的演进,如何有效地设计知识生产团队的激励机制成了企业界和学术界共同关注的重点。为了有效激励知识团队成员,国外多数学者重新认识到设计的业绩指标必须能够客观地反映团队产出,必须对应于团队成员的努力程度。回到社会相互依赖理论,该理论认为团队的合作性与竞争性报酬结构会影响成员间的社会相互作用方式,在集体产出报酬结构下,个人报酬在很大程度上取决于团队整体绩效,这将促使每位成员留心团队中其他人的利益,去从事团队合作性工作和共同支持性行为,并将个人获悉的经验和教训经常与他人共享,为团队目标的达成而努力,从而使自己得到更多的利益(Deutsch,1949)。

到目前为止,有效引导团队合作的知识生产激励制度研究文献已有出现,但相关资料数量非常有限。马迪奥等(Matteo et al.,1998)等认为在知识生产团队内,当相互依赖的工作任务要求知识生产者密切合作时,基于个人绩效的激励手段将强化团队成员之间的竞争行为,降低团队内部知识共享和合作行为的可能性。另外,因为个体绩效通常是其他团队成员共同努力的结果,团队成员间的相互依赖性使得个人绩效评估相当困难,因而他们提出基于团队绩效的激励手段来支持团队工作模式,充分调动知识生产者的工作积极性,促进团队合作行为的产生,保证团队的顺利运作,从而为团队创造合作剩余价值,赢得竞争优势。巴尔金和蒙特迈奥尔(Balkin & Montemayor,2000)从团队自主性和团队成员参与合作时间这两个维度分析了团队类型与基于团队绩效的激励机制之间存在的联系,认为不同类型的团队在这两个维度上是有差异的,基于团队绩效的激励机制对团队合作可能比较有利。随后里舍(Risher,2000)、罗宾斯(Robbins et al.,2002)等的研究也有异曲同工之效,分别依据知识生产团队特征,设计基于团队绩效的激励制度。乔杜里(Chowdhury,2005)指出以团队为基础的绩效考核有利于团队知识共享与合作。

但是,基于团队绩效的激励方法又将面临如何克服个别成员偷懒的老问题。因为知识团队生产的产品或研发成果是集体智慧和努力的结晶,共同努力取得的成果难以分割,团队成员的个人绩效又难以测量,团队成员的工作没有确定的流程和步骤,较少受时间和空间的限制,外人难以窥视和监控,知识生产团队内个别成员的偷懒会使其他成员产生不公平感,直接影响了他们的生产积极性与团队生产效率(李洲,2007)。霍姆斯特罗姆(Holmstron)早在1998年就开始研究基于团队绩效激励而形成的社会惰化(social loafing)现象,即一个人在团队中工作不如单独一个人工作时来得努力的倾向,他的研究证明可置信的团队惩罚也可以激发出有效率的努力。也有学者(Che & Yoo,2001)随后从动态重复博弈的角度考察了团队生产的最优激励问题,认为团队生产之所以具有效率,是由于团队生产的重复博弈这一系列特点鼓励和促进了团队成员间的合作。他们证明了在长期重复博弈的团队中"同伴认可"所产生的隐性契约能够有效地激励员工,基于共同业绩评价的团队激励机制为团队成员向其他成员施加压力或实施惩罚提供了动机。阿克罗夫和耶伦(Akerlof & Yellen,2000)则指出,为了促进知识生产团队的合作效率,对知识型员工的报酬设计要重视与员工的公平观念保持一致。舒尔茨(Schultz,2001)的实证研究表明,从其他人中获取知识激发了知识在组织中横向和纵向的互惠性流动,互惠性动机反映了知识生产者合作生产行为,并从他们的合作行为创造的价值中受益的期望。

国外还有学者(Meidinger et al.,2001)通过重复实验观察到:知识型员工对公平的关注有利于团队合作,可以降低偷懒水平,因而在知识生产团队激励问题研究上,知识生产者的公平偏好是不容忽视的重要因素。瓦斯科和法拉吉(Wasko & Faraj,2000)以及艾皮(Ipe,2003)认为激励知识员工进行知识共享主要依靠内在激励,影响内在激励的因素包括知识员工感知到的知识自我效能感和助人所得乐趣等。如果知识生产者对自己的知识水平及分享知识的能力具有较高自信,那么他们就较容易克服种种顾虑,从而可能有更高意愿和激励把自己的知识与他人分享。林(Lin,2007)、伦茨(Renz,2008)认为研发活动是一项贯穿组织活动过程始终、历时性较长的活动,研发人员相互之间需要紧密协作,对知识的需求具有互补性,在日常知识交流活动中也难以准确判断所分享的知识具有的潜在经济价值,工作中更有可能看重同事相互间的信赖关系与互惠互利。

国内学者孙理军和聂鸣(2002)、肖缓(2003)等认为针对知识型员工的激励,应采用包括文化激励和组织激励等多种激励方式,并提出了以心理契约和展望理论为基础的知识型员工激励模型,张望军、彭剑锋(2001)还做了实证研究,但他们均未把专门针对知识团队成员的激励作为讨论重点。张长涛和刘希宋(2003)认为，在无法对个体知识共享行为进行准确测量的情况下，采用团队性绩效评价可以实现知识生产合作。谭亚莉(2003)提出个人的绩效考核结果应受到团队绩效的调控，这样能促进知识生产合作。雷宏振、李垣和廖貅武(2005)把知识要素纳入团队控制与激励框架之下，提出通过建立一种包括团队成员知识共享与创造并参与收益分享的知识性合约，可以有效解决自我激励难题，从而提高知识团队生产力。王黎萤(2005)、于立宏和郁义鸿(2005)通过将知识型员工关注其自身能力提升这种偏好引入知识团队激励机制分析中，显示出这种隐性激励对实现团队合作具有重要意义。王端旭(2006)等的研究是以团队利益为导向，把经济制度与社会制度同时纳入激励系统，利用心理契约来调动员工的工作积极性。陈娟、巫景飞(2006)运用博弈论和信息经济学的模型分别分析在显性激励方式下和隐性激励方式下知识型员工的知识共享行为，证明在以信任机制为基础的隐性激励下，只要团队成员具有一定的耐心，他们就会选择共享，而对重视知识的知识生产者而言，则只需要微弱的耐心，隐性契约就可以有效激励其共享，因而隐性激励而不是以薪酬激励为代表的显性激励是激励知识共享的最优激励契约。李训(2007)借鉴费尔和施密特(Fehr & Schmidt)的公平偏好理论，通过建立融入员工公平偏好的团队理论模型，分析员工内在的公平偏好对知识型团队合作的作用机制，提出通过选取具有较低嫉妒偏好和较高同情偏好的知识型员工，通过企业文化、企业宣传等方法使员工相信"选择努力的同事非常多"，从而达到团队合作纳什均衡的治理效果。薛珑(2010)针对知识团队的特点，利用动态博弈分析方法详细分析了知识团队成员间的合作存在的可能性问题，提出在存在团队管理者的知识团队里，通过同事制裁产生"隐性激励"，促使团队成员有积极性地进行相互监督，并形成互惠的规范，在重复博弈的条件下，知识生产团队的合作创新效率能得到有效提升。

综上,目前对于知识生产团队的激励治理研究,都开始把重心转向团队绩效治理,同时辅之以同伴制裁、缔结团队心理契约等隐性激励,随着知识生产团队激励理论研究的深入,隐性激励的范畴不断拓展,从社会、心理、文化多角度展开,也有涉及公平和互惠等心理偏好。但直接从知识生产者的互惠偏好角度出发,来专门探讨如何通过有效制度去调动知识生产者的积极性,从而促进团队知识生产合作的研究依然很少见到,大多数学者没有把心理契约的调动与知识生产者互惠偏好的形成、制度与互惠偏好的演化,以及互惠制度对合作行为选择的影响放在行为经济学统一框架下,因而基于互惠偏好视角的知识生产合作激励治理理论研究才刚刚起步,还有待于进一步深入挖掘。

6.2.1.2 互惠偏好在团队知识生产合作激励中的经验研究

尽管基于互惠偏好的团队知识生产合作激励理论研究才刚刚起步,但随着人们对互惠偏好关注度的提升,到目前为止,互惠偏好在团队知识生产合作激励中的经验研究已经取得了一定的成果。科嘉和赞德(Kogut & Zander,1992)基于互惠性假设的个体间隐性知识转化的优化机制已经在许多组织或团队的知识转化实践中得到验证并逐步完善。埃德蒙森(Edmondson,1999)在团队学习绩效的研究中发现,在互惠信任的团队下,由于出现情绪冲突的情况较少,因此降低了冲突对团队学习绩效的不良效果。阿马森和穆尼(Amason & Mooney,1999)的研究也显示,知识创新管理团队内互惠合作程度越高,团队越愿意冒险,因而可激荡出不同的想法与意见,致使团队绩效也越高。还有学者(Zárraga & Bonache,2003)对西班牙的363个自我管理创新团队进行实证分析,证明互惠的知识分享环境给团队知识生产创造了有利的外部条件。蒲勇健、刘敬伟、林昭文、张同健(2009)将互惠性动机引入到了知识转移研究领域,对互惠性偏好、知识转移与知识转化的相关性进行经验研究,认为互惠性文化的培育对创新知识生产团队的知识转出和知识接收均存在一定程度的促进功能,互惠性文化有效地促进了创新团队的知识转移,从而有效地促进了创新团队的知识转化,对团队知识生产合作治理十分有利。李卫东、刘洪(2011)针对南京、无锡、盐城和杭州4个城市8家企业的56个知识生产团队知识生产者知识共享意愿激励进行实证研究,把56个知识生产团队分为两大团队类型,其中31个为职能知识生产团队,25个为跨职能知识生产团队,研究表明在跨职能知识生产团队中,外在激励对知识生产者知识共享意愿有显著正向影响,其中互惠互利制度是外在激励的重要内容。常涛、廖建桥(2011)认为互惠性是将功利主义的实际收益与成本的比较分析加以延伸,是对未来收益与成本进行比较的互惠期望,他们通过对234个工作团队中813名成员的有效调查问卷进行了实证检验,结果表明,团队性绩效考核不会直接促进知识共享,而是通过团队成员的分配公平感、人际信任、团队承诺形成以功利主义、互惠性、组织认同为基础的三大中介机制,间接地对团队的知识生产合作产生正向影响。

国内学者蒲勇健(2009)、郭心毅(2009)、张同健(2010)等的经验性研究显示,互惠合作文化提高了知识组织治理效率,互惠性的管理策略能促进知识团队隐性知识的转移和共同愿景的培育与实现,进而增强了知识生产团队的技术创新能力。这为基于互惠偏好下的知识生产激励问题的研究奠定了坚实的实践基础,也为从理论上构建促进知识生产合作的行为委托—代理激励模型增添信心。因此,今后我们在促进团队知识生产合作激励制度的设计上应该做到以人为本,转变激励制度的设计思路,密切关注知识生产者的偏好特征对其合作行为的影响。

6.2.2 互惠偏好下知识生产合作激励治理模型

6.2.2.1 从个人产出激励转向集体产出激励

考虑到知识团队的独特性和团队生产中各个成员的业绩与团队产出的不可分离性,以及锦标赛的激励制度对知识生产团队激励的扭曲，为了促进知识生产团队成员之间的彼此合作，提高团队的知识生产效率，对知识生产者的激励有必要从个人产出激励转向集体产出激励。但若设计基于集体产出的激励指标又会造成"搭便车"行为的出现。阿尔钦和德姆塞茨针对"搭便车"问题给出的解决方案是，由某个人专门作为监督人检查团队成员的投入绩效，并赋予监督人获得分享团队合作剩余的权利。但对创新性的知识生产团队来说，它基本是由知识互补的知识生产者组成，有些知识生产者甚至来自不同的专业领域，这些知识生产者极可能在某一方面比团队的管理者甚至团队其他成员知道得更多，而这导致了在管理他们时存在"信息不对称"的难题。再加上知识团队的目标本身就难以预先设定，在实现其目标的过程中将碰到许多难以预料的障碍因素，这就使得监督人很难区分不良的业绩到底是由团队成员的不努力造成的，还是由团队所面临的不可避免的不确定性因素造成的。总之，由于知识团队知识生产者彼此间的信息严重不对称，任一成员的努力程度都不易被其他成员直接监测到。

可实际上，即使只能观测到团队绩效，"同伴制裁"的隐性激励也能鼓励和促进团队成员之间的彼此合作。因为从动态重复博弈的角度，通过知识团队成员之间的长期、多次重复博弈，知识生产者在长期交往中逐渐增进相互间的了解，成员间的"信息不对称性"将趋于减弱，当知识生产者基本能够判断彼此之间的合作意愿并且报酬又是建立在团队绩效的基础上，这为团队成员向其他偷懒成员施压或实施制裁提供了动机和手段，团队内的每一个知识生产者无论是出于未来的经济利益或声誉考虑，都应该改变"搭便车"的坏习惯。因而基于共同业绩评价的团队显性激励和团队成员之间的"同伴制裁"的隐性激励有机结合、相互促进，共同为有效激发知识团队成员的努力提供最优的激励安排。

然而，"同伴制裁"实为利用同伴间的横向监督，同伴的横向监督也同样存在困难与成本，因为他的同事在实施横向监督时，自己要付出一定的监督成本。为使激励成本最小化，学者们认为知识生产团队最优激励机制应该是放松激励而不是强化激励,即重视知识生产者的自我激励。因为对于知识团队内知识生产者而言,知识管理者试图通过金钱来激励知识生产者的效果是十分有限的,知识生产者对自身能力提高的关注可能更甚于对货币报酬的关注,外在激励措施对激发知识生产者的热情、促使其相互承担责任、兑现其对利益相关者的承诺和发挥创造力等方面很难达到理想的效果,他们更需要从团队工作中获得比金钱更重要的心理期望和价值观方面的满足。知识团队是知识生产者实现其自身价值、满足其物质和精神需求的重要载体,缔结知识团队"心理契约"的隐性激励能够达到更完美的激励效果(郭彦武,2009)。这样的心理契约,一般指的是契约各方能够相互感知、自觉遵守但不一定明确表达的、不被其他人共享的心理协定。具体而言,可以是树立共享而有意义的团队目标,或是营造信任、关怀和相互支持的团队氛围,可以是建立符合知识工作者价值观回报机制,甚至可以是建立促进知识生产者能力、声誉提高的相关机制(黄国华,2006)。

图6-5给出了基于集体产出的团队显性激励和团队成员之间"同伴制裁"、"心理契约"产生的隐性激励的知识生产团队激励模型,该模型从个人产出激励转向集体产出激励,赋予监督人获得分享团队合作剩余的权利,并在集体产出激励中加入"同伴制裁"、"心理契约"评价机制,对知识生产者的偷懒动机形成压力,为知识

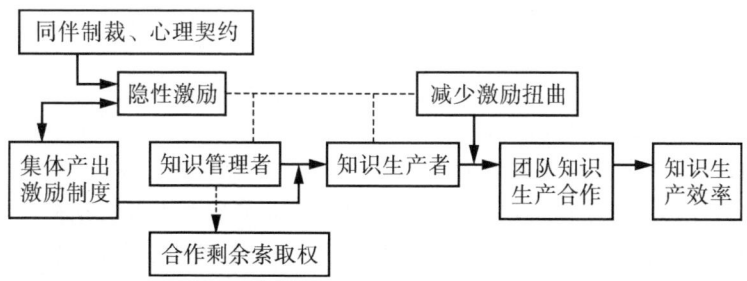

图6-5 基于团队显性激励和团队隐性激励的知识生产团队激励模型

生产者的精神追求提供动力。比较传统基于个人产出成果的锦标赛激励制度，激励方式的转变使团队知识生产激励扭曲大大减少。

6.2.2.2 构建与互惠偏好相融合的激励模型

以上分析暗含的假设是，所有的知识生产者都是同质的，都是为了追求自身效用最大化的自利目标，都有着共同的心理期望和价值观。对他们来说，只要基于集体产出激励过程中辅之以同伴制裁、心理契约的隐性激励，就能消除知识生产者"偷懒"、"搭便车"的问题，使知识生产者的心理期望和价值观方面得到一定的满足，获得团队激励的效果。而实际上，知识生产者的偏好是异质的，心理期望和价值观是不同的，且心理期望和价值观与知识生产者的心理偏好有关。知识团队内部知识生产者有自利偏好者，也有互惠偏好者、利他偏好者，当具有不同偏好的经济个体进行互动时，不同的制度与环境会主导不同类型的总体结果，制度和偏好是共生演化的。

假设知识生产者由自利偏好和互惠偏好两种类型共同组成。集体产出激励对两种偏好类型的知识生产者将产生不一样的激励效果，两种偏好类型的知识生产者采取的行为措施将截然不同。互惠理论要求理性个体在追求自身利益的同时必须受到他人利益的制约，个人利益与他人利益、群体利益才能实现和谐统一。互惠型知识生产者根据别人的行动来做出反应，对有利或有害的行为采取"以其人之道还治其人之身"的策略。如果互惠知识生产者相信其他人也是互惠者，并且这一情境引致的信念与实际相符，知识生产团队将维持较高的、可持续的互惠合作水平。而实际上，由于知识团队内自利偏好者的存在，自利偏好者容易采取"搭便车"行为，互惠知识生产者在知识生产合作中意识到自利人群的存在，并预期自利者会做出有损于互惠者的行为，这时，若没有其他制度对自利人群加以约束，只是利用动态重复博弈下"同伴制裁"的隐性激励是无法达到预期的激励效果的。因为互惠知识生产者为了防止自己的利益受损,在第一轮合作还未进行时就对自利者收回自己的慷慨行为,并使自己的互惠型偏好转变成自利偏好,团队合作迅速瓦解,重复博弈不复存在。

上述分析表明,在知识生产初始过程中,若任意两位知识生产者随机互动,展开博弈的两位成员有可能都是不合作者,也有可能都是合作者,或是互惠者与不合作者;又假设初次博弈,互惠者无法判断对方的行动策略,基于互惠合作的知识生产团队博弈演化模型,存在互惠偏好知识生产者的团队可以演化到知识团队绩效最大化的稳定状态,也可以演化到知识团队绩效最小化的稳定状态。因此,知识生产团队互惠合作的实现需要借助于一定的外部激励机制。也就是说,为了保证团队互惠合作型知识生产者最终占据主导性的均衡状态,必须在演化初始状态下确保互惠型知识生产者在知识团队总量中占据一定的比例,这一过程需要在一定的外部机制的协调下才能实现,且外部机制对初始状态的强制性调节具有重要的触发性作用(刘良灿,2011)。具体策略是建立互惠制度,通过对互惠型知识生产者各种利益支付的调节,如调节 $\Delta\pi$、e、c 等,使互惠型知识生产者在团队总体中的比例逾越一定的阈值,因此,团队知识生产合作博弈演化是被动式的激励过程和自发式的内化过程的统一。

在上述对知识生产团队假设的基础上再进一步进行假设,若团队内存在强互惠者,这时团队的合作也能迎刃而解。因为互惠型知识生产者会不惜花费个人成本去惩罚那些破坏合作规范,甚至在预期这些成本得不到补偿的情况下也这样做,这样的"强互惠"行为对抑制团体中的背叛、逃避责任和"搭便车"行为也能起到十分强大的震慑作用,在知识团队合作之初就能促使自利者与互惠者合作,从而有效地提高团队的合作水平。然而,由第五章对强互惠的分析可知,强互惠知识生产合作也受外部许多条件制约,并不是任一知识生产者都能充当强互惠者,强互惠者需要强互惠制度作为其行动的支持后盾。

知识生产者之间无论基于哪种形式的互惠,为了获得知识生产合作剩余是其不可或缺的内在动力。建立与团队互惠偏好相融合的直接互惠制度和间接互惠制度,进而建立强互惠制度,为知识生产团队内的自利者与互惠者创造良好的合作环境与气氛。作为知识管理者,还必须设计具体合理的委托代理契约,赋予知识生产者合作剩余索取权,满足知识生产者的正当需求,这样才能使知识生产团队互惠合作意愿不断形成,团队的知识生产合作得以顺利实现。同时通过合作剩余索取权,知识生产者通过团队合作,不但获得直接经济利益,还发展了自我,提升了知识创新能力。对知识生产团队,知识生产者之间的互惠合作不但提高了知识团队经济效率,还实现了知识团队的和谐,反过来又对消除传统知识生产激励制度的激励扭曲起到了一定作用,从而形成良性互动。

图 6-6 给出了与互惠偏好相融合的知识团队互惠合作激励治理模型,模型考虑了自利偏好与互惠偏好知识生产者在知识生产团队内的存在,设计强互惠制度来抑制自利者,建立与互惠偏好相融合的互惠制度来激励互惠者,并给予知识生产者合作剩余索取权,消除传统团队知识生产激励的扭曲,提高知识团队的合作水平与知识生产效率。

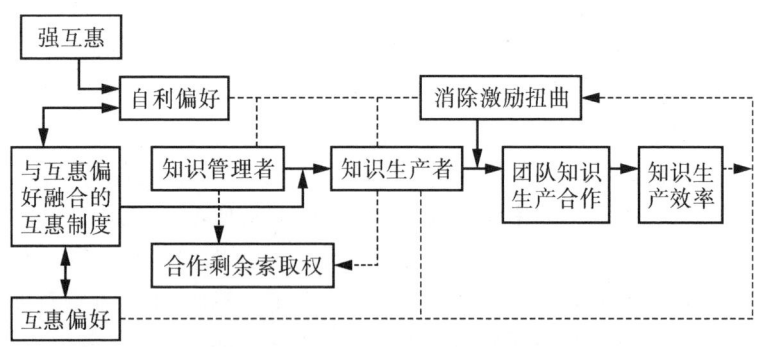

图 6-6 与互惠偏好相融合的知识团队互惠合作激励治理模型

6.3 团队知识生产合作激励治理的案例分析 ●●➡

国家环境光催化工程技术研究中心是在1998年筹建的福建省光催化技术工程研究中心基础上，经2008年重新组建发展而成的。它的依托单位为福州大学，组建主体单位是福州大学光催化研究所，主要产业依托企业为漳州万利达光催化科技有限公司，福建新大陆环保科技有限公司为协作共建单位。经过十几年的努力，该中心现已建成光催化剂制备实验室、分析与性能测试实验室、光催化技术与产品设计开发实验室、工程化研究实验室和中试生产车间，为我国环境光催化领域创新基础研究、应用技术开发和工程化研究构建了重要的平台。中心致力在环境光催化材料的开发、光催化产品工程化研究和产业化实施，取得了一批具有自主知识产权的专利成果和应用基础研究成果，先后获得国家科技进步二等奖1项、省部级和军队科技一等奖3项，并获得"国家高技术产业化示范工程"授牌（郑璜，2012）。目前中心承担着包括国家863计划课题、国家973计划课题、国家自然科学基金重点项目、国防科研项目、国家电网公司重大科技项目、福建省科技计划重大项目等在内的30多项国家和省部级光催化科研项目，以及一批与企业合作开发项目。

新组建的国家环境光催化工程技术研究中心虽然目前已经是一支拥有60余人的以工程院院士为学术与工程技术指导，以教授、研究员、高级工程师等优秀中青年留学回国人员为主要科技骨干的研究队伍，但中心知识生产团队的核心组成成员其实就是福州大学光催化研究所的22名在校教职员工，这支由22名成员组成的知识生产队伍，由于其特殊的团队合作激励治理模式以及团队所取得的惊人知识生产成果，从而使福州大学光催化研究所成了一个在国内高校知识生产团队建设方面的成功典范,本章因此选取福州大学光催化研究所作为案例分析对象。

6.3.1 激励治理模式

福州大学光催化研究所一直是属于福州大学治理结构下的科研机构。在 1998 年研究所成立之初,由付贤智教授任所长,当时团队成员总人数还不到十人,但每一位成员都有远大抱负,为了实现人生的理想,他们都有着创新的冲动,为了取得创新项目的成功,他们都有着互惠合作的意愿。同时,福州大学为了促进研究所的建设和发展,提高对研究所的管理水平和效率,根据高校科研机构的实际情况,学校支持其实行所长负责制,建立所长负责制下的组织机构。发展到今天,组织机构已经趋于完善,目前研究所的组织机构由行政部、教研部、科技部、实验部四个部门组成(如图 6-7 所示)。行政部主要分管研究所的运行管理与日常事务,教研部主要分管研究所的研究生教学与人员培训,科技部主要分管研究所的能源光催化、环境光催化、应用研究、军工课题,以及中间试验研

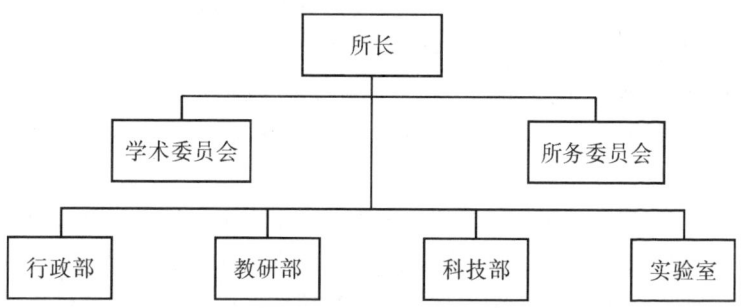

图 6-7 福州大学光催化研究所组织机构

资料来源:国家环境光催化工程技术研究中心,http://photocatalysis.fzu.edu.cn/viewfirm/%E7%BB%84%E7%BB%87%E6%9C%BA%E6%9E%84。

究,实验部主要分管研究所的测试分析、仪器维护。研究所所长如同公司治理中的董事长,负责研究所的管理和研究计划的组织实施,全权代表研究所。学术委员会和所务委员会如同公司治理中的董事会,对研究所进行管理和监督。学术委员会把握学术方向与制定发展规划;所务委员会由若干名副所长组成,分别在基础研究、应用研究、研究生培养和日常事务等方面协助所长工作。

由于研究所实行所长负责制,依托福州大学的支持,研究所因而在校内享有编制内的用人自主权,能实行开放、流动、竞争的人员聘任制,研究所还可以根据实际情况,制定包括人力资源管理、项目经费管理、薪酬体系管理、项目管理、员工考核等有关管理办法。所长在充分体现学校管理思想的同时还对学校某些管理精神进行延伸,在学校制定的一系列鼓励知识生产竞争机制总体框架下,以人为本,把研究所知识生产队伍建设放在突出位置,以互惠合作的理念负责研究所知识生产团队内部的管理,努力营造良好的创新文化氛围和人才成长环境,充分调动每位知识生产者的积极性,采取了若干措施,建立与业绩挂钩的分配制度,实行基本工资、岗位工资和效益工资三位一体的奖励办法,以激发科研人员创新、创业的热情。研究所的两个委员会也积极参与研究所的管理实务,在研究共同发展计划的具体组织和实施细节时,注重依据团队成员的知识特长与互补,组建核心知识团队,使之参与企业合作和共同项目开发,并鼓励核心知识团队积极参与国家、省部级各项课题项目的申请,同时规定所有的知识成果无论是专利、论文,还是获得的奖项,都实行按贡献大小共同分享的机制。

6.3.2 团队产出成果

6.3.2.1 专利成果

从表 6-1 可以看出,基于团队的互惠合作,从 2003 年开始,研究所就有成果开始申请发明专利,一直到现在为止,共有 9 项发明专利被授权。从专利发明人一列可以看出，所有的专利成果都是团队参与人共同分享。

表 6-1　福州大学光催化研究所专利成果汇总表

序号	专利名称	专利类型	发明人	专利号	申请时间	授权时间
1	改性的聚甲基丙烯酸甲脂材料及制备方法	发明	付贤智、翁景宁、苏文悦、王绪绪、刘平、戴文新、王柿超	ZL200610018801.6	2006－04－14	2010－08－11
2	用于高压绝缘子表面的无机防污闪涂料配方及其制备方法	发明	付贤智、林韩、刘平、吴文宣、戴文新、曾文琳、陈旬、施倩、王绪绪、廖福旺、员汝胜、李学永	ZL200710008412.X	2007－01－05	2010－05－19
3	表面涂有二氧化钛薄膜的人工晶状体及其制备方法和用途	发明	翁景宁、付贤智、苏文悦、王绪绪、王冰、刘平、单玫、陈迎月、戴文新	ZL200610018802.0	2006－04－14	2009－01－28
4	复合半导体光催化剂 ZnO 和 ZnS 的原位合成及其同步负载方法	发明	付贤智、王建春、刘平、戴文新、员汝胜、郑华荣	ZL200710009146.2	2007－06－26	2008－12－31
5	在 H_2-O_2 气氛下的高效光催化反应方法	发明	付贤智、李旦振、王绪绪、刘平	ZL200510018499.X	2005－03－30	2008－02－06
6	具有蜂巢结构的光－热耦合空气净化器	发明	付贤智、刘平、邵宇、戴文新、陈旬、王绪绪、李旦振	ZL200310114008.2	2003－11－06	2008－07－08
7	光－磁协同催化技术及其在降解有机污染物上的应用	发明	付贤智、王绪绪、张雯、刘平、李旦振	ZL03137060.8	2003－05－31	2006－05－31
8	光净化环保型涂料的制备与涂覆技术	发明	付贤智、刘平、邵宇、戴文新、陈旬、陈木高	ZL03136596.5	2003－05－22	2005－05－28
9	金属基材表面光催化膜的电泳制备方法	发明	付贤智、刘平、戴文新、邵宇、陈旬	ZL03102878.0	2003－01－25	2005－07－27

数据来源：国家环境光催化工程技术研究中心，http://photocatalysis.fzu.edu.cn/Science/PatentList。

6.3.2.2 科研论文

科研论文有不同的级别,本案例主要针对研究所 SCI 科研论文进行分析。因为 SCI 作为一种国际上著名的检索系统,被广泛应用于定量评估一个科研机构的科研水平,其收录论文数量的多少对一个科研机构的长远发展有着深远的指导意义。SCI 覆盖着目前国际上最有影响力的科研成果,并且能够及时、准确地反映基础科学的重大突破和最新研究进展,以及前沿学科的最新研究动态和国际上关心的热点、难点问题,在学术界享有重要地位(张立新,2012)。因此被 SCI 收录的论文数量已成为衡量一个国家科研机构或学科科研实力、评价科研人员学术水平的重要指标。福州大学光催化研究所借助团队合作力量,在应用性研究成果取得丰厚经济报酬的同时,给基础研究不断注入资本,打造基础研究坚实的物质平台,经历最初 2 年时间的艰苦创业,研究所在基础知识生产领域发表 SCI 论文开始打破零的记录,在 2000 年,开始发表 2 篇 SCI 论文,到 2001 年,发表 SCI 论文突破 9 篇,占当年福大 SCI 论文总数的 9.2%。随着 SCI 论文的发表以及发明专利的申请成功,研究所形成应用知识生产与基础知识生产的良性互动,成为应用知识、基础知识两只脚能同时走路的知识生产团队,这又有利于研究所向国家、省部级进行重大科研经费的申请。目前研究所承担着包括国家 863 计划课题、国家 973 计划课题、国家自然科学基金重点项目、国防科研项目、国家电网公司重大科技项目、福建省科技计划重大项目等在内的 30 多项国家和省部级光催化科研项目以及一批与企业合作开发项目,研究所还获得"国家高技术产业化示范工程"授牌。表 6-2 显示了研究所 SCI 论文成果产出从 1998 年的零篇开始发展到 2011 年为止,这期间无论是论文总数还是论文占全校的比重,都达到了令人惊奇的成绩。

表 6-2　福州大学光催化研究所 SCI 论文统计表

年份	光催化研究所发表 SCI 论文数（篇）	福州大学全校发表 SCI 论文数（篇）	研究所占全校论文比率（%）
1998	0	56	0
1999	0	66	0
2000	2	98	2.0
2001	9	97	9.2
2002	3	134	2.2
2003	3	146	2.0
2004	11	215	5.1
2005	17	288	5.9
2006	14	352	4.0
2007	16	378	4.2
2008	46	531	8.7
2009	42	454	9.3
2010	34	480	7.1
2011	48	567	8.5

数据来源：ISI Web of Science 检索平台。

6.3.2.3 获奖成果

研究所在短短的 14 年间，不但取得了一批具有自主知识产权的专利成果和应用基础研究成果，还先后获得国家科技进步二等奖 1 项、军队科技进步二等奖 1 项、省部级和军队科技一等奖 3 项，从表 6-3 看出，所有的获奖成果都是团队成员进行分享。

表 6-3 福州大学光催化研究所获奖成果统计表

获奖成果	获奖等级	获奖时间	获奖人
固体超强酸光催化剂的研制及其工业应用技术开发	国家科学技术进步二等奖	2003	付贤智等
固体超强酸型高效光催化剂的研究与中试生产技术开发	福建省科学技术奖一等奖	2002	付贤智、刘平、丁正新、林华香、陈旬
固体超强酸型光催化剂的研制及在空气净化器中的工业应用	化工科学技术奖一等奖	2002	付贤智等
纳米半导体光催化潜艇大气净化技术	中国人民解放军科学技术进步奖一等奖	2006	付贤智等
新型光催化材料及提高光催化过程效率新途径的研究	福建省科学技术奖一等奖	2009	付贤智、王绪绪、李朝晖、李旦振、吴棱
光催化分解化学毒剂机理研究	军队科技进步二等奖	2010	付贤智等

数据来源：国家环境光催化工程技术研究中心, http://photocatalysis.fzu.edu.cn/Science/PatentList。

6.3.3 合作剩余索取

通过上文对专利成果、论文成果、获奖成果的分析,可以想象,若研究所知识生产团队没有实施互惠合作激励制度,没有创造互惠合作的文化与氛围,要想取得那么多的知识生产成果是不可能的,这些取得的超乎常人想象的成果其实就是知识生产团队的合作剩余,而这些合作剩余在团队互惠合作的气氛下都得到及时分享,给团队的每一位知识生产者都带来了精神与物质的满足。

从精神满足角度看,研究所每一位知识生产者通过参与团队的互惠合作,满足了其自身的创新追求和发展,使其不但获得了好的科研学术声誉、受到了全校教职员工的尊重,还促进了其自身科研学术地位的巩固、专业职务与职称的提升。很多的精神满足是与物质收益联系在一起的,随着团队知识生产者获得的科研学术地位、职务职称的升迁与巩固,由他们的基本工资、岗位工资以及效益工资组成的总体经济收益也在不断提升。研究所团队知识生产者获得的精神与物质利益双丰收,不但加强了知识生产队伍的稳定,还促进了研究所知识生产团队对人才的吸引,进而对知识生产队伍的扩大建设起到了积极的作用。

对自1998年到2011年可收集到的权威数据进行分析,团队所有的知识成果都是以核心团队成员进行署名,没有发现任一成员采取独吞成果的机会主义行为,完全达到了团队互惠合作的意图。实践结果显示,在福州大学光催化研究所实行的互惠制度下,该知识生产团队与团队内的每一位成员都在不断成长。目前研究所教职员工由最初组建的几位教师,发展到现在已拥有1名中科院院士、4位闽江学者以及教授、研究员占50%以上的共有22名在职教师,他们组成了一支创新合作、朝气蓬勃的知识生产研究团队(见表6-4)。统计数据显示,研究所成员包括正高、副高及讲师的所有学术成就和社会成就几乎都是随着团队的发展而取得的。尤其值得一提的是,该研究所的所长在这十几年的团队奋力合作历程中,因为研究所知识生产团队及其他本人知识生产业绩的突出,在2009年12月被评为中科院院士。

表6-4 福州大学光催化研究所人员统计表

职称	教授(研究员)	副教授	讲师	助教
人数	11	4	6	1
学历	博士研究生	博士研究生	博士研究生	博士研究生

数据来源:国家环境光催化工程技术研究中心,http://photocatalysis.fzu.edu.cn/Member/MemberDetail/56。

6.3.4 分析结论

从上述分析可知,福州大学光催化研究所实行所长负责制的激励治理制度,所长及研究所各委员会成员充分考虑知识生产者互惠偏好的存在,在团队知识生产激励治理过程中,利用知识团队内部知识生产者的互惠偏好,通过互惠制度的设计来激发团队内知识生产者采取互惠合作行为,并在团队知识生产效率不断提高的同时,通过互惠激励制度确保每一位知识生产者都获得知识生产合作剩余,使每一位成员个人发展与经济利益都得到双丰收,互惠制度产生的正反馈效应,促使研究所知识生产团队的知识生产者合作意愿越来越强,团队知识生产效率越来越高,知识生产团队的队伍得到了健康发展。

6.4 本章小结

本章首先对基础科学知识和应用技术知识的传统激励理论发展进程进行分析。认为从社会福利的角度,两种知识生产激励模式是互补的;从吸引知识生产者的角度,两种激励模式是竞争的。并指出两制度共同存在的问题:一是两种激励制度都是注重个人知识生产结果而忽视对知识生产过程的关注,类似锦标赛又比锦标赛模型更残酷;二是两种制度设定都以知识生产者自利偏好假设为前提,忽视创新人才偏好的差异性、互惠合作偏好的存在性以及制度对其偏好演化路径的影响。本章接着构建理论模型,对传统知识生产激励制度的激励扭曲进行分析。若只考虑自利偏好的假设,那种利用知识生产者自利动机之间的相互制衡的传统知识生产激励制度极易对知识生产者造成激励扭曲,严重破坏团队知识生产合作,导致应用技术知识生产领域的恶性竞争与基础科学知识生产领域投入不足。若同时考虑自利偏好和互惠偏好,锦标赛制度将促使知识生产者的互惠偏好向负互惠偏好演化,这样的负互惠对知识生产激励扭曲将起到推波助澜的作用,诱导知识生产者在长期中形成不信任的文化,进一步削弱知识生产团队合作的力量,严重影响社会知识生产的效率。本章因而在已有基于互惠偏好视角的知识生产合作治理机制理论和经验研究基础上,构建从个人产出激励转向集体产出激励,与互惠偏好相融合的知识生产合作激励模型,探索基于互惠偏好的知识生产合作激励治理模式。最后选取典型案例,分析融合互惠偏好的知识生产激励制度在知识生产合作激励治理中对团队知识生产合作所起到的积极作用。

第七章 中国团队知识生产互惠合作的激励制度

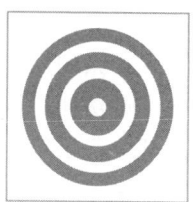

7.1 中国知识生产激励制度的现状

7.1.1 中国知识生产激励制度改革取得的成就

中国在计划经济时代采取单一的奖励形式来激励知识生产，即赋予知识生产者科学发现的优先权，体现了科学共同体对于知识生产者所做贡献的肯定和承认。知识生产者的知识生产活动在文化上被定为主要是一种对真理的不谋私利的探索，仅仅在次要的意义上才是谋生手段，很少给予奖金与报酬，即使有，也只是象征性的。这种奖励制度强调的价值观与默顿（R. K. Merton）的科学知识激励制度完全吻合。

改革开放后，为了更快地发展社会生产力和推动社会全面进步，适应社会主义市场经济发展的需要，中国对知识生产激励制度进行改革。在原有奖励制度的基础上，加快了知识产权保护制度的建设步伐，不断发展商标权、专利权、著作权等知识产权形式的激励制度。从 20 世纪 70 年代末至今的短短几十年间，先后颁布实施了《中华人民共和国专利法》《中华人民共和国商标法》《中华人民共和国著作权法》和《计算机软件保护条例》《集成电路布图设计保护条例》《奥林匹克标志保护条例》等涵盖知识产权保护主要内容的法律法规,立法速度之快是史无前例的。目前我国已经基本建立起了符合国际通行规则、门类比较齐全的知识产权保护法律体系,在知识产权的立法和执法方面取得了较大的成就。与此同时,我国的知识产权拥有量和质量逐年大幅度提升,对促进我国科学技术进步、文化繁荣和经济发展产生的影响非同一般。

从表 7-1 中国国内专利申请量、授权量的数据增长变化可以看出,中国国内专利申请量、授权量分别由 1985 年的 14 372 件、138 件增加到 2011 年的 1 504 670 件、883 861 件,年增长速度分别达到了 19.6%、40.0%。

表 7-1 中国国内专利申请量、授权量

单位:件

年份	专利申请量	专利授权量
1985	14 372	138
1986	18 509	3 024
1987	26 077	6 811
1988	34 011	11 947
1989	32 905	17 129
1990	42 469	22 588
1991	50 040	24 616
1992	67 135	31 475
1993	77 276	62 127
1994	77 735	43 297
1995	83 045	45 064
1996	102 735	43 781

续表

年份	专利申请量	专利授权量
1997	114 208	50 996
1998	121 989	67 889
1999	134 239	100 156
2000	170 682	105 345
2001	203 582	114 252
2002	252 632	132 401
2003	308 496	182 199
2004	278 943	151 328
2005	383 157	171 619
2006	470 342	223 860
2007	586 498	301 632
2008	717 144	352 406
2009	877 611	501 786
2010	1 109 428	740 620
2011	1 504 670	883 861

数据来源:中华人民共和国国家知识产权局网站,http://www.sipo.gov.cn/tjxx/。

若同时考虑国内、国外的专利申请量,党的十六大以来,我国发明专利申请受理量连攀新高,依次实现了对欧、韩、日、美的超越,从2002年的世界排名第5位一跃成为世界第一的专利申请大国(金泽俭等,2012),见图7-1,2011年达到了52.6万件。这10年间,我国发明专利申请受理量保持在年均23.3%的高速增长。从全球范围来看,2002年我国申请人提交的发明专利申请仅占全球总量的2.9%,到2010年这一比例已上升至16.0%;2012年7月,我国发明专利累计授权量突破 100 万件,我国仅耗时 27 年就实现 100 万件的发明专利累计授权量,成为世界上实现这一目标最快的国家。另外,从世界主要国家和地区来看,2011 年,我国申请人分别向美、欧、日、韩提交发明专利申请 10 545 件、2 548 件、1 401 件和 719 件,依次是 2002 年的接近 12 倍、15 倍、19 倍和 12 倍(如表 7-2 所示)。

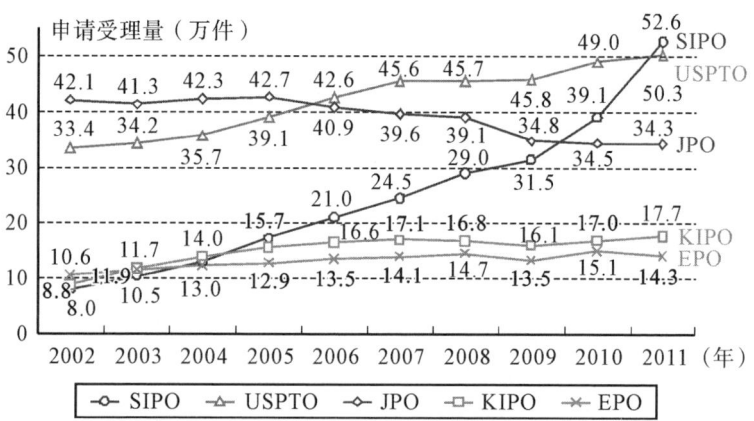

图 7-1 2002—2011 年中、美、日、欧、韩五局发明专利申请受理状况

数据来源:中华人民共和国国家知识产权局网站,http://www.sipo.gov.cn/ghfzs/zltjjb/201210/t20121031_766389.html。

表 7-2 我国申请人向美、欧、日、韩四局提交发明专利申请情况(2002—2011)

	USPTO	EPO	JPO	KIPO
2002 年	888	170	74	62
2011 年	10 545	2 548	1 401	719
增长倍数	11.9	15.0	18.9	11.6

数据来源:中华人民共和国国家知识产权局网站,http://www.sipo.gov.cn/tjxx/。

随着我国商标法的建立和完善,经过短短几十年的时间,我国从无商标到拥有世界知名商标,且早在 2002 年我国的商标申请量已经跃居世界第一,其后更是进入高速发展时期。由表 7-3 可知,中国国内商标申请量、核准注册量分别由 1984 年的 26 487 件、13 252 件增加到 2011 年的 1 273 827 件、926 330 件,年增长速度分别为 16%、18%。可见,我国商标制度对商标申请以及知识创新生产的激励作用越来越明显。

表 7-3 中国国内商标申请量、核准注册量

单位:件

年份	商标申请量	商标核准注册量
1984	26 487	13 252
1985	43 445	19 584
1986	45 031	26 993
1987	40 014	27 687
1988	41 683	25 448
1989	43 202	31 810
1990	50 852	25 966
1991	59 124	34 501
1992	79 837	42 710
1993	107 758	42 668
1994	117 186	47 482
1995	144 610	59 895
1996	122 057	101 178
1997	118 577	188 047
1998	129 394	80 095
1999	140 620	96 139
2000	181 717	129 441

续表

年份	商标申请量	商标核准注册量
2001	229 775	167 563
2002	321 034	169 904
2003	405 620	206 070
2004	527 591	225 394
2005	593 382	218 731
2006	669 276	228 814
2007	604 952	215 161
2008	590 525	342 498
2009	741 763	737 228
2010	973 460	1 211 428
2011	1 273 827	926 330

数据来源：中国商标网——中华人民共和国国家工商行政管理总局商标局，http://sbj.saic.gov.cn/tjxx/。

衡量基础知识以及应用基础知识产出成果的重要指标是国际、国内科技论文的发表数量，随着国家科技政策的引导以及知识产权制度的建立完善，我国国际、国内科技论文的发表数量突飞猛进。从表7-4看出，我国在国内刊物上发表的论文数从1991年的9.4万篇增加到2010年的53.1万篇，国际三系统收录我国的科技论文数（Scientific and technical papers catalogued by SCI、ISTP and EI）从1991年的1.4万篇增加到2010年的27.2万篇，年增长速度分别为9.5％、16.8％。其中，2010年SCI收录数位居世界第二，EI收录数世界第一，知识产权激励制度对知识生产的激励作用非同寻常。

表7-4 1991—2010年全国科技论文发表数

单位:万篇

年份	在国内刊物上发表的论文数	三系统收录我国的科技论文数
1991	9.4	1.4
1992	9.8	1.8
1994	10.7	2.5
1995	10.8	2.6
1996	11.7	2.8
1997	12.1	3.5
1998	13.4	3.5
1999	16.3	4.6
2000	18.1	5
2001	20.3	6.5
2002	24	7.7
2003	27.5	9.3
2004	31.2	11.1
2005	35.5	15.3
2006	40.5	17.2
2007	46.3	20.8
2008	47.2	24
2009	52.1	25.4
2010	53.1	27.2

数据来源:中国科技统计数据,http://www.sts.org.cn/sjkl/kjtjdt/index.htm。

7.1.2 中国知识生产激励制度带来的突出问题

当前我国每年产出的知识成果如此之多,增长速度如此之快,说明了现代知识产权制度及原有的知识生产奖励制度对知识生产发挥了重要的激励作用。但现有的知识生产激励制度在逐步建立起的竞争性科技创新体系下,知识生产激励制度在实施过程中经常产生激励扭曲,致使大量知识生产产品只能成为"展品",知识价值难以形成生产力,知识生产总体的社会效率十分低下。具体而言,主要产生了以下几个方面的问题。

7.1.2.1 知识成果总体质量偏低

欧洲工商管理学院对 2012 年世界上 125 个国家创新能力进行评估和排名,中国的"全球创新指数"排在第 34 位,比 2011 年的 29 位略有下降,比 2010 年的 43 位排名有了显著上升,成为在中等收入经济体中排名第三的国家(拉脱维亚第 30 名、马来西亚第 32 名)。评估报告还指出,中国的创新投入与创新产出的转化比率即创新效率指数居于世界之首。但实际上,与发达国家相比,我国的创新产出很少转化成真正的生产力,创新投入产生的社会经济效果很低。正如陈至立所说的,目前我国的科技成果转化率大约为 25%,真正实现产业化的不足 5%,与发达国家 80% 的转化率相距甚远。具体而言:

第一,专利的实际转化率太低。尽管改革开放以来,我国的发明专利拥有量提升较快,但与发达国家和地区尤其是美、日、欧相比还有很大的差距。针对专利成果,有分析认为,我国专利成果转化平均实施率仅为 10%,所取得的效益比例也仅为 10%~15%,远低于发达国家 60%~70% 的转化水平(冯颖,2012)。而产生这一现象的原因是多方面的。

有学者认为首要原因是我国国内发明专利拥有量偏少,加上中国人口基数大,每万人发明专利拥有量更低。比如截至

2011年年底,我国国内(不含港澳台)有效发明专利量为318 155件,而EPC(《欧洲专利公约》)成员国、日本、美国和韩国同期国内有效发明专利数量依次2 025 057件、1 346 997件、1 099 943件和466 957件。我国国内(不含港澳台)每万人发明专利拥有量为2.4件,而日本同期为105.3件,韩国为96.1件,美国为35.6件(见表7-5)。

表7-5 截至2011年底中、美、日、韩四国国内发明专利拥有量情况

单位:件

国家	国内发明专利拥有量	每万人口发明专利拥有量
日本	1 346 997	105.2
韩国	466 957	96.1
美国	1 099 943	35.6
中国(不含港澳台)	318 155	2.4
EPC成员国	2 025 057	—

数据来源:《专利统计简报》2012年第17期,http://www.sipo.gov.cn/ghfzs/zltjjb/201208/t20120807_735390.html。

我国发明专利申请海外布局力度不足与海外有效发明专利数量极少。截至2011年年底,中国在EPC成员国有效发明专利为17 457件,占EPC成员国有效发明专利总量的千分之五;在美国有效发明专利为11 125件,占千分之五;在日本有效发明专利为1 113件,占万分之八;在韩国有效发明专利为779件,占万分之十三。而在我国的有效发明专利中,EPC成员国、日本、韩国和美国依次占12.5%、22.0%、4.2%和9.5%。可见我国海外有效发明专利数量与美、日、欧、韩相比劣势仍十分明显。(见表7-6)

表 7-6 截至 2011 年年底各局有效发明专利按来源地分布状况

单位:件

来源地	EPO	JPO	KIPO	SIPO	USPTO
EPC 成员国	2 025 057	82 165	35 843	87 375	314 161
日　本	384 184	1 346 997	100 282	153 140	449 577
韩　国	42 313	21 061	466 957	29 450	77 031
中　国	17 475	1 113	822	351 288	11 125
美　国	697 661	78 461	40 791	66 214	1 099 943
其　他	128 995	12 285	5 950	9 472	161 791
合　计	3 295 685	1 423 416	650 645	696 939	2 113 628

数据来源:《专利统计简报》2012 年第 17 期, http://www.sipo.gov.cn/ghfzs/zltjjb/201208/t20120807_735390.html。

国内职务发明专利的结构失衡问题对专利转化率的影响也很大。2011 年,国内发明专利申请中职务发明比例由 2002 年的 57.5% 提高到 77.9%;国内发明专利授权中职务发明比例由 2002 年的 50.0% 提高到 84.8%。职务发明是指企业、事业单位、社会团体、国家机关的工作人员执行本单位的任务或者主要是利用本单位的物质条件所完成的职务发明创造。职务发明者几乎都是专职知识生产者,一般情况下,职务发明是提升专利质量、促进专利转化的中坚力量。但由于我国职务发明申请专利的权利属于单位集体而非知识生产者个人所有,这对除企业以外的科研院校知识生产者来说,专利制度远远没有起到对专利成果开发与专利成果转化的激励效果。一些专利的产生可能只是属于科研项目研究中的副产品,这些专利本身并不为了转化,而仅仅是为了保护某一项发明创造或是某些新的理论发现,因此它们可能是一些无价值专利或垃圾专利。

第二,有影响力的论文少。2012 年 5 月 24 日,英国《自然》杂志发布了名为《自然出版指数 2011 中国》的报告。该报告利用ISI(美国科学信息研究所)数据分析发现,在全球最有影响力的论文,即引用率位列前1‰的论文中,由中国科学家发表的已经超过了10%,且这一比率从2001年的1.85%增加到了2011年的11.3%,名列全球第四。业内人士也指出,在全球引用率最高的1‰中占据10%的份额,的确说明中国的优秀科研已有了相当实力。然而我们还必须清醒地认识到,中国SCI论文虽然总量排在世界第2位,但与第1位的美国同期SCI论文数量还是相差很大,中国的SCI论文数量在短期内不可能超过美国。如果中国要想稳扎稳打地从当前的全球科研"第二阵营"中脱颖而出,与美国分庭抗礼,还需减少"垃圾论文"的数量,提高总体论文的水平。中国科学技术信息研究所发布的中国科技论文信息显示,在中国发表的所有论文中,有35%以上是零被引论文,即超过三分之一的中国论文从未被引用过,也就是说这部分的"SCI"论文仅仅是发表而已,没有引起同行的关注或国际学术界的注意,这也在一定程度上反映出我国知识生产的质量与水平不是很高。

北京大学生命科学学院教授饶毅曾多次"炮轰"我国科技论文的现状,他认为,论文数量与质量没有同步,两者之差越大,问题也越大,中国当前科学知识的基础不够坚实,发展水平低于世界先进、低于历史纪录、低于经费增长、低于公众需求的水平。饶毅说,若论重要论文的数量,中国目前可能还不及20世纪80年代的日本。80年代的日本科学家已取得了4至6个诺贝尔奖级的成果,而中国诺奖级的成果要追溯到几十年前青蒿素这样的原创成果。就生命科学而言,中国目前的科研地位大约相当于1910年美国在全球所处的地位。因此许多有良知的学者纷纷表示,中国知识生产领域虽然已经"脱贫",但还未"致富",学术论文要想在国际上更有影响力,还有很长一段路要走,中国的科研体系必须重视克服目前存在的浮华风气。

7.1.2.2 重大创新领域成果逐渐减少

随着知识产权制度的不断改革与完善,与产权制度相比,中国的科技奖励制度却在不断退化,因而重大创新领域成果出现了逐渐减少的局面。科技奖励制度是对知识生产领域贡献特别突出的少量知识生产者给予名誉性奖励和物质性奖励,物质性奖励一般是数目不等的奖金或资助。我国政府目前已经设立各种大小不一的奖金,其中国家科学技术奖奖金高达 500 万元人民币。除了各种形式的政府奖金之外,企业、组织甚至个人也通过设立奖金以获得某项特定的知识产品,以此来鼓励知识生产者开展知识生产竞赛。政府的奖励是非商业性目的,其他企业、组织等的奖励形式基本上是出于商业性目的(南振兴等,2008)。无论是非商业性奖励还是商业性奖励,都是通过对既有知识产品市场成果进行评价、认定,然后给予奖金或荣誉证书等,以达到激励知识创新生产的效果。但奖励制度能否取得较大的成效,还需看此制度能否受到知识生产者的认同。在市场环境下,大多数知识生产者会对奖励制度带来的精神激励与物质利益进行权衡,然后考虑能否为了奖励而进行知识生产。由于知识生产的特殊性,尤其是基础知识以及应用基础知识的生产产出不确定性风险极大,没有知识生产者之间的协同合作生产几乎不可能成功,因而知识生产者会对生产风险成本与获奖奖金进行评估,若奖金无法弥补风险损失,知识生产者将知难而退,不会为奖金而进行知识生产投资。同样,对于某些应用技术性知识的生产产出,知识生产者将会比较奖金金额和出售知识产品或自己使用知识产品获得的收益进行比较。如果出售知识产品或自己使用知识产品获得的收益(R)加上交易成本(C)大于奖金金额(P),即 $R+C>P$,那么,应用技术知识生产者就会放弃申请获奖,转而出售知识产品或自己使用知识产品以获得更多的收益。所以,尽管奖励对知识生产的激励效应依然存在,但这种激励效应已经是相当有限的。

表 7-7 数据显示,自 1985 年到 2000 年,中华人民共和国科

技部设置的国家科技进步奖、国家自然科学奖、国家科技发明奖三大奖励奖项逐年减少,2000 年至今,尽管我国每年产出的科技成果逐步增多,但获得上述三大奖励的科技成果凤毛麟角,且保持基本持平的态势。知识生产成果获奖的概率之小和为了获奖而投入的风险之大由此可见一斑。若进一步对这些获奖知识产品成果的生产承担主体进行分析,发现几乎没有一项成果可以是由某一个人单独完成,都是在主要成员带领下的知识生产团队内完成,而主要完成者也几乎很少是独自一人,95% 以上都是由不同知识领域的顶级专家共同组成,并由他们协作带领,进而组建更复杂的知识生产团队来完成知识生产任务。因此,即使通过团队的紧密合作,要想取得知识生产成果的重大突破也是十分困难的。

表 7-7　1985—2014 主要年份国家三大奖获奖项目数量

单位:项

年份	国家科技进步奖	国家科技发明奖	国家自然科学奖	三大奖合计
1985	1 961	185	—	2 146
1987	806	225	178	1 209
1988	515	217	—	732
1989	504	150	59	713
1990	505	224	—	729
1991	502	209	53	764
1992	549	170	—	719
1993	441	175	52	668
1995	607	131	57	795
1996	536	111	61	647
1997	475	100	—	636
1998	471	72	—	543

续表

年份	国家科技进步奖	国家科技发明奖	国家自然科学奖	三大奖合计
2000	21	21	15	57
2001	137	12	18	167
2002	218	18	24	260
2003	216	19	18	253
2004	185	20	28	233
2005	175	34	38	247
2006	184	42	29	255
2007	192	39	39	270
2008	181	37	34	252
2009	222	39	28	289
2010	214	33	30	277
2011	218	41	36	295
2012	162	63	41	266
2013	137	55	54	246
2014	154	54	46	254

数据来源：中华人民共和国科技部网站，http://www.most.gov.cn/cxfw/kjjlcx/。

表 7-8 列举了 1985—2014 主要年份国家三大奖中特等奖和一等奖的数量。特等奖和一等奖奖项常常出现连年空缺，尤其进入 2000 年以来，科技进步特等奖、自然科学奖一等奖、科技发明一等奖的奖项空缺现象还是没有改观。这表明，我国科技奖励制度起不到对重大科技创新的激励，其本质在于这样的激励制度不利于团队知识生产协作，对必须完全依靠团队合作力量完成的知识产品创新激励作用正在不断减弱。

表 7-8　1985—2011 主要年份国家三大奖中特等奖和一等奖数量

单位：项

年份	科技进步特等奖	科技进步一等奖	科技发明一等奖	自然科学一等奖
1985	23	135	6	0
1987	4	50	1	11
1988	3	35	4	0
1989	3	36	0	2
1990	3	32	3	0
1991	1	32	1	0
1992	3	38	0	0
1993	2	27	0	0
1995	2	25	1	1
1996	4	20	1	0
1997	3	19	8	1
1998	3	22	1	0
2000	0	0	0	0
2001	0	11	0	0
2002	0	18	0	1
2003	1	16	0	1
2004	0	0	1	0
2005	0	10	1	0
2006	0	11	1	2
2007	0	10	0	0
2008	1	12	2	0
2009	0	8	2	1
2010	1	16	0	0
2011	1	9	2	0
2012	2	16	2	0
2013	1	16	1	1
2014	1	17	1	1

数据来源：中华人民共和国科技部网站，http://www.most.gov.cn/cxfw/kjjlcx/。

7.1.2.3 知识生产投入结构不合理问题突出

随着中国国家创新体系的建立和完善,中国的知识生产投入经费逐年攀升,近8年的R&D经费支出由2004年的1 966.3亿元增加到2013年的11 846.6亿元,年均增长率约为20.4%,R&D经费占GDP的比重由2004年的1.23%提高到2013年的2.08%。

表7-9 2004—2013年全国R&D经费支出情况

年份	R&D经费支出(亿元)	R&D经费支出/国内生产总值(%)
2004	1 966.3	1.23
2005	2 450.0	1.32
2006	3 003.1	1.39
2007	3 710.2	1.40
2008	4 616.0	1.47
2009	5 802.1	1.70
2010	7 062.6	1.76
2011	8 687.0	1.84
2012	10 298.4	1.98
2013	11 846.6	2.08

数据来源:中国科技统计数据,http://www.sts.org.cn/sjkl/kjtjdt/index.htm。

全国R&D经费主要用于基础研究、应用研究和试验发展三个方面。基础研究是指为了获得关于现象和可观察事实的基本原理的新知识(揭示客观事物的本质、运动规律,获得新发展、新学说)而进行的实验性或理论性研究,它不以任何专门或特定的应用或使用为目的。应用研究是指为了确定基础研究成果可能的用途,或是为达到预定的目标探索应采取的新方法(原理性)或新途径而进行的创造性研究,应用研究主要针对某一特定的目的或目标。而试验发展是指利用从基础研究、应用研究和实际经验所获得的现有知识,为产生新的产品、材料和装置,建立新的工艺、系统和服务,以及对已产生和建立的上述各项作实质性的改进而进行的系统性工作。由于基础研究相对花费的生产周期长、投资风险大,又不能对产业产生直接经济效益,而试验发展刚好相反,因此,大量的经费被投入于试验发展等产品开发领域,基础研究的投入占总经费投入的比重很低(表7-10),且逐年下降。2013年的基础研究经费支出为555亿元,尽管比上一年增长11.3%,但占总经费支出的比例仅为4.7%,远低于OECD国家的平均水平(约20%以上)。更为突出的问题是,代表原创性研究的基础研究和应用研究两者的经费相加所占R&D经费的比重仅仅为16.5%,试验发展的知识源其实面临枯竭的风险。OECD早在2007年就针对中国的科技创新体制评估报告指出:在科研经费的分配方面,中国的科研支出主要集中高科技领域、更新设备和设施以及对于新产品的实验研究,大多经费用来发展实用技术,生产技术性知识,而在基础研究、长期创新基础平台等生产基础知识的领域投入相对较少。

表7-10 2004—2013年全国R&D经费支出结构

年份	基础研究经费支出/全国R&D经费支出(%)	应用研究经费支出/全国R&D经费支出(%)	试验发展经费支出/全国R&D经费支出(%)
2004	6.0	20.4	73.6
2005	5.4	17.7	77.0
2006	5.2	16.8	78.0
2007	4.7	13.3	82.0
2008	4.8	12.5	82.8
2009	4.7	12.6	82.7
2010	4.6	12.7	82.8
2011	4.7	11.8	83.5
2012	4.8	11.3	83.9
2013	4.7	10.7	84.6

数据来源:中国科技统计数据,http://www.sts.org.cn/sjkl/kjtjdt/index.htm。

从R&D经费的执行情况看,在R&D经费来源中,政府所占比例不断下降,企业所占比例逐年上升。导致在R&D经费的执行过程中,企业部门由2004年的66.8%逐年上升到2013年的76.2%,而研究机构经费支出所占比重不断下降,由2004年的22.0%逐渐下降到2013年的15%,同样,高等学校经费支出所占比重也由2004年的10.2%逐年下降到2013年的7.2%(表7-11)。由于实验开发、应用研究与产业联系紧密,尤其是实验开发对企业技术创新具有直接推动作用,可以获得较高经济效益的可能性较大。企业为了经济效益,一般不太注重对基础研究的投入,基础研究往往需要政府的财政支出,并由高等院校和科研机构承担,但实际操作中并不是真的这样。一方面,由于高等院校和科研机构所获得的知识生产投入经费占全国R&D比重在逐年减少;另一方面,政府为了鼓励高校与科研机构能接轨市场从而创造更多的经济效益,许多政府的资助资金直接或间接被投入于非基础研究领域(丹,2005)。因此,许多高校与科研机构的基础研究有时甚至到了无米下锅的局面,一些能够引起知识生产者兴趣的基础性研究项目常常因为缺少经费资助,无法得到继续深入研究,有的研究成果也可能因为经费的问题而被放弃出版。

表7-11 2004—2013年R&D经费的执行部门

年份	企业所占比重(%)	研究机构所占比重(%)	高等学校所占比重(%)	其他事业单位所占比重(%)
2013	76.6	15	7.2	1.2
2012	76.2	15	7.6	1.2
2011	75.7	15	7.9	1.4
2010	73.4	16.8	8.5	1.3
2009	73.2	17.2	8.2	1.5
2008	73.2	17.6	8.5	0.7
2007	72.3	18.5	8.5	0.7
2006	71.1	18.9	9.2	0.8
2005	68.4	20.0	9.9	0.8
2004	66.8	22.0	10.2	1.0

数据来源:中国科技统计数据,http://www.sts.org.cn/sjkl/kjtjdt/index.htm。

另外,作为人才培养基地的高校各学院,也不断增加开设热门的学科与专业,这导致那些为今后研究基础知识打基础的学科无人问津,生源奇缺,一些基础性较强学科的专业如理论物理、理论化学等不断萎缩,出现学校学科不均衡发展,最终使整个社会知识生产的关键投入要素——知识生产者的人力资本结构出现不合理的局面。从表7-12可以看出,中国R&D人员中从事基础研究的基础知识生产人员比重逐年下降,应该引起高度重视。

表7-12 2005—2013年中国R&D人员的活动类型

年份	基础研究(%)	应用研究(%)	试验发展(%)
2013	6.3	11.2	82.5
2012	6.5	11.8	81.7
2011	6.7	12.2	81.1
2010	6.8	13.1	80.1
2009	7.2	13.8	79.1
2008	7.8	14.7	77.4
2007	8.0	16.5	75.6
2006	8.7	19.9	71.4
2005	8.5	21.8	69.8

数据来源:中国科技统计数据,http://www.sts.org.cn/sjkl/kjtjdt/index.htm。

7.1.3 知识团队互惠合作的忽视是问题的关键

纵观中国知识生产激励制度带来的一系列问题,究其原因,是制度对知识团队互惠合作的忽视。目前,中国的知识产权制度和奖励制度都是激励知识成果的第一个提供者,它的激励机制是赢者通吃,只有产出的第一个提供者才能获得知识成果的署名权、专利权以及商标权等,而其他的知识生产者将一无所获,这样的知识生产激励制度导致的最终结果是知识生产领域恶意竞争日趋严重,重大创新领域知识生产合作不断减弱。

基于知识生产领域产出的不确定性和知识生产活动的高风险性,知识生产者展开竞争的动力主要来自知识生产产出的成功概率以及经济社会为知识生产者提供的经济利益。一方面,相比于生产难度大的原创性知识生产领域,知识生产者从事生产活动风险相对较小、生产周期较短、获得收益较快的知识生产领域,在这些短、平、快的知识生产领域,他们将会为尽早获得专利权、商标权等实用性、技术性的知识产权而展开激烈竞争,从而出现这一领域知识资源的重复投入与资源的严重浪费。另一方面,知识生产者为了获得知识发现的优先权也会展开竞争。一般而言,重复实验、论文审查和同行评议是原创性知识生产领域进行自我管理最重要的三大机制。然而由于后学院科学时代科学实验的巨型化,重复实验需要花费巨大的财力和物力,因而重复实验是很不现实的;又由于没有完善的编辑责任制,对于论文发表中的过失问题,论文审查者和责任编辑一般不承担追究责任,这致使论文审查制的把关功能完全失灵;另外,中国国情的同行评议对论文质量认可也无法做到公正。国内目前学术评价大多简单地进行"量化"评估,重视"量"而忽视"质",只比文章长短、专著厚薄、数量多少或刊物的行政级别,而不管学术水准,这必然会导致一切唯"量"是从,且这样的评价体系简单地将论文与职称、学位、奖金等利益挂钩,使得知识生产者急功近利的心态膨胀,"学术泡沫"泛滥,有些甚至采取学术不端行为,如造假、剽窃等。知识生产中的诸多不公正、不端行为完全扭曲了知识生产者的科学价值观,最终造成了团队知识生产者的恶意竞争,破坏了知识生产团队的互惠合作氛围。

除知识产权制度外,科技奖励制度是政府激励知识生产者从事创新活动的另一个重要的激励制度。如果说知识产权制度是"无形的手",那么科技奖励制度则是"有形的手"。科技奖励制度只要设计得当,那么它就能调节知识创新生产的方向,使其朝着有利于国家和社会的方向发展。但随着中国的市场化改革,中国的奖励制度与默顿的知识优先权激励制度已经有了很大的不同。在默顿那里,知识产品的生产者要获得知识发现优先权的奖励就必须放弃知识产品的私有产权,完全是一种非市场模式。在中国知识产权制度不断完善与强化的过程中,中国的知识生产奖励制度已经退化成为一种在知识产权制度框架下辅助设立的制度。在现实知识生产过程中,知识生产者大多是在大学、政府科研机构和企业从事基础知识生产与应用知识生产的工作者,他们在论文发表或专利申请过程中,不但能获得知识成果的优先权和专利权,还能获得企事业单位最基本的工资福利和资助,对于能够在有限的获奖名额中获得奖励的知识生产者来说,获奖如同中了彩票,且额外获得的声誉和金钱等奖励都是事后的,只是说明对其过去所做贡献的社会认可,因此,那些获奖者极少一开始是专门为了奖励的。奖励制度只能产生锦上添花的作用,对知识生产的事前激励效果不是很强,对于激励知识生产团队协同合作、共同为取得突破性的重大知识生产成果更是收效甚微。

总之,中国的知识生产激励制度,无论是奖励制度还是知识产权制度都是锦标赛激励制度,它忽视了知识生产者的互惠偏好,对团队知识生产激励没有从微观角度落到实处。已有的制度不利于团队知识生产的互惠合作,反而促使某些知识生产领域恶意竞争趋于激烈,处于重大创新领域的知识生产合作不断减弱,以致对一些必须完全依靠团队互惠协作、难度较大的创新知识生产极其不利,因而出现了目前中国知识成果总体质量偏低、重大创新领域成果逐渐减少、知识生产投入结构严重不合理的局面,这最终必将严重影响整个国家创新能力的提高。

7.2 团队知识生产互惠合作缺失的制度性诱因

制度作为一个社会的游戏规则,为决定人们的相互关系而人为地设定一些制约(North,1990)。而有效的制度有利于形成合理的预期,为合作创造条件,防止机会主义行为,是提高经济绩效的关键(Alchian,1950;Demsetz,1972)。实践表明,由于中国知识生产的有效激励制度供给不足,加上与知识生产激励制度有关的其他制度之间匹配的不耦合,这些都不利于团队知识生产互惠合作,对团队知识生产绩效以及知识生产的可持续性具有深刻的负面影响。因而有必要具体从市场经济体制、科技体制、科技政策、科技资助政策、学术评价制度、职称晋升制度、知识产权制度、科技奖励体制等角度,共同对团队知识生产互惠合作缺失的制度性诱因给予深入剖析并提供相应的理论解释。

7.2.1 声誉机制与物质利益双层激励的制度性障碍

声誉机制与物质利益双层激励的功能发挥不明确是团队知识生产互惠合作缺失的重要原因,而声誉机制与物质利益双层激励难以平衡这种现象主要受制于市场机制不完善的影响,以致对不同性质知识产品的生产无法进行差别化激励,激励机制的同化、经济利益的角逐促使团队知识生产恶意竞争不断取代互惠合作。在传统计划经济体制下,我国科技奖励制度的主要功能纯粹是为了推动我国科学知识的发展。默顿的科学奖励把知识看成纯粹公共产品,通过科学奖励系统的声誉机制,对在科学知识领域做出独创性贡献的知识生产者给予承认和肯定,从而鼓励更多的人尊崇科学规范、做出更多的贡献。奖励制度实行的前提暗含的假设是:不存在现代知识产权制度安排,即知识产品的生产者要获得奖励就必须放弃知识产品的私有产权。随着中国改革开放的深入和知识产权制度的确立,知识的私有产品性质逐渐显现,知识产品不能纯免费供应,也不能自由转移和传播,知识产权大量地参与市场交易,知识生产开始由单一精神激励向多元激励方式转化,奖励制度因此成了知识产权制度框架下设立的辅助制度。然而,由知识私有产权产生的物质激励却使其在实施过程中往往偏离最初的激励动机,难以达到预设的激励效果。

市场经济强调物质利益,追求利润最大化导向。由于受市场经济的利益冲击以及经济政策对个人利益的承认和肯定,加上经济发展方式、经济结构不合理以及各类要素市场的不健全,致使收入分配的宏观调控体系不健全,社会各阶层之间的经济收入在改革进程中差距明显加大。知识生产者对自己的收入进行横向比较后,多数的心态会变得极不平衡,原有的价值观、学术观会发生强烈的冲击和异化,"以钱为纲"的思想将潜移默化地渗入知识生产领域。与此同时,与市场经济体制相适应的著作权、专利权、商标权等知识产权制度逐步建立与完善,知识产权带来的物质利益越来越受到知识生产者的关注和重视,物质利益追逐因而成了一些知识生产者的价值目标,结果导致知识生产者人际关系不断"物化"为拜金主义、个人主义。在知识生产资源严重缺乏的情形下,急功近利的思想迅速膨胀,大量知识生产者运用经济学的"成本—收益"分析方法,选取投入成本相对低廉、操作难度相对较低、与产业联系紧密的知识生产领域,且这一领域的知识产权一般以发明专利、实用新型专利、外观设计专利的形式存在,它们可以通过市场产权交易较快地转化为经济利益,知识的市场化加剧了这一领域知识生产者之间的恶意竞争。而重大基础性知识生产领域生产的科学知识一般都是公共知识,与产业并无直接联系,市场经济效益不能立竿见影,且这一领域的科学知识获得性较难,需要知识生产者的互惠合作来破解难题,若是没有政府的参与,完全依靠市场机制的作用恐怕收效甚微。

政府的介入形式就是对科学知识的提供者进行科学奖励。根据默顿的科学奖励精神,科学奖励是对知识生产者生产并贡献出的科学知识给予精神奖励,给予知识生产者知识成果和贡献的优先权,使其知识成果得到社会认可与褒扬,并以著作权、署名权等形式存在。科学奖励体现的是对知识生产者成就承认的至上性,这种承认有着无穷的精神动力。然而随着管理科学和行为科学的发展,世界各国对奖励制度的本质和规律的认识进一步深化。一方面,充分认识到荣誉和自豪感是激励知识创新的持久动力,受到嘉奖的知识生产者能得到较高的荣誉,以提升他的社会地位;另一方面,为了提高知识生产者的私人收益率,知识生产者还能获得丰厚的奖金。所以政府奖励在突出精神奖励的同时,也突出了物质奖励的作用。

我国自市场化改革以来,基础科学知识与应用技术知识的底子都比较薄弱,根据我国的科技政策,我国的奖励制度不单是为了激励基础科学知识生产,也是为了激励应用技术知识生产。我国政府部门的科技奖励渐渐改变了过去过于注重精神奖励而严重忽视物质激励的现象,在制定科技奖励的相关政策时,形成了由自然科学奖、技术发明奖、科技进步奖三项大奖组成的国家科学技术奖,各地方政府也相应地制定了科技奖励政策。然而,市场经济的价值观与利益导向却使具有物质和精神奖励双重功效的科技奖励制度在实施过程中,让我们从一个误区走向了另一个误区,目前的科技奖励不但是对知识生产成果的一种承认,更是对知识生产成果的一种高额回报。声誉激励往往让位于物质激励,常常出现"无金不成奖"的客观现实,刺激知识生产者走入追名逐利的歧途。巨额奖金的诱惑与知识生产者寻求社会承认的功利性,使知识生产者将放弃难度较大、不易获奖的研究项目,转而关注容易得到社会承认且能够获奖的研究领域。这不但歪曲了科技奖励的本来目的,对那些需要知识生产者间互惠合作的、难度较大的重大基础科学知识生产领域更是造成极大的硬伤。

另外,与知识生产激励制度配套的其他制度的不完善以及太多的行政管制,致使许多不公正现象经常在评奖过程中出现,这也给团队知识生产的互惠合作形成一定的阻力。比如评价指标体系不科学、评审标准庸俗化现象时有发生。对很多理论知识,尤其是基础科学理论知识来说,很难在短时间内看出"经济效益"和"重大社会效益",因为"从科学认识到生产实践需要时间,认识越深刻,实践条件越落后,科学认识转化为生产实践所需要的时间就越长"(张功越,2002)。假如一些不"入流"的游戏规则在知识生产领域大行其道并占统治地位,必将严重颠覆科技奖励的公平、公正原则,难以让团队知识生产者进行生产的互惠合作。另外,即使评奖的态度是端正的,鉴于评委对于新知识成果在学术认识和感情偏好上的偏差,很难真正对新成果的质量水平做出公平、公正的评价。况且从社会经济发展状况可以看出,虽然有些奖励的奖金看起来数目可观,但与知识生产者为社会所做出的贡献相比,社会给予其的回报其实是不成正比的。比如我国设立的国家最高科学技术奖个人奖金数额高达 500 万元,其中 50 万元属于获奖个人所得,用于提高生活质量,450 万元由获奖者自主选题,用作科学研究经费,但是,比起在重大基础性科学知识生产领域的人力与物力投入,这些奖金只是杯水车薪,与知识成果的价值相比是微不足道的,对知识生产者的吸引力是微乎其微的。更何况能获得这类国家级奖励的是少之又少,更多的只是获得一些奖励额度很少的象征性科技奖励。

关于知识生产互惠合作的中国特色体制性障碍还体现在科技奖励中的"马太效应"和社会的派生待遇对知识生产激励的二次承认。知识生产领域中科技奖励的"马太效应"主要表现为:荣誉往往过多地奖励给那些名气更大、声誉更高,或职位更高、权力更大,或来自科研实力更强的单位报奖者,而较少分配给那些不知名或职权较小的报奖者,那些在知识界地位已经确立的知识生产者,由于先前的承认进而带来更多的承认和奖励(李明,2007)。"强者越强"这种知识生产领域的"马太效应"使本来就很不平静的、具有很强科层化特征的知识生产领域的合作不断弱化,竞争气氛趋于更加激烈。社会的派生待遇对知识生产激励的二次承认表现在:很多知识生产单位将职称评定、政府特殊津贴、住房分配等各种物质、福利待遇与知识产权和获奖成果挂钩,并依据知识生产者在知识产权或获奖成果中的名次而给予不同的经济报酬,因而所有的知识生产激励制度都间接刺激知识生产者去追求经济利益的最大化,这对于那些没有获得利益的部分知识生产者而言,必定产生心理不平衡,因而部分知识生产者时常为了名利而发生一些科技纠纷,大大挫伤了知识生产者间的团结协作精神。

7.2.2 质量激励与数量激励难以融合的制度性障碍

对知识生产产品的质量激励难以逾越数量激励是团队知识生产互惠合作缺失的另一重要原因,而质量激励与数量激励难以融合主要与学术地位和经济利益关联的科研评价制度有关。在我国从事重大基础知识生产活动的主力军是一批研究型大学和科研机构,它们在国家知识创新系统中占有重要的地位并享受国家财政对知识生产的经费资助。若在发达国家,对那些在科研领域中大量使用了公共财政经费的大学和科研机构,政府一般通过建立权威、公正、合理的科研评价制度来实现对科研经费分配和使用的问责,使公众知晓国家科研发展状况及在世界上所处的水平,促使国家的科研投入更公正、更合理,并为在大学和科研机构中的科研工作者指引正确的评价方向。然而在我国,不仅没有一套合理、有效的科研投入使用效率的宏观评价体系,也没有针对大学和科研机构的中观科研评价制度。

可以说当前我国宏观与中观科研评价制度存在缺位现象,科研评价更多意义上是一种由行政部门主导的针对具体科研工作者个人的科研绩效评价。由于行政管理部门的介入,科研评价由学术界圈内转到了行政管理部门圈外,圈外与圈内固然没有交集。行政管理部门追求的是按照规章办事和平衡各种利益分配,其执行者并没有能力对每一项学术科研活动及其成果进行评价,行政部门只能以发表出版级别和立项鉴定级别来判断科研质量。但圈内人知道,各学科的特点是不一样的,无法以同样的评价方式进行评定的,即使是发表在同一级别期刊上的同一学科论文和由同一级别部门或组织鉴定的科研成果,它们之间有时候在水平上也存在很大的差别,因而行政管理部门制定的科研评价标准往往只注重科研成果形式,这种微观层面的科研绩效考核不是对知识生产者的科研成果的"质"进行认定,更多的是一种对科研"量"方面的追求,即科研成果发表、立项、鉴定的级别以及数量的多少等。这种由行政管理部门提出评价标准进行科研评价的方式虽然表面上看既强调知识生产活动及其成果的产出,又注重知识生产活动及其成果的质量,但实际上对知识生产活动及其成果质量的把握是形式化、简单化的,违背了科学精神,抹杀了知识生产者的知识创造激情与灵感(丁宇,2008)。

当前中国科研评价体系还关系到广大知识生产者的切身利益。近些年,国内高校、科研机构为了排名或者申报学科点等政绩的需要,会对发表在不同领域或不同刊物上的论文进行奖励,但所获得的奖金往往相差天壤。发表在一般的核心刊物奖励往往很低,几乎为零,而发表在那些所谓"一流"杂志上的奖金却高得惊人。这种机械式的、量化的特定学术研究评价指标对知识生产者进行大量的重复性的金钱激励,使知识生产激励的扭曲达到了无可容忍的地步。正如方舟子披露的,国内大学有些老师之所以在影响因子较低的 SCI 刊物上疯狂地发表文章,某一个重要原因就是每在 SCI 上发表一篇文章就可以获得相当可观的货币奖励。更为普遍的是,当前知识生产者的职称和其学术地位与经济收益紧密"绑架"在一起,职称关联的科研评价活动对单个知识生产者的评价十分重视,很少参考科研团队成员对其进行的评价,职称晋升的依据主要看知识生产者的论文、项目、经费、专利等科研评价指标结论。这种职称晋升制度借助外部行政评价主体制定的比较机械的科研评价标准,只注重对知识生产者个人科研成果数量的要求，无法科学地对知识生产者科研成果的质量进行评价，从而促使知识生产者形成科研成果的数量崇拜；加上科研评价周期一般为一年，时间较短，迫使很多知识生产者放弃难度较大的知识生产项目而去做一些短、平、快的项目以应付任务；再者，一些知识生产者为了顺利晋升职称，为了减少知识成果的署名名次之争，从团队知识生产的互惠合作走向各自单干，有些知识生产者甚至不惜一切手段，采取学术造假，伪造数据进行论文编写，如井冈山大学的钟华、刘涛以及黑龙江大学的高山等，这不但败坏了学术道德，还造成垃圾科研成果泛滥，长此以往，对学科的发展和社会知识生产水平的提高都非常不利。

职称的高低原本代表知识生产者的学术成就，知识生产者依靠他的学术成就可以取得一定的经济收益。在市场体制不够完善的经济环境下，受到"家长式"管理、"衙门式"作风的行政权力因素影响，导致了学术的权力化与商品化，从而也导致一些知识生产者产生"重官道而轻学术"的错位观念。行政权力的介入使知识生产者职称的高低不但与其学术地位、经济利益紧密联系，还与其政治地位联系在一起。中国原本就是一个"官本位"思想根深蒂固的国家，因此"学而优则仕"不仅是古人也成了今人遵循的金科玉律，行政权力对职称评定的干预导致职称晋升激励越来越背离职称晋升的激励动机。目前在一些高校和科研机构，知识生产者不论其学问高低，只要弄上一官半职，就可以凭借现有的学术体制，利用手中的权力轻而易举地获得经费和项目，进而晋升职称，而且官做得越大，越容易获得高层次的项目和奖励，越有人为之捧场。现今不少知识生产者不是以学术为目的，而是以奋斗官位为目的，有了官位就有了学术成就，所以很多人为了达到这个目的，为了在短期内得到更多的学术积累而费尽心机、弄虚作假，甚至不择手段，剩下的还有多少人是为了学术而学术，为了科学的真理而互惠合作就很难下结论，知识生产产品出现的质量问题就可想而知了。

7.2.3 基金资助与激励目标相互矛盾的制度性障碍

基金资助与其制度激励目标的矛盾也影响了团队知识生产的互惠合作。随着经济体制、财政体制、科技体制的改革,我国研究与开发的资金投入和组织管理方式也在不断发生着变革。1985年3月,中共中央颁布了《关于科学技术体制改革的决定》,提出逐步改革研究机构的拨款制度,按照不同类型科学技术活动的特点,在基础研究和应用研究工作中逐步实行科学基金制度。1986年2月,正式成立了国家自然科学基金委员会(NSFC);同年,依托中国社会科学院建立了面向全国的哲学社会科学基金;随着经济发展,国家对科学基金的投入规模不断扩大,基金资助的科研项目类型及数量不断增加。从"十五"开始,课题制在国家科技计划中就全面推行,我国设立了资助科学研究的自然科学基金和社会科学基金,除此以外,我国已有20多个中央部委和20个省、市、区先后建立了50多个独立的科学基金机构和应用基础研究基金,许多高等院校和研究机构亦设立了基金,个人捐助型基金活动也在增加,如霍英东基金、福特基金等,初步形成了以国家基金为主,地方基金为辅,个人捐助型基金和单位自设基金为重要补充的科学基金结构和基金管理体系(王延中,2007)。到目前为止,按照课题的资助主体、承担对象、项目内容等方面的差异对我国的课题项目进行分类,不同的分类标准下可以形成不同的课题,项目类型十分丰富,当然,项目资助主体的性质在某种程度上会影响甚至决定课题项目的研究性质或目标价值取向。

与奖励制度的事后刺激不同,资助制度的宗旨是事前刺激。许多知识产品尤其是基础科学研究成果具有强烈的外部性,生产者很难从市场中补偿成本和获得收益,长此以往,知识产品的生产就会萎缩。资助制度的建立,对风险较高的基础知识产品的生产无疑具有激励效应,它在一定程度上缓解了生产者回收投资成本的压力,使生产者投资知识产品的生产具有相对的安全性。科学研究工作需要知识生产者长期稳定的知识积累和专心致志的全力投入,以及敢于冒险的探索精神,世界各国无不对开展基础研究与应用研究的高等院校与科研机构等给予充分稳定的财政支持,以保证它们的正常运行,实现其使命定位(薛澜,2002)。如美国洛斯阿拉莫斯国家实验室(LANL)的研究经费的73%来自美国国会的财政拨款,德国从事基础研究工作的马普学会,其80%的经费来自于联邦政府和州政府的直接拨款。2005年至今,随着《国家中长期科学和技术发展规划和纲要》的提出,进一步明确了我国科技体制改革与建设创新型国家的要求,与科技体制对应的科学政策也在不断变化。科学政策的宗旨就是为了实现国家目标与单位目标的统一,发挥高等院校与科研机构在创新知识生产中的积极作用,从而使科技资源得到合理配置,科研经费的使用效率得到适当提高。

但好的政策理念常常在中国出现水土不服。李兵等(2011)的研究显示,国家科技计划全面实施课题制后,却导致了我国科技资源配置方式呈现单一化的趋势。在摸着石头过河和缺乏经验的实施执行过程中,知识生产领域的竞争性项目拨款逐步取代了财政保障拨款,基金资助成为从事知识生产的科学研究机构的主要经费来源,造成大量科研机构逐渐形成了单一的课题制配置科技资源的状况。以课题制为主导的科技资源配置方式虽然比较适合技术开发性项目、应用性项目、应急对策性和集体团队项目的研究,但不利于知识生产者致力高质量和长周期的学科基础项目科研工作。因为竞争性的科技资源配置模式使得那些需要长期研究的基础性研究项目难以得到稳定的投入和支持,知识生产团队难以进行长远的规划与合作,很难持续长期高质量的探索性研究。据财政部教科文司的统计,中央级科研经费(民口)中竞争性经费的比例一度接近80%,虽然近年来情况有所改善,但大部分从事基础研究的公立研究机构的经常性财政拨款远远不足以支持其日常运转,更谈不上开展科研活动。例如,中国中医科学院经费的 85%～90% 来自纵向课题,几乎没有来自中央财政的常规性资助,其他高等院校更加可怜,国家基本上就没有任何保障性科研经费支持高等院校(李兵,2012),尽管中国 80% 左右的国际科学论文是由高等院校完成的,但这种运行模式使中国各类科研机构和高校疲于要经费跑项目,无法真正实现其在重大基础科学研究领域引领创新的根本使命。

课题制的设计初衷是为了在现有的科研体系中建立起竞争的科研环境,促使知识生产者为了拿到课题而展开竞争,有利于多出成果、快出成果,充分整合现有的科技资源。然而随着课题来源的多元化与分散化,科研组织管理方式也从计划任务为主逐步转变为课题项目引导为主。由于相关的制度改革没有到位,政府职能没有实行重大转变,高等院校与科研机构的微观管理依然受到政府的许多限制,导致基金资助制度往往与科学政策的宗旨相悖。我国现有科技计划主要包括:基础研究计划、国家科技支撑计划、高技术研究发展计划、科技基础条件平台建设计划、政策引导类计划等。各类科技计划设计时分工较为明确,但由于国家科技计划实施课题制系统性考虑不足,课题实施与科技计划战略目标之间的关联不够紧密,科技计划之间的衔接性、互补性不足,缺乏统一协调的机制。中国目前的资助格局政出多门,不同的政府部门设立的目标不同,使其在具体实施过程中容易出现项目或课题的交叉和重复现象,有时出现一些热点问题的课题设置过滥、资金投入效率降低的局面。课题制还设置了复杂的申报程序、执行程序和资金使用规则来保证科研经费的使用,知识生产者需要花费大量的时间和精力来应对课题制的正常运行,它的资源配置模式在一定程度上影响了一线知识生产者的精力和时间。同时,市场为导向的现有的科技计划课题制更多地致力于应用型科技开发项目,在对资金要求较大的基础性知识生产研究上,在一些战略方向性和关键共性领域,难以在国家整体目标上形成一致和分工合作,往往不能集中资金和研究力量实施重点突破。

课题制改变了计划时期的财政拨款,采取"公平竞争、择优支持"的原则,但由于资助方与受助方的信息不对称,课题资助的事前刺激不断在朝事后刺激的方向演化,从而造成知识生产领域的学术不端行为风声再起。市场化的竞争性资助方式的引入,打破了原来单一划拨渠道获得科研经费的方式,科研项目资助主体和受助对象多元化,扩大了科研经费投入,各个层次的基金实行公平竞争、择优资助的原则。但是无论何种形式的基金资助,资助方给予研究者资金资助一般都附有条件,如在规定的期限内完成并交付约定的成果、资助方对成果有优先使用权等,所以通常双方会以签订协议的形式明确彼此的权利和义务。因此,科学研究的课题申报对课题组尤其是课题主持人的能力、信誉等形成了长期制约,作为一种无形的压力督促科研项目按照协议确定的预期目标执行,成为促进人才成长和学术进步的持续动力。但由于信息的不完备与不对称,资助方对众多课题申请人中谁最有能力完成资助项目、谁又能产出最高质量的研究成果、双方对资助金额的多少等却无法事前准确获悉,因此,双方博弈的结果容易诱发资助方舍不得出大钱而导致知识生产无法进行,或产生受资助方的投机行为和资金应用的浪费。为了克服上述的不确定性,强化事前资助的约束,实践中资助方一般只给予接近完成的项目以资助,所以前期成果成了申请资助是否获准的关键,这在某种意义上使资助制度重新演化成了对已经做出的研究成果给予激励的奖励制度。这样,课题制使得那些原来声誉和地位较高的知识生产者在科研资源分配中处于更为有利的位置,形成"马太效应"。现实中,经常出现一些著名学者担任多项课题的主持人,而且他们对经费使用具有绝对的支配权利,加上缺乏有效的监督机制,因此,急功近利、弄虚作假等现象也时常存在于课题制的运行过程中,这不但加剧了课题申请的恶意竞争,还产生课题执行中的学术败德行为,造成资助资金的严重浪费。同时,科研评价制度的不合理以及职称晋升制度的僵化对资助制度的上述缺陷还起到放大作用。在职称评定、科技评奖的过程中,往往只有课题项目的主持人能得到承认的一边倒倾向科研评价机制,严重破坏了课题组知识生产团队的互惠合作,导致众多科研组织难以承接多学科大跨度的大型科研项目,科技资源利用和投入产出效率不高、公益性较差。

7.3 团队知识生产互惠合作的外在制度保障

自2006年我国发布《国家中长期科学和技术发展规划纲要(2006—2020)》以来,建设世界一流的创新型国家成为我国的发展目标。当今我国正处在发展转型、创新驱动的关键时刻,加快基础科学创新团队建设、促使知识生产团队进行互惠合作、大幅提高自主创新能力已上升为国家最紧迫的战略需求。知识团队能否顺利进行互惠合作受一国的政治体制、经济体制、文化体制、教育体制、科技体制等的影响,健全、合理的体制是知识团队互惠合作的外在制度保障。因此,我国要继续深化体制改革,尤其要深化科技体制改革,协调国家宏观科技管理体制,建立国家科技评价体系,改革国家科技奖励制度,进一步完善知识生产团队的组织结构和治理结构,为知识团队互惠合作扫除一切制度障碍,开辟知识团队互惠合作新道路。

7.3.1 深化国家宏观科技管理体制改革

7.3.1.1 协调国家宏观科技管理体制

要促进中国知识生产互惠合作,必须协调国家宏观科技管理体制。计划经济下的科技资源配置是在"大一统"的社会发展计划下,实施具体的科技项目,实现计划规定的发展目标,其功能相对单纯。在市场经济体制下,政府科技资源的配置就要基于市场机制的基础性调节。然而,目前国家宏观科技资源配置基本上还是沿用了计划经济体制的做法,缺乏科技资源投入的顶层设计和宏观协调管理。目前政府管理科技活动的组织机构虽然按科研阶段设置和学科领域分工管理,已大体形成纵横交织网状管理结构,基本覆盖科技活动的方方面面,但是,现有的国家宏观科技活动管理机构的设置依据与职责分工如铁路警察,每一个管理机构各管一段,各个组织机构没有很好地协调,导致了科技资源配置不合理,重大基础知识生产领域资金来源分散,资金总量难以满足生产需求,无形中增加了基础知识生产团队的建设成本,不利于团队的互惠合作,所以必须做到以下两个转变。

　　一要转变计划经济体制下的科技资源配置理念。在现有的科技预算和投入体制下,国家综合部门、产业部门和公共事业部门都有权利独立地提出国家的科技计划,计划从策划、出台、预算到实施完成多带有很强的部门意识。虽然各个部门都有增发指南、招投标等一些看似市场经济的做法,但实际上还是围绕着具体科技项目内容转,很少考虑资源配置的政策目标与社会功能,管理者深陷分钱、分项目之中不能自拔,资源配置与改革脱节,体制机制难以提供实施保障,致使形成科技投入多头管理、各行其道的结果。加上一些产业和公共事业部门都有自己的科技计划,部门、行业、单位之间在科技决策上缺乏统一协调与相互约束。国家的目标往往成为部门的目标,导致科技预算存在着严重的多个战略目标现象,众多经费申请渠道造成了许多领域国家科技经费的分散投资和重复投资,难以在国家整体目标上形成一致和分工合作,但凡涉及多领域多学科或者综合性交叉性的重大项目,便很难快速全面地做出较为科学统一的决策,在一些战略方向性和关键共性领域,往往不能集中资金和研究力量实施重点突破。因此要转变科技资源配置理念,在管理中强化科技资源配置作为政策工具的意识,从根本上转变计划经济的思维模式,统一体制,尽快在国家层面建立一个能统领全局的科技管理机构,以行使统筹协调的管理功能。

二要转变市场经济体制下的基础知识生产保障理念。自市场化改革以来,改变知识生产部门活动单纯学术取向和依赖政府计划的弊病,市场配置科技资源的基础性作用不断得到强调。然而,市场体制是以在市场中的生存能力为判断标准的,这就容易使经济界的一些改革政策被生吞活剥地照搬到知识界,导致科学与技术的界限经常被混淆,科学技术的生产力功能和市场导向被过分张扬,知识生产活动的类型差异被忽视,以致产生以管理技术的方式来管理科学知识,以市场需求为导向开展知识生产活动。实际上,应用与开发研究需要注重市场效应,而基础研究尤其是纯基础研究突出的是创造性和自由探索,不应以市场为导向。因此,市场化改革对基础研究和公共科技事业发展的负面影响较大,尤其是一些短期市场效应不明显的基础科学研究机构、公益类系所的知识生产者受到不小的负面冲击。比如许多数学、物理类研究机构的研究成果难以直接应用,因而投身于这一领域的知识生产者难以获得国家的投资,在课题经费少得可怜的情况下,他们哪有心思坚守阵地、组建知识生产团队进行基础知识生产。无奈之下,他们也开始办起工厂和生产线,这对基础知识生产的冲击是非常严重的,导致基础知识生产成果严重供给不足,远远无法满足全社会对于公益性公共产品和服务的基本需求(程帅,2011)。因此,根据知识的不同种类,国家宏观科技体制要把握好体制改革的政策方向,针对市场失效情况,在深化改革科技体制的同时,要以科学利益为最高原则,培育以学术标准为根本基础的优良科学文化,按照科学发展观的要求,在全社会培育创新意识、倡导创新精神、完善创新机制,进一步明确不同政府部门的职责,理顺基础知识生产的投入和管理体系,整合国家目前各类基础科学研究项目,提高国家对基础科学研究的投入,对在基础研究、前沿技术研究、社会公益性技术研究等领域的科研机构,坚持举国体制进行扶持。在国家宏观科技管理体制协调过程中,国家宏观科技体制要做到保障基础科学的研究。

7.3.1.2 建立国家宏观科技管理评价和监督机制

要促进中国知识生产互惠合作，必须建立国家宏观科技管理评价和监督机制。国家宏观科研评价和监督机制一般是指在一个国家内部制定的科研评价监督制度，对其内部的主要科研机构的知识生产能力进行评价与监督。我国的科研评价制度从整体上比较注重微观层次，比较重视对知识生产者个人的评价，相对来说，针对科研机构研究水平的评价活动不那么受重视。在我国从事基础知识生产活动的主力军是一批研究型大学和科研机构，国家理应对它们有一套合理、有效的评价制度，然而我国大学和科研机构中的科研评价活动总是忽视对科研团队的评价而过于重视对单个科研工作者的评价。

由于国家宏观评价制度不完善，加上计划管理和长官意志在我国科技界大肆横行，专家在一些评审活动中普遍存在重人情、拉关系等不良现象，比如同行评议中的师生、亲友、同事等关系，经常干扰评审工作的公正性与客观性，使科技评审活动重形式走过场，科技评审质量缺失，促使知识生产者行为产生偏颇，采取弄虚作假的方式，造成知识生产成果的泡沫化、垃圾化。因此，建立由国家主导的科研评价制度，在一个开放和透明度高的科技评价体系中，从多个方面和角度对大学和科研机构及其知识生产者进行客观评价，分析其投入、产出对社会环境各方面的种种有利或不利的影响，使社会知晓这些耗费巨额公共资金的科研活动及其成果对未来科学研究事业及广大人民群众带来了何种好处，督促那些大量接受公共经费资助的大学和科研机构提高基础知识生产质量和影响，为我国政府重新分配大学和科研机构的科研经费提供参考依据，确保最高质量和有影响力的知识生产领域得到持续性支持。

总之，如果整个国家没有宏观科研评价与监督机制，那么针对知识生产者的微观科研评价也将失去应有的引导和方向。为了建立国家宏观科技管理评价和监督机制，国家主导的科研评价过程和结果要以事实为依据，以公正、公平与高效为原则，对科研项目的审批、经费管理、过程控制等制度进行改革。避免行政干预,敢于接受社会监督,防止弄虚作假、"搭便车"等行为,为大学和科研机构的知识生产活动提供良性竞争的公平环境,减少知识生产者的合作成本,共同创造更高的知识团队互惠合作剩余。具体而言:

一要设立科技发展信息中心,具体负责为科研评价提供后勤保障和信息服务。比如建立起科研评价档案查询系统,把参评科研团队中每一位知识生产者的全部科研成果的清单、科研评价参评材料以及学科专业评价小组的评价过程都公布在国家主导的科研评价网站上;同时建立起科研评价专家的科研评价信誉档案,把他们曾经参与的科研评价等学术活动都公之于众。

二要建立科研评价回避制度,将科研评价中可能出现的人为不公干扰因素排除。促使参加科研评价的专家形成严谨科学、客观公正的态度对待评价工作,对自己的学术声誉和人格负责,对国家、社会的责任感和使命感负责,凡是不能科学公正地对待科研评价工作、有违科学道德行为和有失科学家风范的专家应当取消其担任各类学术评价专家的资格,并作为信誉不良记录在案。

三要建立科研评价公示制度,将科研评价的结果公之于众,充分发挥研究型大学和科研机构中广大知识生产者的互相监督作用。科研评价公示制度要充分借助和利用信息技术,特别是网络的传播功能,在大学和科研机构内部也要为知识生产者建立独立的学术主页,把他们的观点、成果、论文著作等迅速地通过网络向本校、全国乃至全世界展示出来。

四要建立必要的申诉监督机制,使那些在申请科研经费、成果评审、科研奖项申请晋级、专著出版或论文发表等方面遭受不公正待遇的,可以突破学术垄断体系,越过相关领域的学术机构、学术委员会等,获得科学、公正、民主的解决。

五要加强经费使用的监督机制。我国非常强调政府增加对大学与科研机构的科技投入,却缺乏对科技计划和项目进行评估和监督的机制,许多科技经费得不到应有的监督,造成大量浪费。科研经费的管理不力不但拉大了知识生产者之间的收入差距,激化了他们的矛盾,不利于知识生产团队的合作,同时还助长了拉关系等潜规则盛行。在监管不力的机制下,较丰厚的科研经费有时甚至成为一种福利或利诱,导致知识生产活动平庸化,造成了中国科研论文发表数量的激增,引用率及创新率却非常低的科研泡沫现象。

六要建立健全的科研法律体系。我国科技管理体制当下仍然处于人治阶段,科研项目和经费的获得,往往不是取决于知识生产者的自身实力而是依靠其是否和科技官员有更好的关系,这种情形促使大学和科研机构的学术造假、抄袭、篡改数据、剽窃他人成果等侵权与不端行为比比皆是。因此,国家在制定的国家中长期科技发展规划纲要中,必须深切认识这些弊端对于我国建设创新型国家的危害,统一立法规范,制定改进方案。

7.3.1.3 改革完善国家科技奖励制度

随着我国市场经济的发展,客观上要求对政府科技奖励进行重新定位。政府科技奖励的一个重要功能就是弥补市场奖励的不足,它专门针对市场激励失灵的创新领域,鼓励具有公共产品特性的、研发周期长、研究风险大和具有国家战略意义的项目研究,这决定了政府奖励的设置不能以破坏整个知识生产团队的合作为前提。由于我国科技奖励制度的改革还未触及"去行政化"的强度,我国科技奖励体系主要还是政府奖励为主,仍然是实行推荐评审制度,而且科技奖励候选人的推荐者都是行政所属单位,这种推荐制虽然以单位集体的名义,目的是为了促进知识生产团队的合作,但在实施过程中不利于团队合作收益的合理分配,也不利于团队的互惠合作。因为科技奖励采取逐级向上申报原则,根据这一原则,从基层到申报国家级的奖励需通过层次繁多的评审,在下一层次的评审中若不能胜出,则成果就难以继续向上申报。这种现象不但造成科技奖励获奖面较窄,而且还造成科技创新过多地受政府利益所引导,使学术研究成为一种为功利所驱动的谋生手段,从而丧失了对真理和理想追求的驱动力。同时由于政府权力过大,在信息不对称的情况下,这种现象使科技奖励程序不可避免地存在人为操纵的可能性,科技奖励的社会价值和效应常常因此受到质疑,甚至导致科技腐败。再者,由于奖励的后续机制不完善,这种现象还会进一步引发对科技奖励不正常的利益角逐和非正常手段的荣誉获取,合作收益难以协调的国家科技奖励制度对知识生产团队的长期合作将产生极大的负面影响。

因此,在完善我国的科技奖励制度同时还需进一步完善我国的科技奖励体系,要在增加我国科技奖励评审过程透明度、探索科技奖励的同行提名制的同时,规范社会力量设奖(万钢,2012),使民间科技奖成为政府科技奖励的有益补充。但直到现在,我国民间奖励仍然没有发挥出应有的作用,无法弥补政府奖的不足。因而政府要学习西方国家,鼓励民间大量设立各种名目奖项,形成多元化的奖励格局,逐步使科技奖励从政府行为为主向社会行为为主转变。在西方发达国家,民间奖就比政府奖多,声望也高很多,如诺贝尔奖等。当然,我国的科技奖励体制改革应从国情出发,采用渐进式,一步到位的改革可能事与愿违。具体而言:

首先必须对科技奖励评审机制进行改进,建立公开提名、科学评议、实践检验、公信度高的科技奖励机制。其次,要构建多元化的科技奖励体系,加快推进民间奖励发展的步伐。设置民间科技奖励项目,既有利于吸收更多的社会资金投入科技领域,又弥补我国科技奖励制度存在的不足。在设置民间科技奖励同时,要改变传统的官本位观念,着力提高我国民间奖的社会地位,政府应关注参与民间科技奖励的评审和颁奖活动,使民间奖享有与政府奖同等的待遇。最后,针对目前设立的政府奖,要适当延长报奖成果的应用年限,以提高科技奖励质量。按国际上的做法,国家科技奖励在体现团队激励的同时,更应协调好对知识生产者个体的激励,强调促进团队互惠合作的诸多因素,避免可能引起获奖人排名之争和获奖"搭便车"现象等弊端。

7.3.2 着力推进微观科技管理体制改革

要促进中国的团队知识生产互惠合作,在深化科技体制的改革过程中,还要着力推进微观科技管理体制改革。完善科研组织结构与治理结构,提高科技管理水平,合理配置科研组织科技资源,提高科技资源利用率和投入产出效率,充分激发知识生产团队的创新活力,促使其积极承接多学科大跨度的大型科研项目,具体而言:

首先要不断完善知识团队人才评价标准,改变以往单纯以论文、项目、经费、专利论人才的做法,构建以创新质量和贡献为导向的科研评价机制和激励机制。评价体系的改革关系到广大知识生产者的切身利益,也是公众关注的焦点,科学的人才评价和奖励制度是形成正确的评价导向,激发知识生产者创造活力的关键措施。因此要根据科学、技术、产业不同方向的不同特点,采取不同的评价标准(万钢,2012)。在推进微观科技管理体制改革过程中,我们既要吸收各地在科技体制改革方面关于人才评价标准的有益经验,也要吸收和借鉴国外特别是 G20 的有益做法,从德、才、效、能各个方面综合进行评价,让评价体系适合各类知识生产活动的规律。

其次在评价过程中,要根据不同类型科技活动特点,注重科技创新质量和实际贡献,采取导向明确、激励约束并重的评价标准和方法。具体说来,基础知识生产成果应以同行评价为主,特别要加强国际同行评价,着重评价成果的科学价值。通过评价,使高校和科研机构进一步明确其在基础研究方面的使命定位,保证其经费投入管理模式、法人治理结构等与其使命定位相匹配;应用研究应由用户和专家等相关第三方评价,着重评价目标完成情况、成果转化情况以及技术成果的突破性和带动性;产业化开发由市场和用户评价,着重评价对产业发展的实质贡献。建立评价专家责任制度和信息公开制度(万钢,2012)。此外,还要开展科技项目标准化评价和重大成果产出导向的评价试点,完善国家科技重大专项监督评估制度,加强对科技项目决策、实施、成果转化的后评估。

最后在薪酬待遇上,由于从事科学研究的知识生产者需要大量的对知识和技能积累的前期投资,需要全身心的整体投入,因此国外一些发达国家的科研机构的工资都采用年薪制,为知识生产者潜心研究和教学提供基本保障。由于高层次知识人才的稀缺性和不同领域人才市场的差异,国外不同知识生产领域的薪酬水平也有较大的差异,但总体来说,研究机构和高校的薪酬水平在社会不同行业薪酬水平中往往属于比较高的。例如,美国2005—2006学年最低职称的高校教师的平均工资达到全国各行业总平均工资水平,而副教授和教授的平均工资分别是各行业总平均工资的1.5倍和2倍左右。

相比之下,中国知识生产领域经过多年的改革与发展,仍然存在着极其不合理的人力资本价格双轨制。在体制内的研究机构和高校等事业单位的工资被严重地压低,长期以来处于很低的水平,与体制外的人力资本市场和国际人力资本市场形成巨大反差。人力资本的这种价格双轨制,已经成为近年来高校科研院所中青年人才流失的重要诱因,为了保证给其教职员工提供最起码的收入,高校和科研机构都通过各种其他方式创收,这些行为对这些机构的正常教学和科研工作带来很大冲击,不利于集中力量进行重大知识领域的合作生产。虽然近年来国家通过"千人计划"、"长江学者计划"等来努力改善这种局面,但这些计划仅仅涉及极少数相关人员,很难改变整体局面(薛澜,2012)。因此,知识生产单位要加大用人制度和薪酬制度的改革,完善科技人员薪酬分配体系,高校和科研机构尤其要建立公平合理、有竞争力的薪酬制度,以保证最优秀的人才能够在高校和科研机构稳定地从事研究工作。

7.4 促进团队知识生产互惠合作的政策建议

7.4.1 细化知识产权安排

知识生产是技术创新的源泉,技术创新必须伴随着制度创新,制度创新又反过来促进技术创新,从而激励着知识的生产。从知识生产与技术创新的实现条件来看,它不但要求在宏观层面上提供适宜的制度环境和制度安排,还要求制度在微观层面上实现组织形式的创新。随着中国知识产权制度日趋完善,与知识产权制度相配套的一系列法律制度逐步建立,对知识产权的宣传和执行力度不断加大,人们的知识产权保护意识不断增强。通过商标权、专利权等制度安排的产权对于应用性知识的生产起到了十分有效的激励作用。然而,基础理论性知识对应用知识生产乃至技术创新所起的作用十分关键。同时,由于那些基础理论性知识产品的生产不确定性程度较高以及知识生产成果的公共产品性质,它们一般由政府财政拨款让非营利性研究机构如大学、研究所的知识生产者合作生产,并赋予这些知识生产者知识产品发现的优先权或专利权给予激励。这种知识产权激励方式涉及团队成员的信用问题,即是否有人会独占知识产权,若团队成员遵守诺言,以多名成员共同拥有知识产权,但知识产权应该如何排名,排名的顺序是否影响成果的占有等都将影响到团队的知识生产互惠合作。

在以往的制度安排下,知识产权的排名就代表知识生产者的权限大小,排名靠后的知识生产者几乎无法得到认可,更有甚者,有些知识生产管理部门只认第一作者,其他作者的劳动付出只是徒劳。其实,在实际知识生产过程中,知识成果的创作离不开每一位知识生产者所做的贡献,每一位知识生产者的显性知识和隐性知识都是知识生产的投入要素,若以知识产权的排名来代表知识生产者知识生产要素投入的多少以及他们应该拥有的相应知识产权权利似乎很不科学,而且实践证明这是错误的、失败的,这种制度安排严重阻碍了目前许多知识生产领域的团队互惠合作。因此,作为政府的知识管理者,要充分认识到基础理论性知识对应用知识的生产乃至技术创新的重要作用,尊重每一位基础知识生产者的艰辛劳动付出,知识产权在安排过程中应不受排名先后影响,只要参与都应享有同等的权利,这样才能鼓励团队成员互惠合作、分享各自的各种知识投入于创新知识的生产过程中。

7.4.2 健全利益兼容机制

利益和谐是基础知识生产团队互惠合作的基础所在,也是建立互惠合作知识生产团队的内在需要。纠正基础知识生产体系的分散局面,凝聚各方面的科技力量,推进互惠合作团队的建设,提高社会公益领域科技创新能力,首先必须协调各知识生产者之间的利益关系,正确处理产权安排与利益获取的中间桥梁与纽带关系,不以产权的排名先后与知识生产者的经济收益直接挂钩。与此同时,还要妥善处理个人利益与团队利益、局部利益与整体利益、暂时利益与长远利益的统一,避免利用自利机制来制衡生产者,为基础理论性知识生产者营造宽松的知识生产环境。

利益关系的调整和变革是制度变迁的基本动因。诺思将制度区分为正式制度与非正式制度,正式制度是指一些成文的规定,包括国家中央和地方的法律、法规等,包括企事业部门的规则规定,正式制度总是与国家权力或某个组织相连,它们以某种明确的形式被确定下来,并且由行为人所在的组织进行监督和用强制力保证实施。非正式制度是指对人的行为不成文的限制,是与法律等正式制度相对的概念,包括价值信念、伦理规范、道德观念、风俗习惯和意识形态等。鉴于基础理论性知识生产团队互惠合作的重要性，政府必须进行有效连贯的制度设计，形成以人为本的知识生产激励制度，辅之以利用行政或经济的手段来调动知识生产者的积极性，尽量使形成的激励制度适应团队知识生产活动规律。

在具体操作过程中，可以试着用团队锦标赛制替换个体锦标赛制，建立基于分享共同业绩的团队显性激励制度，在细化团队内部知识产权保护制度的基础上，根据强互惠具有对互惠偏好的进化优势（叶航，汪丁丁，2005），适当利用"同伴制裁"的隐性激励手段，为团队成员向其他偷懒成员施压或实施制裁提供动机和手段，激发知识生产团队中的生产者共同形成合作互惠的信念，促使以信任机制为基础的团队化生产者采取相互合作、相互促进的行为，进而创造相互合作的正反馈路径与情境，使知识生产队伍的互惠偏好不断演化为稳定性的社会偏好，维持共同合作的结果，提高团队知识生产效率。

另外，还应借鉴学习国外不同行业的薪酬制定经验，例如，美国在社会不同行业薪酬水平中，从事基础理论性知识生产的研究机构和高校的薪酬水平都属于比较高的。因此我国政府可以直接学习美国经验，在今后对知识生产者薪酬体制的改革与调整过程中，通过以法律的形式，区别对待从事不同知识生产领域的生产者，与那些有志和有潜力从事基础知识生产的生产者建立长期的显性激励合约关系，建立公平合理、有竞争力的薪酬制度，并且明确规定，合约的基础报酬随市场水涨船高，确保从事基础知识生产的基础报酬高于应用知识生产的基础报酬，确保基础知识生产者衣食无忧，使优秀人才能全身心地投入到基础知识生产领域，组建基础知识生产团队，形成互惠合作机制、稳定地从事基础知识生产活动。

7.4.3 深化精神文明建设

知识团队在生产过程中出现的不合作问题，说明树立科学价值观已经迫在眉睫。当前知识生产领域存在着科技成果重数量轻质量、急功近利、弄虚作假等违背科学道德的不端行为。但每当问题出现时，许多知识生产单位都很少对知识生产者进行正面教育，没有人告诉其什么是该做的、什么是不该做的，完全靠知识生产者自觉的良心和道德，以致许多知识生产者不知晓科学的理念，不清楚科学的道德准则和科学的社会责任是什么，在知识生产过程中往往迷失正确方向，错误地把科学知识生产当成个人谋生的饭碗，更有甚者，还把知识生产领域中这种不良风气看成是走向成功的捷径，这严重影响了知识生产者的声誉和团队知识合作生产能力。

尽管学术浮躁、学术腐败等现象的存在和发生原因是多方面的，有些涉及知识生产者的行为准则和道德作风问题，有些涉及知识生产单位评价知识生产成果的准则和方法问题，但从根本上看，都关系到知识生产者科学价值观的缺失，他们对知识生产的认识从思想根源上背离了科学的本来目标和价值。因此，重塑默顿的科学价值观，使知识生产者端正科学理念、建立信任文化、明确社会责任等是构建知识生产团队和谐学术生态的根本。

正式制度易改变，而非正式制度最具生命力，它是构成渐进演化的文化的一部分，所以非正式制度不易改变。几千年来中国人受自给自足自然经济的影响，小农意识以及对经营纠葛的担心使许多民众滋生了"宁可一人养一鸡，不愿数人牵一牛"的潜在意识，产生了"不患寡而患不均"的固有想法。随着经济增长日益依赖于知识的进步，对那些能够生产与分配知识的制度的需求会转向对其权利的需求。但当今社会享有超级特权的人治与法治之间的对立常常造成违规操作，以致现有知识产权制度激励方式与民众意识难以相融，不能达到预期效果。因此，创新设计出的正式知识生产互惠合作激励制度，其制度设定的目标与传统文化距离越近、亲和力愈强，其变迁成本就越低，变迁成功的可能性越大；反之，则反是。

针对近年来我国科技界出现的不少学术不端行为，科学价值观的建立首先要引导知识生产者应该做什么、可以做什么、不能做什么。建立科学价值观应有别于过去仅仅只是用行政或经济的手段调动创新者的积极性,更要重塑造创新者从事特定创新活动的主体精神和自觉使命,赋予创新者自主创新的空间和权利,这不但涉及利益、权责关系的调整,还涉及与之相适应的其他制度变革以及与新的创新主体成长相关联的创新文化的形成。在知识生产实践中,必须要求各知识生产者遵守诚实原则,在项目设计、数据资料采集分析、公布科研成果以及确认合作者和其他人员在知识生产过程中的直接或间接贡献等方面要作出详细规定,还必须保证所搜集和发表数据的有效性和准确性,唯此才能够真正形成以人为本的、适应科技活动规律和创新活动特点的科技体制,从而推动知识生产团队进行互惠合作创新。

一旦科学价值观形成以后,必须建立与我国传统文化相合拍的知识生产激励制度。要充分认识知识团队是知识工作者实现其自身价值、满足其物质和精神需求的重要载体,对知识员工的激励提倡以固定薪酬为主,配合带有人文关怀性质的良好福利安排,尽量避免采用根据固定绩效考核制定的报酬激励机制。因为对大多数知识生产者而言,当其物质条件达到一定的程度,金钱的激励对激发知识工作者的热情、促使其相互承担责任、兑现其对利益相关者的承诺和发挥创造力等方面很难达到理想的效果。这时,要以满足知识生产者价值观的需要为目的,建立共享而有意义的团队目标,营造信任、关怀和相互支持的团队氛围,使他们能从团队工作中获得比金钱更重要的心理期望和价值观方面的满足,从而对其形成内在的隐性激励。

7.5 本章小结

本章首先对中国知识生产激励制度的现状进行分析。既指出中国知识生产激励制度改革取得的初步成就,又指出当前中国知识生产激励制度存在的突出问题,即知识生产总体社会效率十分低下,其主要表现形式为知识成果质量低、重大创新领域成果少、知识生产投入结构不合理等,分析认为造成这些问题的关键原因是现有激励制度对团队知识互惠合作的忽视。接着本章进一步从声誉机制与物质利益双层激励的制度性障碍、质量激励与数量激励难以融合的制度性障碍、基金资助与激励目标相互矛盾的制度性障碍三个层面,对中国知识生产互惠合作缺失的制度性诱因进行深入分析。在上述分析基础上,本章从国家宏观科技管理体制和微观科技管理体制两方面提出基于互惠偏好的团队知识生产合作的外在制度保障,认为只有深化科技体制改革,协调国家宏观科技管理体制,建立国家宏观科技管理评价与监督机制,改革完善国家科技奖励制度,并不断完善知识生产团队的组织结构和治理结构,这样才能为知识团队互惠合作扫除一切制度障碍,为知识团队互惠合作开辟道路。最后本章提出以互惠偏好为导向从而促进基础知识生产团队合作的政策建议,认为要从细化知识产权安排、健全利益兼容机制、深化精神文明建设等几个方面进行强化。

第八章 结论与展望

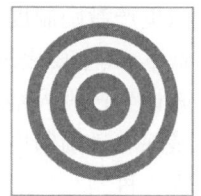

8.1 本书的主要结论

知识生产是科技创新的源泉,加强团队知识生产互惠合作是创新团队建设的关键,也是"十二五"期间加快转变经济发展方式与增强自主创新能力的基本要求与有效措施。本书在吸取前人研究成果的基础上,从互惠偏好的理论视角,系统地研究了制度约束下偏好的形成与演化、互惠偏好下动态知识生产函数、团队知识生产互惠合作的演化机制、动力机制、激励机制等问题,进而对中国知识生产的激励制度存在的问题和成因进行分析,指出促进团队知识生产互惠合作需要一系列的外在制度作为保障,最后为团队知识生产互惠合作的激励制度建设提出一些政策建议。本书的知识生产团队是指为了解决某一重大基础性疑难问题并处于初创阶段而形成的独立团队,该知识团队成员的学科知识背景具有相同或互补的性质。随着知识生产方式的变更,知识生产者的需求与偏好也随之演变,因而团队知识生产者的互惠偏好将对知识生产合作产生重大影响,融入知识生产者互惠偏好的知识生产激励制度有利于知识生产合作,能有效提高中国的基础知识生产团队的科学创新效率。本书的研究具有理论和实践上的双重价值。

全书主要研究结论总结如下：

第一，创新知识生产离不开团队知识生产者的互惠合作，对知识生产合作的研究要立足创新知识生产的真实特征，打开传统知识生产单位的"黑匣子"，改变对知识生产及激励治理研究的传统自利、稳定偏好假设，要把知识型员工的互惠偏好纳入团队知识生产的所有研究范畴，只有这样，才能从根本上解释知识生产合作的微观机理。

第二，要充分考虑团队知识生产方式中每一位知识生产成员的心理偏好特点以及知识生产成员之间的偏好差异，基于偏好演化的视角，研究知识生产者的互惠偏好与制度的共生演化，构建团队知识生产者的互惠偏好效用函数与体现知识生产者互惠偏好的、具有动态性的知识生产函数形式，揭示团队知识生产者与知识生产合作中知识生产的本质特征。

第三，根据团队知识生产者互惠合作演化博弈分析的结果，认为知识生产团队的互惠合作稳定均衡并不是完全自然形成的，团队合作的演化稳定策略选择其实与很多因素有关，要使这些影响因素发生变化，以利于团队互惠合作演化的稳定均衡形成，需要适当的互惠制度给予知识生产团队一定的外部动力。因而，为了促进团队知识生产互惠合作，迫切需要制定与知识生产者互惠偏好相适应的团队知识生产互惠制度。

第四，根据互惠偏好的团队知识生产合作动力机制分析可知，不论是基于直接互惠、间接互惠，还是强互惠，知识生产互惠合作的根本动力都是来源于团队成员自身的内在动力与团队外部环境的外在推力，合作带来的物质利益与精神利益共同形成团队知识生产互惠合作的驱动力，但这三种互惠方式都有其自身的局限性，要促使知识生产团队的互惠合作行为顺利进行，需进一步建立与上述三种互惠方式相匹配的直接互惠制度、间接互惠制度与强互惠制度。

第五，传统知识生产激励制度以知识生产者自利偏好假设为前提，注重个人知识生产结果而忽视对知识生产过程的关注，这种制度是锦标赛模型的翻版,极易造成知识生产激励扭曲。在现实团队知识生产实践中,要重视创新人才偏好的差异性、互惠偏好的存在性以及制度对各偏好演化路径的影响,同时要以现代知识产权理论为基础,以"互惠制度建设"为落脚点,把互惠偏好合并到构建知识生产激励契约行为分析框架中,构建基于互惠偏好的创新知识生产合作激励治理模式。

第六,中国创新知识生产总体效率十分低下,团队知识生产合作乏力、合作路径模糊,其制度性诱因的关键在于现有知识生产激励制度忽略了知识生产者互惠偏好的存在。在深化科技体制改革的过程中,要协调国家宏观科技管理体制,并着力推进改革微观科技管理,建立以人为本的科研评价体系、监督机制以及奖励制度,为知识团队互惠合作扫除一切制度障碍。在政策制定中,要从细化知识产权安排、健全利益兼容机制、深化精神文明建设等几个方面着手,制定出与互惠偏好相融合的知识生产互惠制度。

8.2 本书的创新点

第一,改变传统自利偏好假设,从互惠偏好的视角,对知识生产创新团队内部组织特征进行分析,探讨团队知识生产合作演化博弈机制与合作的动力机制,并依据制度经济学的现代产权理论,围绕合作剩余索取权的分配,构建创新团队知识生产合作的行为委托—代理治理模型,进而设计并制定融合互惠偏好的创新知识生产团队互惠合作激励政策,为解决创新团队合作问题找到突破口和新思路,这是本书在研究视角与内容上的创新。

第二,本书以演化经济理论与制度分析方法为基础,并借鉴行为经济学、神经经济学、心理学、系统动力学、企业生态学等的基本理论与方法,在大综合中对创新团队知识生产互惠合作及激励制度从理论分析到模型构建进行深入研究,探索融入互惠偏好并具有中国特色的团队知识生产互惠合作制度。这是本书研究在理论基础及方法上的创新。

8.3 有待进一步研究的问题

第一,团队知识生产互惠合作及激励制度研究是一个涵盖面非常广泛的新型课题。本书研究的知识生产合作团队仅仅指的是为生产基础科学知识且处于组织建设初期的由高等院校或科研机构的知识生产者组成的团队,对于那些由企业知识生产者组成并生产应用技术知识的团队互惠合作研究未作专门深入探究,今后研究可以对此进行挖掘;另外,本书只是针对团队内的知识生产合作问题进行微观层面的研究,对基于互惠偏好的团队间的知识生产合作的中观层面研究还有待进一步拓展。

第二,团队知识生产互惠合作及激励制度研究是一个跨学科的研究。本书结合多学科的理论与方法,构建团队知识生产者的互惠偏好效用函数与知识生产函数,揭示知识生产互惠合作演化机制、动力机制、激励机制等理论模型,并采用数值模拟与案例分析对理论模型进行验证。但本书没有收集更多的调查数据与统计数据进行实证分析,在今后的工作和学习中,将从数据模型方面关注团队知识生产互惠合作机制及制度治理效果,以便更好地指导知识生产实践。

第三,本书提出了制定与互惠偏好相融合的具有中国特色的团队知识生产互惠制度构想。但由于受各种条件制约以及本书主题的限制,没有对团队知识产权安排、团队利益兼容机制以及团队精神文明建设等问题做进一步研究,而这些问题的研究显然是有现实价值的,对促进团队知识生产互惠合作将起着十分关键的作用。在接下来的工作中,应该对这些问题进行深入研究。

参考文献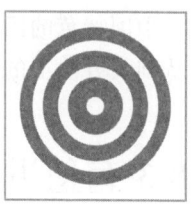

[1]李梅芳等.产学研合作成效关键影响因素研究——基于合作开展与合作满意的视角[J].科学学研究,2012(12):1871－1880.

[2]汤超颖等.变革型领导、团队文化与科研团队创造力的关系[J].科学学研究,2011(2):275－282.

[3]邹波等.企业知识团队的生成及知识创新的模型与机制[J].科研管理,2008(3):81－88.

[4]汤超颖等.知识获取与知识消化对创新绩效的影响研究[J].科学学研究,2015(4):561－566.

[5]加里·S.贝克尔.人类行为的经济分析[M]上海:上海人民出版社,1995:335－343.

[6]陈娟,芮明杰.高技术企业知识员工间的知识传播模型[J].研究与发展管理,2004(10):46－52.

[7]张露,陈劲杰.互联网大规模知识生产模式下组织结构的探索研究[J].机械管理开发,2008(5):42－44.

[8]许崴.试论知识商品的使用价值、价值与价格[J].中南财经政法大学学报,2006(3):48－51.

[9]刘诗白.知识产品价值的形成与垄断价格[J].社会科学研究 2005(3):36－42.

[10]海本禄等.大学科研人员参与合作研究的影响因素研究[J].科学管理研究,2012(1):38－41.

[11]蒋景嫒.知识的特征及将其纳入生产函数的方法[J].财经科学,2005(2):41-47.

[12]王绍平等.图书情报词典[Z].上海:汉语大词典出版社.1990:556.

[13]白少君等.基于空间面板数据模型的R&D活动中知识生产与溢出效应研究[J].科技进步与对策,2010(11):1-4.

[14]徐贵宏等."经济人"利他行为的经济分析[J].经济学家,2008(1):10-17.

[15]樊钱涛等.研发团队中知识创新效率影响机制研究[J].科学学研究,2008(6):1316-1323.

[16]刘宁等.研发团队多元性、行为整合与创新绩效关系的实证研究[J].科研管理,2012(12):135-141.

[17]赵红专等.知识生产函数及其一般形式研究[J].经济问题探索,2006(7):12-15.

[18]张正堂.团队薪酬计划的激励效应研究[J].科学学与科学技术管理,2010(11):176-181.

[19]范省伟.试论知识生产的特点及其内在运行规律[J].生产力研究,2004(8):19-21.

[20]程慧平等.中国省际R&D创新与转化效率实证研究[J].管理评论,2015(4):29-37.

[21]傅翠晓等.知识生产研究综述[J].科技进步与对策,2009(1):155-160.

[22]叶航.广义效用论[J/OL].中国经济评论.(创刊号),2001(1).http://www.china-review.org/show.asp?articleid=443.

[23]叶航.超越经济理性的人类道德[J].经济学家,2000(5):79-83.

[24]叶航,肖文.广义效用假说[J].浙江大学学报(人文社会科学版),2002(2):139-142.

[25]任志安等.知识生产函数研究的演进与发展[J].经济理

论与经济管理,2006(6):23-27.

[26]文建东,李欲晓.市场经济与利他主义、利己主义的界限[J].中国软科学,2004(2):44-50.

[27]许娇等.应用知识生产与基础知识生产的特征性差异——基于中国省际的面板数据分析[J].软科学 2010(10):1-5.

[28]张廷华.利他和利己行为的效用分析[J].山西高等学校社会科学学报,1999(3):86-88.

[29]向秋华等.社会偏好与激励契约的融合——行为委托—代理激励模型兴起[J].财贸经济,2007(07):107-112.

[30]叶航,汪丁丁,罗卫东.作为内生偏好的利他行为及其经济学意义[J].经济研究,2005(8):84-94.

[31]武欣,吴志明.知识工作团队中组织公民行为的作用机制实证研究[J].南大商学评论,2006(1):101-111.

[32]林润辉,范建红,黄传锋.临时型知识团队合作治理中社会约束影响的实验研究[J].南开管理评论,2009(5):144-160.

[33]张颖.心理契约视角下的知识型员工管理研究:[硕士学位论文].安徽大学,2007:56.

[34]葛芳.心理契约与企业知识型员工流失管理研究:[硕士学位论文].兰州大学,2006:89.

[35]王端旭.研发团队激励机制设计的情景分析[J].科研管理,2006(6):80-84.

[36]王端旭,朱晓婧,王紫薇.团队规范影响研发人员创造力的中介机制研究——以知识共享为例[J].同济大学学报(社会科学版),2009(4):119-124.

[37]雷宏振,李垣,廖貅武.激励扭曲与基于知识合约的团队生产力[J].中国工业经济,2005,207(6):98-104.

[38]郭心毅,陈斌.涉他偏好效用理论研究述评[J].现代经济探讨,2009(1):22-25.

[39]张同健,蒲勇健.基于演化博弈的和谐社会构建模型分析

[J].经济问题,2009(1):29-32.

[40]韩姣杰,周国华,李延来,等.基于互惠偏好的多主体参与项目团队合作行为.系统管理学报,2012(10):111-119.

[41]王智生,胡珑瑛,李慧颖.合作创新网络中信任与知识分享的协同演化模型[J].哈尔滨工程大学学报,2012(9):1175-1179.

[42]刘良灿,张同健.论互惠性偏好理论的内涵及其在和谐社会构建中的作用[J].兰州石化职业技术学院学报,2010(9):44-47.

[43]鲍尔斯.微观经济学:行为、制度和演化.北京:中国人民大学出版社[M].2006:89-90.

[44]许娇,周小亮.互惠偏好视角下的知识生产激励锦标赛模型之反思与探讨[A].外国经济学说与中国研究报告[C].北京:社会科学文献出版社,2012:109-115.

[45]李成江.知识型员工心理契约管理研究:[博士学位论文].河海大学,2007.

[46]石飞.公务员激励机制理论研究[J].经济师,2011(1):41-42.

[47]彭川宇.知识员工心理契约与其态度行为关系研究:[博士学位论文].西南交通大学,2008.

[48]张莹瑞,佐斌.社会认同理论及其发展[J].心理科学进展,2006(3):475-480.

[49]卢现祥.论互惠制度[J].江汉论坛,2008(8):23-28.

[50]饶异.互惠利他理论社会应用的可行性与局限性分析[J].理论月刊,2010(9):85-89.

[51]张同健.基于演化博弈的和谐社会构建模型分析[J].统计与决策,2009(1):46-48.

[52]鲍尔斯.微观经济学:行为、制度和演化[M].北京:中国人民大学出版社,2006:179-184.

[53]罗小芳,卢现祥,邓逸.互惠制度理论和模型述评[J].经济学动态,2008(3):13—20.

[54]诺思:制度、制度变迁与经济绩效[M].上海三联书店,1993:78—79.

[55]卢现祥.新制度经济学[M].北京:北京大学出版社,2007:139.

[55]弗里茨·马克卢普.美国的知识生产与分配[M].译者:孙耀君.中国人民大学出版社,2007:52.

[56]张学文.基于知识的产学合作创新:边界与路径研究:[博士学位论文].浙江大学,2009.

[57]吕卫文.知识生产概念的新界定[J].科技管理研究,2008(9):221—223.

[58]伯顿·史蒂文森.世界名言博引辞典[Z].沈阳:辽宁人民出版社,1991:10—17.

[59]汪丁丁.知识互补性,专业化与传统(第一部分)[A].在经济学与哲学之间[C].北京:中国社会科学出版社,1996:107.

[60]陈洪澜.论知识分类的十大方式[J].科学学研究,2007(2):26—31.

[61]弗里兹·马克卢普.百科网. http://www.chinabaike.com/z/jingji/hg/708347.html.

[62]颜晓峰.论创新知识的生产[J].内蒙古社会科学(汉文版),2000(1):33—39.

[63]郑春光.博弈、知识与教育—基于社会转型的研究:[博士学位论文].华东师范大学,2006.

[64]饶勇,黄福才.知识生产过程中的"柠檬"问题分析[J].经济管理,2008(1):6—10.

[65]颜晓峰.知识经济的创新主体结构[J].南京化工大学学报(哲学社会科学版),2000(04):16—19.

[66]罗志勇.知识共享机制研究[M].北京:北京图书馆出版

社,2003:57.

[67]野中郁次郎,竹内广隆.创造知识的公司[M].北京:科学技术部国际合作司,1999:41－51.

[68]王开明.论知识的生产与积累[J].软科学,2005(2):4－10.

[69]余光胜.企业发展的知识分析[M].上海:上海财经大学出版社,2000:89.

[70]何传启,张风.知识创新[M].北京:经济管理出版社,2001:93.

[71]许崴.试论知识生产的构成要素与特点[J].南方经济,2006(12):53－55.

[72]李正风.科学知识生产方式及其演变:[博士学位论文].清华大学,2005.

[73]袁志刚.论知识的生产和消费[J].经济研究.1999(6):59－65.

[74]南振兴.试论知识产品的生产机制[J].现代财经－天津财经学院学报,2005(10):3－8.

[75]温芽清.知识产品生产机制探析[J].河北经贸大学学报,2007(2):13－18.

[76]王安宇等.知识生产组织模式演变及其对我国实施自主创新战略的启示[J].科学学与科学技术管理,2010(6):94－99.

[77]潘向东,杨建梅,欧瑞秋等.团队合作绩效在知识生产领域中的涌现[J].科学学研究,2010(2):288－294.

[78]郝军,罗永泰.虚拟型研发团队的组织模式构建探讨[J].现代财经,2004(11):63－65.

[79]洪进,汤书昆,刘仲林.虚拟R&D组织的基本模式研究[J].科研管理,2005(1):43－48.

[80]薛珑.从动态博弈角度研究知识团队的合作问题[J].科学与管理,2010(1):34－37.

[81]孙锐,石金涛.知识工作者特征与知识团队的形成研究[J].科学技术与辩证法,2005(6):99－103.

[82]陈同扬,宋玲,曹国年.多维视角的研发团队类型及其运行特征研究[J].南京工业大学学报(社会科学版)2008(4):57－60.

[82]贺志荣.组建科研团队应考虑的因素[J].科技管理研究,2010(11):195－199.

[84]彼得·德鲁克.21世纪的管理挑战[M].上海:上海译文出版社,1999:367－369.

[85]张强.知识型员工激励体系构建研究[J].情报探索,2012(11):22－24.

[86]张望军,彭剑锋.中国企业知识型员工激励机制实证分析[J].科研管理,2001(6):91－96.

[87]C.曼特扎维诺斯.个人、制度与市场[M].北京:中国人民大学出版社.2009.

[88]喻科.产学研合作创新网络演进过程及其主体知识传递模式探究[J].科技进步与对策 2010(7):141－144.

[89]林昭文等.基于互惠动机的个体间隐性知识转移研究[J].科研管理,2008(4):28－34.

[90]蒲勇健等.互惠性偏好、知识转移与知识转化的相关性研究[J].科技管理研究,2009(10):412－415.

[91]张同健,蒲勇健.互惠性企业环境下知识转化、组织学习与技术创新的相关性研究——基于知识型团队的数据检验[J].科学学与科学技术管理,2009(10):171－176.

[92]李飞.诺斯《制度、制度变迁与经济实绩》介绍[J].经济社会体制比较,1992(1):13－16.

[93]周小亮.偏好、制度与选择:理性选择模型质疑、反思与重构[A].外国经济学说与中国研究报告[C].北京:社会科学文献出版社,2011:112－119.

[94]朱富强."为己利他"行为机理的行为特性:互惠合作[J].改革与战略,2011(1):11-19.

[95]齐翔.互惠利他行为的演化模型与仿真:[博士学位论文].华中科技大学,2008.

[96]吕忠伟,袁卫.中国知识生产函数的协整分析[J].统计观察,2006(12):68-70.

[97]姜春林,姜照华.知识生产函数与知识生产关系研究——以中国若干省市为例[J].情报杂志,2006(10):93-95.

[98]赵红专等.知识生产函数及其一般形式研究[J].经济问题探索,2006(07):12-15.

[99]马健.科学知识的生产函数——基于科学社会学与知识社会学视角的研究[J].科学学研究,2007(10):812-817.

[100]严成樑等.知识生产、创新与研发投资回报[J].经济学(季刊),2010(4):1051-1070.

[101]江积海,于耀淇.基于知识增长的知识网络中知识生产函数研究[J].情报杂志,2011(5):114-118.

[102]波兰尼.个人知识[M].贵阳:贵州人民出版社,2000.129-131.

[103]齐曼.元科学导论[M].长沙:湖南人民出版社,1988:87-92.

[104]何景涛.企业知识合作机制研究:[博士学位论文].西北大学,2010.

[105]李翠娟等.知识合作剩余:合作知识创新创造企业竞争优势的机理分析[J].科学学与科学技术管理,2005(7):87-91.

[106]刘国芳,辛自强.间接互惠中的声誉机制:印象、名声、标签及其传递[J].心理科学进展,2011(2):233-242.

[107]叶航.利他行为的经济学解释[J].经济学家,2005(3):22-29.

[108]赵鑫.组织创新氛围——知识共享与员工创新行为:[博

士学位论文].浙江大学,2011.

[109]王覃刚.关于强互惠及政府型强互惠理论的研究[J].经济问题,2007(1):10-12.

[110]赵玉洁,王平心.利他偏好的内生模型及其经济学解释[J].经济经纬,2008(3):5-8.

[111]杨春学.利他主义经济学的追求[J].经济研究,2001(4):82-90.

[112]布罗姆利.经济利益与经济制度[M].陈郁等译.上海:上海三联书店:1996:17.

[113]程帅.我国科技体制改革历程及评价[J].中国集体经济,2011(33):66-67.

[114]默顿.17世纪英格兰的科学、技术与社会[M].范岱年等译.北京:商务印书馆,2000:9-10.

[115]李正风.科学知识生产的动力——对默顿科学奖励理论的批判性考察[J].哲学研究,2007(12):90-95.

[116]李正风.科学知识生产方式及其演变[M].北京:清华大学出版社:2006:189-242.

[117]李正风.知识、创新与国家创新体系[J].山东科技大学学报(社会科学版),2011(1):18-24

[118]周波,高汝熹.知识转移的经济分析[J].科学学与科学技术管理,2006(5):53-59

[119]周波.知识生产的激励:科学制度与市场制度[J].厦门大学学报(哲学社会科学版),2008(6):42-48.

[120]王建安.科学作为一种知识生产制度[J].科研管理,2006(5):35-38.

[121]陈劲等.试论基础研究及其原始性创新[J].科学学研究,2004(3):317-321.

[122]郭彦武.知识团队最优激励模式研究[J].科技情报开发与经济,2009(5):19-21

[123]李训.基于公平偏好的激励机制研究:[博士学位论文].重庆大学,2007

[124]孙理军,聂鸣.高新技术企业研究开发人员的激励机制[J].科研管理,2002,23(4):114—119.

[125]肖缓.基于心理契约的知识型员工行为激励模型[J].中国管理科学,2003,11(5):64—69.

[126]张望军,彭剑锋.中国企业知识型员工激励机制实证分析[J].科研管理,2001,22(6):90—96.

[127]张长涛,刘希宋.企业产品开发人员知识共享机理研究[J].管理科学,2003(2):6—10.

[128]谭亚莉.促进组织内知识分享的人力资源管理对策[J].科学管理研究,2003(5):102—326.

[129]于立宏,郁义鸿.知识团队自我激励有效性研究[J].科学学与科学技术管理,2005(2):105—111.

[130]陈娟,巫景飞.信任、隐性激励与企业知识共享[J].湘潭大学学报(哲学社会科学版),2006(3):57—62

[131]李训.基于公平偏好理论的知识型团队合作研究[J].科学学与科学技术管理,2007(7):36—29

[132]李卫东,刘洪.不同团队类型研发人员知识共享意愿激励的实证研究[J].管理学报,2011(11):1638—1645.

[133]常涛,廖建桥.团队性绩效考核对知识共享的影响模型研究[J].科研管理,2011(1):111—121.

[134]蒲勇健等.基于 SEM 模型的互惠性偏好经济效应实证研究[J].软科学,2009(8):5—11.

[135]郭心毅.基于涉他偏好理论的员工激励机制设计[J].软科学,2009(12):104—107.

[136]张同健,蒲勇健.互惠性偏好:隐性知识转化与技术创新能力的相关性研究——基于研发型团队的数据检验[J].管理评论,2010(10):100—106.

[137]黄国华.团队生产中的道德风险、监督与契约设计研究:[硕士学位论文].南京航空航天大学,2006:56

[138]刘良灿、张同健.组织隐性知识转移的演化博弈——基于互惠性企业环境[J].技术经济与管理研究,2011:24—25.

[139]郑璜.研发机构:推动发展从"要素驱动"到"创新驱动"[N].福建日报,2012—08—24.

[188]张立新.长春工业大学SCI论文成果统计分析[J].长春工业大学学报(自然科学版),2012(2):235—240.

[140]金泽俭、李凤新和刘磊.数字十年·专利铸就辉煌[J].中国发明与专利,2012(12):14—16.

[141]冯颖.专利成果转化率低的原因及对策研究[J].安徽科技,2012(08):36—37.

[142]国内发明专利申请和授权中职务发明比例变化情况(2002—2011).中华人民共和国国家知识产权局网站:http://www.sipo.gov.cn/tjxx/.

[143]南振兴、温芽清.我国知识创新奖励与资助制度的绩效分析[J].山西财经大学学报,2008(1):38—43.

[144]丹.知识生产[J].国外社会科学,2005(3):94—95.

[145]张功越.从诺贝尔奖励的评奖机制度说起一纪念诺贝尔奖颁奖100周年而作[J].研究与发展管理,2002(10):13.

[146]李明.科学不端行为的成因及其对策:[硕士学位论文].华中师范大学,2008:78.

[147]丁宇.基于国家主导的科研评价制度建设:[硕士学位论文].中南民族大学,2008:96.

[148]王延中.科研项目课题制的几个问题[J].学术界,2007(4):47—59.

[149]李兵.关于中国基础研究体制机制问题的几点思考[J].科学学研究,2012(12):1763—1765.

[150]李兵和李正风.课题制实施存在的问题与对策[J].科学

学与科学技术管理,2011(12):10-13.

[151]万钢.深化科技体制改革,建立更加完善的评价体系和奖励制度[N].光明日报:2012-07-11.

[152]专访万钢:新一轮科技体制改革改什么怎么改(图),中国网 http://www.china.com.cn/node_7000058/content_25864948.htm.

[153]Celia Zárraga;Jaime Bonache. Assessing the team environment for knowledge sharing:an empirical analysis[J]. International Journal of Human Resource Management, Volume 14, Number 7, September 2003:1227-1245.

[154]Wuchty S., Jones B F., Uzzi B. The increasing dominance of teams in production of knowledge[J]. Science,2007,316(5827):1036-1039.

[155]Gibbert M., Krause H. Practice exchange in a best practice marketplace [J]. Knowledge management case book:Siemens best practices,2002:89-105.

[156]Tverskyg Kahneman. Prospest theory:An anlysis of decision making under risk[J]. Econometrica,1979(47):267-297.

[157]Rabin,Matthew.Incorporating fairnessin to game theory and economics[J].American Economic Review,1993:1281-1302.

[158]Falk A.,Fehr E.,Fischbacher U. On the nature of fair behavior[J]. Eco-nomic Inquiry,2003(41):20-26.

[159]Gintis H.,Bowles S.,Boyd R., et al. Explaining altruistic behavior in humans[J]. Evolution and Human Behavior,2003,24(3):153-172.

[160]Fehr E,Fischbacher U.Third-party punishment and social norms[J]. Evolution and human behavior,2004,25(2):63

—87.

[161] Taylor P. D. and Jonker L. B. Evolutionarily stable strategies and game dynamics[J]. Mathematical Bioscience.1978, 40.145—156.

[162]Levine D. Modeling Altruism and Spitefulness in Experiments[J]. Review of Economic Dynamics,1998,(1):593—622.

[163]Dufwenberg M,G Kirchsteiger. A Theory of sequential reciprocity[J]. Games and Economic Behavior,2004 ,47 (2):268— 298.

[164]Haig R. Nalbantian and Andrew Schotter. Productivity Under Group Incentives:An Experimental Study [J]. The American Economic Review,87(3),1997:314—341.

[165]Dasgupta Partha,and David Paul A. Towards a New Economics of Science [J]. Research Policy,23(5),1994,:213—224.

[166]Stewart T. A. Intellectual Capital:The New Wealth of Organizations[M].New York:Bantam Doubleday Dell Publishing Group,Inc.,1997:2—9.

[167]Nelson,R. The simple economics of basic scientific research[J]. Journal of Political Economy ,67,1959:297—306.

[168]Fehr,Schmidt K. M. Theory of fairness,competition and cooperation[J]. Quarterly Journal of Economics,1999,114 :817—868.

[169]Bolton,Ockenfels. A Theory of equity, reciprocity, and competition[J]. American Economic Review,2000(90):166—193.

[170]Maynard Smith. The theory of games and the evolution of animal conflict[J]. Journal of Theoretical Biology,1974,

47:209—221.

[171]Boulding,K. E. The Economics of Knowlesdge and the Knowledge of Economics[J]. American Economic Review,Vol. 56,No.2,1966:34—40.

[172]Mcelroy,M. W. Social innovation capital[J]. Journal of Intellectual Capital,2002,3 (1):30—39.

[173]Sarvary,M. Knowledge management and competition in the consulting industry[J]. California Management Review, 1999,41(2):95—107.

[174]Stewart, T. A. Intellectual capital: the new wealth of organizations[M]. New York:Bantam double day Dell Publishing Group,Inc.,1997:2—9.

[175]Becke G. S., Murphy K. M. The division of labor, coordination costs, and knowledge [J]. The Quarterly Journal of Economics,1992,107(4):1137— 1160.

[176]Hayek F. A. The use of knowledge in society[J]. American Economic Review,1945,35(4):519— 530.

[177] Lewis, K. Measuring transactive memory systems in the field:Scale development and validation[J].Journal of Applied Psychology,2003, 88(4):587—604.

[178]Mary U. B.,George B. G. Individual Selfmanagement: Analysis of Professionals' Selfmanaging Activitiesin Functional and Crossfunctional Teams[J]. Academy of Management Journal,1998,41(3) :340—350.

[179]Kogut B, Zander U. Knowledge of the firm, combinative capabilities and the replication of technology[J]. Organ Sci, 1992(8):383—397.

[180]Polanyi. The tacit dimension[M]. London:Routledge and Kegan Paul,1966.

[181]Renzlb. Trust in management and knowledge sharing: the mediating effects of fear and knowledge documentation[J]. The International Journal of Management Science,2008,36(2): 206—220.

[182]Griliches, Zvi. Issues in assessing the contribution of R&D to productivity growth [J]. Bell Journal of Economics, 1979,10:92—116.

[183]Jones Charles. Time series tests of endogenous growth models[J]. Quarterly Journal of Economics.1995.110:494— 525.

[184]L.Anselin, A. Varga, Z. Acs. Local geographic spillovers between university research and high technology innovations [J].Journal of Urban Economics,1997,(42):422—448.

[185]W. Fischer. Measuring the quality of regional innovation systems:a knowledge production function approach[J]. International Regional Science Review,2001,(25):234—245.

[186]L.Greunz. Geographically and technologically mediated knowledge spillovers between european regions [J]. Ann Reg Sci,2003,(37):657—680.

[187]Jaffe, A.B. Real effects of academic research[J]. American Economic Review.1989, 79(5):957—970.

[188]Romer Paul M. Endogenous technological change[J]. Journal of Political Economy. 1990, 98(5):71—102.

[189]Patrick Ronde,Caroline Hussler. Regional or sectoral innovation system: what really matters? [R]. BETA & LD. 2004.

[190]Arrow K. The economic Implications of learning by doing[J].Review of Economic Studies. 1962,29,(June):155—173.

[191]Cohen,W. M., Levinthal,D. A. Innovation and learn-

ing: the two faces of R&D[J]. Economic Journal,1989,99(397):569—596.

[192]Trivers R L.The evolution of reciprocal altruism[J]. Quarterly review of biology,1971:35—57.

[193]Kandori M. Social norms and community enforcement[J]. The Review of Economic Studies, 1992,59(1):63—80.

[194]Okuno Fujiwara M,Postlewaite A. Social norms and random matching games[J]. Games and Economic behavior, 1995,9(1):79—109.

[195]Buskens V. The social structure of trust[J]. Social Networks,1998,20(3):265—289.

[196]Nowak,M. A.,Sigmund,K. Evolution of indirect reciprocity by image scoring[J]. Nature, 1998,393(6685):573—577.

[197]Sugden,R. The economics of rights,co—operation and welfare[M].New York:Palgrave Macmillan Press.2004:34.

[198] Ohtsuki H., Iwasa Y. How should we define goodness? Reputation dynamics in indirect reciprocity[J]. Journal of Theoretical Biology,2004,231(1):107—120.

[199]Riolo R.L.,Cohen M.D.,Axelrod R. Evolution of cooperation without reciprocity. Nature,2001,414(6862):441—443.

[200]Paolucci M.,Conte R. Reputation:Social transmission for partner selection. In G. P. Trajkovski (Ed.),Agent—based societies:Social and cultural interactions. Hershey,PA:IGI Publishing. 2009:123.

[201]Axelrod R,Hamilton W. D. The evolution of cooperation[J]. Science,1981,211(4489):1390—1396.

[202]Bowles S.,Gintis H. The evolution of strong reciprocity: cooperation in heterogeneous populations [J]. Theoretical

population biology,2004,65(1):17—28.

[203]Gintis H. Strong reciprocity and human sociality[J]. Journal of Theoretical Biology, 2000, 206(2):169—179.

[204]Boyd R.,Gintis H.,Bowles S. et al. The evolution of altruistic punishment[J]. Proceedings of the National Academy of Sciences,2003,100(6):3531—3535.

[205] Samuel Bowles, Herbert Gintis, Robert Boyd, et al. Explaining altruistic behavior in humans[J]. Evolution and Human Behavior,2003(3).

[206]Fehr E,Gächter S. Altruistic punishment in humans [J].Nature,2002,415(6868):137—140.

[207]Audretsch D. B.,Stephan P. E. Knowledge spillovers in biotechnology: sources and incentives[J]. Journal of Evolutionary Economics,1999,9(1):97—107.

[208]Isabelle,Marc. 2004. "They invent (not patent) like they breathe: what are their incentives to do so? Short tales and lessons from researchers in a public research organization." [M]. Paper presented at the Third EPIP Workshop,Pisa,Italy, April 2/3.

[209]Partha D.,David P. A. Toward a new economics of science[J].Research policy,1994, 23(5):487—521.

[210] Hall, B. H. Incentive for knowledge production with many producers [R]. Paper presented at the Conference on Networks of Knowledge,Brussels,2004:17—29.

[211]Lazear,E. Personnel Economics[M].The MIT Press, 1994:23.

[212] Edward P. Lazear and Sherwin Rosen. Rank order tournaments as optimum labor contracts[J]. Journal of Political Economy,1981,89(5):841—864.

[213] Alchian A., Demsetz H. Production, information costs, and economic organization[J]. American Economic Review,1972,62(5):777—795.

[214]Holmstrom B. Moral hazard in team[J]. Bell Journal of Eco—nomics,1982,13(2):324—340.

[215] Mc Afee R. P., Mc Millan J. Optimal contracts for teams[J]. International Economic Review, 1991,32(3):561—577.

[216]Deutsch,M.A. Theory of cooperation and competition [J].Human Relations,1949, 2:129—152.

[217]De Matteo,J.S.,Eby,L.T. & Sundrstrom,E. Team — based rewards: Current empirical evidence and directions forfuture research[J]. In Staw B. M. & Cummings L. L.(Eds.), Research in organizational behavior,1998,20:141 — 183.

[218]Balkin, D.B. & Montemayor, E.F. Explaining team—based pay[J]. Human Resource Management Review,2000,10 (3):249—269.

[219]Risher H. Compensating today's technical professional [J]. Research Technology Management,2000,43(1):50—56.

[220]Robbins,S.P. Organizational Behavior (10th Edition) [M]. Prentice Hall,2002.

[221]Chowdhury S. The role of affect and cognition based trust in complex knowledge sharing[J]. Journal of Managerial Issues,2005,17(3):310—326.

[222] Holmstrom B. Moral hazard in teams[J]. The Bell Journal of Economics,1998,13(2):24— 52.

[223]Y. Che,S. Yoo. Optimal Incentives for Teams[J]. American Economic Review,2001,91(3):525—541.

[224]Akerlof G.A.,Yellen J.L. Fairness and unemployment

[J]. American Economic Review,1988,78(2):44—49.

[225]Schultz M. The uncertain relevance of newness: orgnization learning and knowledge flows[J]. Academy of Management Journal,2001,44(4):661—681.

[226]Meidinger C.,Rulliere J. L.,Villeval M. C. Free—riding and fairness in principal—multi—agent relationships: experimental evidence[R]. GATE working paper,2001:8.

[227]M. McLure Wasko,S. Faraj. It is what one does: why people participate and help others in electronic communities of practice[J]. Journal of Strategic Information Systems, 2000, 9(2):155—173.

[228]Ipe M. Knowledge sharing on organizations: A conceptual framework [J]. Human Resource Development Review, 2003,2(4):337—359.

[229]Lin C P. To share or not to share: Modeling knowledge sharing using exchange ideology as a moderator[J]. Personnel Review,2007,36(3):457—475.

[230]Renzl B. Trust in management and knowledge sharing: The mediating effects of fear and knowledge documentation [J]. Omega,2008,36(2):206—220.

[231]Kogut B.,Zander U. Knowledge of the firm, combinative capabilities and the replication of technology[J]. Organ Sci, 1992(8):383—397.

[232]Edmondson A. Psychological safety and learning behavior inwork teams[J]. Admin. Sci. 1999,Quart. 44:350—383.

[233]Amason A C.,Mooney A C. The effects of past performance onto management team conflict in strategic decision making[J]. The International Journal of Conflict Management, 1999,10(4):340—359.

后 记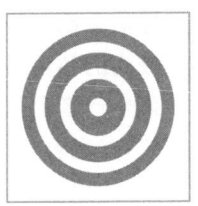

当代知识生产领域,知识的生产方式已经发生了根本性变化。各具知识生产能力的科研院所或企业单位,都逐渐摆脱传统的以单学科研究为主的知识生产方式,取而代之的是利用交叉学科研究方法,更加强调知识生产的社会化分工体系,并利用知识生产团队内各成员之间的互惠合作,以获取共同的或互补的知识生产目标。大量实证研究也证实了知识团队内确实有互惠型知识生产者的存在,他们的互惠合作意愿对团队隐性知识转移以及团队知识生产效率提高具有显著作用。

但在知识生产合作研究中,我们发现知识生产者的互惠偏好与互惠合作行为选择之间还存在较大差别。即使某一知识生产者具有互惠偏好,若是没有互惠合作平台的搭建,他也不一定能选择互惠合作行为。因为偏好是"异质的""内生的",它是"自涉与他涉"的统一。同一知识生产者可能同时具有自利偏好与互惠偏好,当知识生产者内心的互惠偏好作用强于自利偏好,这类知识生产者就是互惠型知识生产者;相反,当知识生产者内心的自利偏好作用强于互惠偏好,他们就是自利型知识生产者。通常情况下,知识生产团队基本上会同时存在自利型群体与互惠型群体,并且互惠型知识生产者具有根据别人的行动来做出反应的特点,因而不同的环境与制度会主导不同类型的行为结果。具体而言,假如进行互动的双方都是互惠型知识生产者,那么任一互惠者对其他人的友好信念都将与实际相符,双方就选择互惠合作行为,并将一直维持较高的和可持续的合作水平。倘若互动双方是自利型与互惠型知识生产者的组合,一旦互惠者对自利者的友好信念与现实出现偏差,互惠者就会马上对自利不合作者采取报复或至少收回友好行为,知识生产团队随即将显现出不合作的行为结果;当然,要是知识团队内部早就存在一种制度,它能对自利者的不合作行为采取惩罚措施,迫使完全自利者的背叛收益降为零,甚至使其付出额外的更多的成本,这必然使自利者在以后的博弈中不得不选择合作行为,知识生产团队最终又将表现为互惠合作的良好状态;不过,在没有预先设定的惩罚制度下,自利型知识生产者也有可能遭受来自团队内其他"强互惠者"的惩罚。"强互惠者"的本能行为能对自利者起到十分强大的震慑作用,能有效抑制知识生产团队中的背叛、逃避责任和搭便车行为。然而强互惠只是一种由自发力量触动而成的零散行为,受信息不完全、惩罚成本过高以及被惩罚者的报复行为等不利外部条件影响,强互惠并非一种普遍现象,它的实施依然需要好的外部制度环境作为保障。

在市场经济的大环境下,那些明文规定的法令制度或口口相传的文化与规范等非正式制度都能增加人们行为结果的可预测性,并影响与制约着人们的各项行为选择。知识生产团队内的知识生产者思维敏捷、偏好各异,各知识生产者的个别行动往往会影响到团队其他人的行动,最终将形成团队知识生产者错综复杂的策略选择组合。团队知识生产者能否选择互惠合作行动极大程度上受到制度环境的细节诱导,知识生产互惠合作离不开能促进知识团队内部合作的外部秩序。一项合理的、规范的制度往往通过降低团队知识生产者间的交易成本,从而大大地减少知识生产者在生产过程中策略选择的不确定性,对于增进知识生产者对合作策略选择的把握和促进团队知识生产者采取互惠合作行动都十分有利。在知识生产创新实践中,作为创新知识生产的管理者,尤其需要把市场规范的理念引入到团队知识生产者的交往过程中,及时加入一些能影响知识生产者交往的信任和互惠的制度细节,使之成为规制背叛行动的道德律令。只有通过信任和互惠的市场规范,才能给团队内知识生产者提供稳定的预期,也只有建立起能维持一个完善、有效率的合作秩序的知识生产互惠制度,才能使团队知识生产合作进程得以不断维持和扩展。

知识生产互惠合作研究具有十分重要的现实意义。本书的研究重点在于揭示知识生产互惠合作的微观机理,但对知识团队的互惠制度建设只是提出初步设想,至于在现实的知识生产实践中,如何进行实质性操作还有待继续深入探索。当前我国经济进入新常态,经济改革与发展迫切需要依靠经济转型与产业结构升级来带动。随着2015年3月份以来我国政府《推动共建丝绸之路经济带和21世纪海上丝绸之路的愿景与行动》的制定与发布,广东、福建、天津自贸区总体方案的获批,以及上海自贸区改革方案的进一步深化,这意味着我国新一轮高水平对外开放和更大范围的改革试点正在稳步推进,"一带一路"战略和自贸区建设给新常态下的中国经济改革与发展注入了新活力。福建自贸区处于海峡西岸的特殊区位,它的建设将给海峡两岸经贸发展提供广阔的舞台,也必将推动两岸进行更加紧密的经贸合作,它也为两岸进行"两岸协同创新新机遇"之课题合作研究提供了现实背景。2015年5月中旬,我收到台湾政治大学商学院馆国际经营与贸易系主任陈坤铭老师的邀请,同时受福州大学经济与管理学院经贸系主任陶红军老师的委托,我于9月1号如期从福州出发来到台北。我目前正在台北指南山麓、景美溪畔的台湾政治大学,正与商学院馆国贸系老师们一起,准备做为期半年的课题合作研究,这应该就是知识生产合作的践行,所以,在合作研究过程中寻找适合海峡两岸高校互惠合作的长效机制显得很有必要。当然我也十分相信,只要两岸高校都本着长期互惠合作意愿,无论是现在还是将来定能够取得圆满的合作研究成果。

本书稿是在我博士论文基础上整理而成的。当博士论文完成那一刻，我心中满怀对学校、对老师、对同学、对家人的感激。如今我的拙作即将出版，心里更是难掩平静。我首先要感谢导师周小亮教授！他的谆谆教诲、对学术的热爱、严谨与执着令我难以忘怀，将永远影响激励我今后的学习与工作。我要感谢福州大学经济与管理学院博士班的授课老师们！他们是陈国宏教授、叶阿忠教授、张岐山教授、李登峰教授、朱祖平教授、林迎星教授、向小东教授、林志柄副教授等，老师们的学术思想和为人师表的风范是我学习的榜样、努力的目标。同时还要感谢2008级博士班同学们的勉励和帮助！感谢我的师兄李光培、师弟唐昉、师妹宋艳君与罗莹！本书在写作过程中，参阅了许多文献，在此要一并感谢这些作者们！当然还要感谢厦门大学出版社吴兴友编辑！他的辛勤付出是本书得以出版的临门一脚。还要特别感谢教育部人文社科基金的鼎力资助！它使我在出版经费问题上没有了后顾之忧。

由于本人才疏学浅，对于知识生产合作问题的讨论难以全面和深入，对于知识生产合作问题的研究肯定还存在许多疏漏与瑕疵，但再丑的媳妇终要去见婆婆，书中存在的任何错误之处，皆应由我本人负全责。同时敬请读者在翻阅过程中能提出宝贵意见，给我纠错的机会。

最后，我要把此书献给我的家人陈文凯和陈煦宁。

许　娇
于台北政治大学校园
2015 年 11 月 3 日

图书在版编目(CIP)数据

团队知识生产互惠合作机制及制度安排/许娇著. —厦门：
厦门大学出版社,2015.12
（经管学术文库）
ISBN 978-7-5615-5878-2

Ⅰ.①团… Ⅱ.①许… Ⅲ.①企业管理-知识生产-研究
Ⅳ.①F273.1

中国版本图书馆 CIP 数据核字(2015)第 304257 号

官方合作网络销售商：

厦门大学出版社出版发行

(地址：厦门市软件园二期望海路 39 号　邮编：361008)
总编办电话：0592-2182177　传真：0592-2181406
营销中心电话：0592-2184458　传真：0592-2181365
网址：http://www.xmupress.com
邮箱：xmup @ xmupress.com
厦门市万美兴印刷设计有限公司印刷
2015 年 12 月第 1 版　2015 年 12 月第 1 次印刷
开本：889×1194　1/32　印张：8.875　插页：2
字数：230 千字
定价：30.00 元
本书如有印装质量问题请直接寄承印厂调换